浙江省普通高校"十三五"新形态教材

"创新融合"高职高专酒店管理与数字化运营专业新形态系列

酒店督导管理实务

主编 何 勇 沈惠惠

HOTEL SUPERVISION
MANAGEMENT
PRACTICE

ZHEJIANG UNIVERSITY PRESS
浙江大学出版社 | 国家一级出版社
全国百佳图书出版单位
·杭州·

图书在版编目(CIP)数据

酒店督导管理实务 / 何勇, 沈惠惠主编. — 杭州：
浙江大学出版社, 2023.2(2025.8重印)
ISBN 978-7-308-23328-6

Ⅰ.①酒… Ⅱ.①何… ②沈… Ⅲ.①饭店—商业管
理—高等职业教育—教材 Ⅳ.①F719.2

中国版本图书馆CIP数据核字（2022）第226056号

酒店督导管理实务
JIUDIAN DUDAO GUANLI SHIWU
何 勇　沈惠惠　主编

策划编辑	曾　熙	
责任编辑	曾　熙	
责任校对	李　晨	
封面设计	春天书装	
出版发行	浙江大学出版社	
	（杭州市天目山路148号　邮政编码310007）	
	（网址:http://www.zjupress.com）	
排　　版	杭州朝曦图文设计有限公司	
印　　刷	杭州高腾印务有限公司	
开　　本	787mm×1092mm　1/16	
印　　张	15.5	
字　　数	320千	
版 印 次	2023年2月第1版　2025年8月第4次印刷	
书　　号	ISBN 978-7-308-23328-6	
定　　价	55.00元	

版权所有　翻印必究　印装差错　负责调换

浙江大学出版社市场运营中心联系方式:0571-88925591;http:/ / zjdxcbs. tmall. com

前　言

目前，我国正加快构建以国内大循环为主体、国内国际双循环相互促进的新发展格局。党的二十大报告提出"以中国式现代化全面推进中华民族伟大复兴"[①]，我国将着力构建优质高效的服务业新体系。旅游及酒店业是现代服务业的重要组成部分，在促进居民消费、拉动经济增长、加快乡村振兴、推进共同富裕等方面发挥着不可或缺的作用。

"酒店督导管理实务"作为高职院校酒店管理与数字化运营专业的核心课程，是帮助学生走向职场的骨干课程，在酒店行业管理人才培养中承担着关键性的作用。本书在编写过程中力求破解酒店督导如何提升自身素养、增强综合能力，如何提升服务品质、降低运营成本、维系各方关系，做员工的代言人、管理层的代表等问题，力求将酒店管理的基础知识与基本技能同高等职业教育的实践性和应用性的要求有机融合。本书具有以下特色。

第一，设计理念新。本书以认识酒店督导—学习督导技能—融入督导管理为主线编写。一是注重能力培养。每一章除传授必要的基础知识、基本技能外，还设置了相应的实训项目，引导学生团队合作，参与酒店企业实践；小组成果在班级分享，培养学生独立自学、沟通交流、团队协作、思辨展示等多方面的能力。二是坚持育人为先。在职业素质的培养过程中，将劳动精神、劳模精神、工匠精神及遵纪守法、诚信经营等思政素养贯穿教材始终，融入每个章节的内容之中，突出课程的育人目标。

第二，编写体例新。本书采用"纸质教材 + 云课程教学资源库"的形式，线上线下教材结合，创建手机端"互联网 + 课堂"学习模式。纸质教材主要体现课程的核心内容与学习要求。云课程教学资源库平台则提供了相关应用知识、管理案例、职场技巧、哲理故事、行业来风、微课视频、实训评分、导学测评等在线教学资源，并以二维码的形式嵌入相关章节，读者可通过手机扫描与云服务平台链接，实现课堂内外的学习与体验。

第三，素材来源新。本书是"酒店督导管理"网络慕课的配套用书，每章都配备

[①] 习近平.高举中国特色社会主义伟大旗帜　为全面建设社会主义现代化国家而团结奋斗：在中国共产党第二十次全国代表大会上的报告［N］.人民日报，2022-10-26（01）。

1

了相关老师的微课视频，还邀请了开元酒店集团、洲际酒店集团等国内外知名酒店企业的管理骨干参与授课。本书广泛参考了近几年出版的相关教材，收集了酒店等相关企业最新的案例和图表资料等，深入浅出地诠释了酒店督导管理的基本原理、工作方法和管理技巧，探讨成为一个优秀的酒店管理人员应具备的基本素养，为酒店组织的管理者，以及正在酒店行业努力摸索提升督导能力的人士，提供理论支撑与实践指导。

全书内容简明，设计新颖，案例丰富，融可读性、实用性、先进性与时代性于一体，既有适度的基础知识，又有必要的能力训练，力求体现"以学习者为中心"的教育教学改革思路，助力应用型现代酒店管理人才的培养。

本书由宁波城市职业技术学院何勇副教授和杭州万向职业技术学院沈惠惠副教授担任主编，宁波职业技术学院王雪玲老师参与编写。具体写作分工为：第一、二、三、四、五、八章由何勇编写，第六、七章由沈惠惠编写，第九、十章由何勇和沈惠惠编写，第十一章由王雪玲和何勇编写。宁波洲际酒店人力资源总监余知科先生和宁波城市职业技术学院沈蓓芬老师参与了选题策划。全书由何勇负责大纲设计、内容编排及统稿审定，王雪玲参与书稿文字审核及案例整理工作。

本书是"浙江省普通高校'十三五'新形态教材"，可以作为高等职业院校、应用型本科院校酒店管理与数字化运营专业的教学用书，也可以作为酒店员工的培训教材或参考用书。为方便广大师生使用，本书还配套有电子课件、课程标准、测试题库及参考答案等资源，以帮助读者巩固所学，也方便教学者使用。

本书的出版得到了浙江大学出版社、相关学校领导与同事的大力支持。在教材编写过程中，我们倾注了大量心血，参阅了大量的教材、专著及其他文献资料，借鉴了一些网络教学资源，在此，我们一并表示衷心的感谢！

由于时间仓促，编者学识和经验有限，书中难免存在错误或不足之处，恳请学界、业界同仁和师生朋友们批评指正，以便我们今后修订完善。

编者
2022 年 11 月

目录 Contents

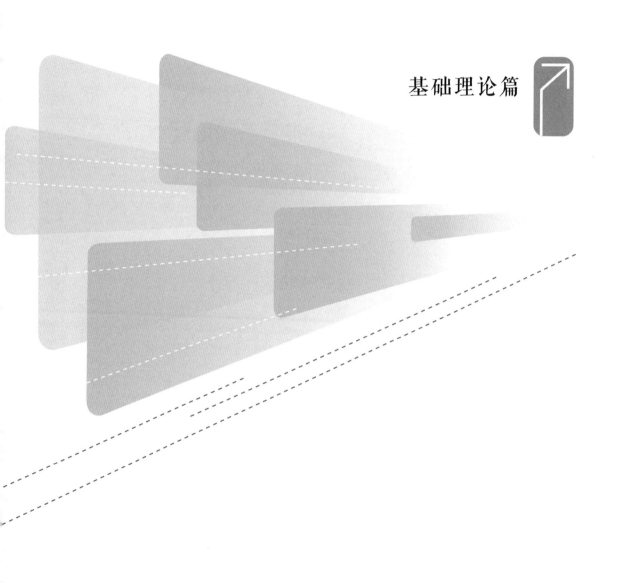

基础理论篇

第一章

督导角色定位

　　酒店督导人员在酒店经营和管理过程中至关重要。面对宾客时，他们代表的是酒店的整体形象；面对员工时，他们代表的是酒店的管理层；面对股东时，他们又是酒店全体员工利益的代表。酒店高层管理者的经营和决策需要通过各级督导人员去执行和完成，一线员工的要求则通过督导人员向高层管理者传递和表达。督导人员既是酒店内部高层管理者与员工之间的桥梁和纽带，又是酒店发展的守望者。现代酒店高层管理者已经逐渐意识到：一线督导人员的素质决定着酒店的未来。

　　酒店管理与数字化运营专业的学生作为未来酒店行业的从业人员，首先需要了解什么是督导、酒店督导，以及酒店督导的角色定位、职责和义务、人际关系、服务意识与管理技能、管理职能、品质与能力，等等。本章以"督导"认知为导向，通过对督导基本概念的讲解与辨析，明确酒店督导的内涵，使学生可以对督导管理有初步的了解，从而产生学习酒店管理的兴趣。

> 学习目标

【知识目标】

1. 知晓督导的基本含义
2. 知晓酒店督导的内涵
3. 知晓酒店督导的人际关系
4. 知晓酒店督导的素质要求

【能力目标】

1. 学会利用网络媒体收集酒店督导管理信息
2. 能够主动探究督导的服务意识与管理技能
3. 能够讲述酒店督导的素质要求与基本职能
4. 能够将理论学习与酒店现场管理实践相结合

【思政目标】

1. 建立对酒店职业和岗位的认同感
2. 具有对中国特色酒店行业发展的自信与创新意识
3. 培养投身服务业的责任意识与担当精神

> **思维导图**

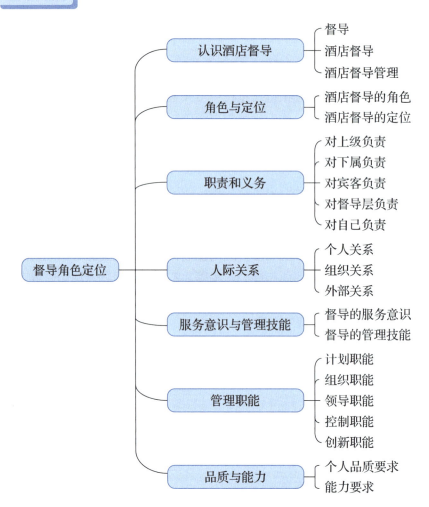

> **案例导引**

无所不能的"多面型"酒店人

  乔芳是华住酒店集团旗下品牌门店的一名客房经理,店里同事都亲切地称她为"乔姐"。记得新店刚开业时临近年底,人手不足,有的客房员工因身体原因无法坚持工作,乔芳毫不犹豫地亲自上阵,打扫、查房、带教新人……勤勤恳恳,毫无怨言。

新店的入住率每天都在 90% 左右，住客量较大，乔芳便每天早早起床赶到店里，晚上很晚才回去。她勤奋刻苦，率先示范，不仅确保了客房的正常销售，更收获了卫生零差评的好成绩。作为客房经理的她却摆摆手表示没什么："员工有急事临时请假，我有责任和义务去顶替这一空缺，不能因人为因素影响门店的正常运转。"

作为中基层管理者，乔芳秉持的管理原则是以身作则，发现问题，解决问题。每次查房，她都会仔细观察房间内的卫生是否做到位，如有不合格的地方，都会耐心细致地把自己的经验和心得传授给每位客房员工，便于大家在节省时间的前提下，做到最好。

有次乔芳在查房时发现有异味，多年的酒店行业经验告诉她，是下水道反味，她第一时间找方法：先用水袋堵住下水道口，再去买新的地漏找工程师傅修补。

发现问题，先思考方法，再协调资源解决，因此乔芳深受店长及业主的信赖，店长对她的评价是："店里只要有乔姐在，就很放心！"

（资料来源：根据"爱在华住"微信公众号相关资料整理。）

🔍 **问题思考：**

你认为乔芳作为一名酒店督导，承担了哪些角色？

第一节　认识酒店督导

督导最早源于家电行业，它是由企业内部的资深人员对新入职员工进行监督与指导的工作过程。通常我们讲的"督导"是一个动词，而本书所讲的"督导"是酒店管理中的一个专用名词，指的是在酒店中承担管理工作的中基层管理者。督导对酒店企业的经营至关重要。面对宾客，督导代表酒店；面对员工，督导代表管理层；面对管理层，督导代表普通员工；面对督导层，督导代表本部门或团队；面对股东，督导又是全体员工利益的代表；等等。因此，在企业中，督导起着承上启下、连接左右的作用。

微课视频

酒店督导的内涵

一、督导

"督导"一词可以理解为监督、督促、指导、引导、辅导的意思，"督导"作动词时的英文是"supervise"，其中，"super"意为高超、超过、优秀，"vise"为看、洞察的意思，整体可翻译为俯视、监察；"督导"作名词时的英文是"supervision"，可以译为"高超 + 远见"之意，

知识活页

"督导"的英文释义

即对于事物的看法要比其他人高出一筹。

在企业里,督导是对制造产品和提供服务的员工进行管理的人。督导要对被管理人员的劳动,即产品和服务的质量与数量负责,同时也要满足员工的合理需求。督导需要通过各种激励手段使员工各尽其责,使产品和服务的质量得到保障。

督导通常是企业中一个部门的管理者或负责人,负责该部门的工作。一个大型企业一般拥有多个级别的管理层。最高层的管理者负责管理下一层的员工,下一层员工负责管理他们的下属,依此类推,一线督导则负责对一线员工进行管理。

二、酒店督导

酒店督导有两种理解方式:一是从名词属性角度去理解,酒店督导是指在酒店中承担管理工作的中基层管理者,通常是一线的现场管理人员,如领班、主管、经理等,主要是指对制造产品或提供生产服务的基层员工进行管理的人;二是从动词属性角度去理解,酒店督导是指酒店的中基层管理者,如部门经理、主管、领班等依据自己的职权、知识、能力、品德及情感,运用计划、组织、督促、指导、协调、控制等职能和手段,对巡视或观察中发现的问题,进行预防并处理,从而保证酒店正常营业所做的一系列工作,即对酒店员工进行督促、指导,以期待其实现高效运作并提供优质服务和产品的行为过程。

大型酒店通常有3个管理层次,即管理层、督导层、一线员工,如图1-1所示。

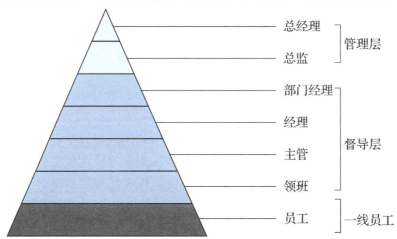

图1-1 大型酒店的管理层次

管理层为决策层,包括酒店总经理和总监,他们负责酒店的日常经营决策,对督导层进行管理,拥有最高级别的权力和职责。

督导层为现场管理指导层,拥有初级和中级的权力和职责,它们代表了酒店最广大的基层权力和职责,是管理层和一线员工之间的传导者。在酒店中,部门经理、经理主管、领班被合称为督导层,简称酒店督导。

一线员工为酒店直接生产产品,提供服务。一线员工包括酒店前台接待员、客房服务员、餐厅服务员、公共卫生保洁员、行李员、厨师、保安员等。他们可以让宾客乘兴而来，满意而归；也可以直接把宾客赶跑，再不回头。他们在某种程度上决定着酒店运营的成功与失败。一线员工的工作好坏直接取决于督导层的管理水平。

三、酒店督导管理

酒店督导管理是指酒店的部门经理、经理主管、领班等中基层管理人员，对本部门下属员工进行监督、指导等现场管理的工作。酒店督导在管理过程中可使用的资源包括管辖区域内的人力、资金、物资、时间、信息等资源，管控内容包括在提高劳动生产率的同时，保证产品和服务质量。

知识活页

主要管理理论在酒店管理中的应用

酒店督导的职责通常是由督导人员的职位和工作范围所决定的，不同部门和不同岗位的督导，各就其位，各司其职，才能保证酒店正常运转。酒店服务品质的高低主要取决于管理水平的高低。如果管理不善，产品和服务质量都会受到影响，酒店的运营也会出现问题。所以，酒店经营成功的关键，很大程度上掌握在酒店督导们的手里。

第二节 角色与定位

酒店督导在岗位上履行职能时，每天从事的工作多数是不同的、无序的、琐碎的，甚至是没有任何联系的活动，这些具体活动的持续时间可能很短，也可能会延续很长一段时期，需要花费时间，以不同的角色去面对。

一、酒店督导的角色

酒店督导的角色是指督导在其职能运行中所处的地位和发挥的作用。酒店督导在履行自身职责时扮演着不同的角色。酒店督导作为团队领导者，是团队的象征，扮演着团队联络者、职业导师和员工楷模等角色；作为信息传递者，扮演着信息搜集者、信息传递者、团队发言人等角色；作为决策制定者，扮演着酒店利益方、问题处理者、资源调配者和对外谈判者等角色。在具体工作中，酒店督导的角色则更像是一名脚踏实地的实践者。酒店督导需要在不同时间段，根据内容的不同对自己的角色进行诠释，通过科学的训练和工作实践，督导可以灵活地转换角色，从而确保高效率地完成任务。

微课视频

酒店督导的角色作用与定位

在工作中，酒店督导不论扮演哪种角色，目标都是一致的，是以提高酒店服务质量、降低运营成本、维系好各方关系为出发点。酒店督导所扮演的具体角色，如表1-1所示。

表1-1 酒店督导的角色

角色		内容
团队代表	组织领导者	组织团队和成员实现目标
	团队象征	作为团队象征的代表
	团队联络者	团队与外界的沟通联系
	岗位导师	传授技能、监督员工、指导工作
	员工楷模	员工学习的榜样
信息传递	信息搜集者	搜集与团队相关的有用信息
	信息传递者	向团队成员提供相关信息
	团队发言人	在上级面前代表员工,在员工面前代表上级,在其他团队面前代表本团队
决策制定	酒店利益方	通过团队努力,实现酒店利益最大化
	问题处理者	解决出现的危机和问题
	资源调配者	分配本团队的资源
	对外谈判者	与成员、上级和外部人员进行谈判

 头脑风暴

酒店督导在不同场合扮演不同的角色,请举例说明。

二、酒店督导的定位

酒店督导既是酒店现场管理人员和现场服务人员的教练和导师,又是一线员工和高级管理层之间的媒介或中间人,也即高级管理层和员工之间沟通的桥梁,处于一种承上启下、连接左右的位置,如图1-2所示。

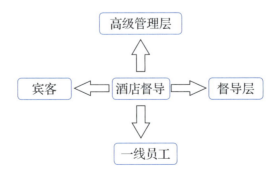

图1-2 酒店督导的地位

对高级管理层而言,督导代表着员工,代表执行人员的执行能力和对客服务的水平,也代表员工的声音;对一线员工而言,督导代表着酒店管理层,有权下指令、决定奖罚、安排休假、提供晋升和加薪机会；对宾客而言，督导和员工代表着酒店的产品质量和服务品质，决定是否能满足或超过宾客的期望值，让宾客成为回头客；对酒店督导层而言，督导代表本部门或团队，代表着部门或团队是否有协作精神；等等。面对于不同类型的人，督导扮演着不同的角色，处于不同的地位，起着不同的作用。

第三节　职责和义务

作为企业管理人员，其职责主要是指为履行一定的组织职能或完成工作使命，在其所负责的范围内承担的一系列工作，以及完成这些工作所需承担的相应责任。而作为酒店的中基层管理者，酒店督导的职责主要是完善工作流程，提高劳动效率，保证产品质量和服务品质，进行技术革新，采用贴心服务，满足不同顾客的需求。同时，做好安全防范工作，保证宾客的人身和财产安全，避免发生重大安全事故。酒店督导的职责具体体现在对上级负责、对下属负责、对宾客负责、对督导层负责、对自己负责这 5 个方面。

一、对上级负责

督导的上级主要包括酒店业主、酒店管理集团、自己的直接上级及更高级的管理者等。督导要摆正位置，处理好管理与被管理、监督与被监督的关系；要克服思想障碍，有坚定履行职责的信念。作为督导，对上级负责意味着决策要从酒店管理方的立场出发，要能够把上级的指令要求贯彻落实下去。要理解上级的方针、政策及其指令，并抓好落实执行。为此，督导需要做好以下 7 个方面的工作。

（一）忠诚于任职酒店

督导对酒店的忠诚是最基本的职业道德。督导的忠诚度越高，在酒店的运营中发挥的作用越大。督导的忠诚表现能够带动其他员工的士气，增强团队的凝聚力，降低酒店的管理风险，减少招聘与培训成本，实现利润最大化。

知识活页

什么是领导

（二）按时完成任务

督导负责传达和贯彻落实上级的指导方针、管理政策及指示精神，接受职能管理部门的监督，并反馈执行结果与员工意见。实现组织赋予的使命是各级督导的基本工作前提。按时完成任务是维持酒店正常运转的基本保障。督导需有效地安排人员、分配任务，通过计划、组织、指导、督查等管理职能，接受和完成上级下达的指令，并以各种形式及时汇报工作完成情况。

（三）尽快解决问题

酒店实行首问责任制，要求员工在第一时间解决问题，为顾客排忧解难。酒店赋予督导权力，督导秉持对所在部门负责的态度，尽力解决工作中的各种问题，

如处理好宾客投诉、满足宾客的合理需求等。

（四）把控服务质量

督导要稳定员工队伍，提高员工素质；坚持工作标准，对产品和服务质量负责；维护酒店声誉，配合有关职能部门树立酒店良好形象；注意员工形象及管辖范围内的环境、服务和氛围。

（五）勇于创新实践

督导身处酒店生产运营第一线，能够第一时间掌握酒店的运营动态，要善于发现酒店在运营中所产生的问题。督导要对发现的问题进行认真分析，深度思考，并提出建设性意见，获取上级支持，对改进方案大胆探索，创新实践，促进酒店服务质量的改进和提高，实现酒店稳步发展。

（六）遵守店纪店规

督导需要模范遵守店纪店规，在员工面前起到榜样示范作用，熟知酒店各项规章制度，帮助员工清楚地了解酒店的要求和标准，督促员工执行；若员工由于不知规定或工作准则而犯错，督导要承担相应的责任，若员工明知故犯，督导有责任和义务进行批评、教育、指正，甚至处罚。

（七）维护酒店利益

督导要学会控制成本，扩大收益，节省开支，为酒店创造最大效益。同时，要维护好酒店的设施设备，保证正常运转，保护酒店财产不受损失；在对外交往中，督导要坚持原则，维护酒店的形象与利益。

二、对下属负责

督导对上级负责与对下属负责是相辅相成、密不可分的。在实际工作中，两者同等重要，不存在孰重孰轻、孰先孰后的问题。在贯彻执行中要坚持理论联系实际的原则。督导一方面要坚决贯彻执行上级的决策部署；另一方面要在正确领会上级精神的前提下，深入调查研究，结合本部门实际，创造性地开展工作。督导要恪尽职守，做到矛盾不上交，责任不下推，要关心支持和帮助指导下属员工工作。具体可以从以下7个方面着手。

（一）尊重下属，以诚相待

员工是有着不同背景、不同态度和不同要求的独立个人。督导要尊重下属员工，以积极的心态、平等的态度、关爱的语言对待下属。关心下属，坦诚相待，才能获得信任和支持，精诚合作，共同为宾客提供优质的产品和服务。

（二）了解需求，提供帮助

督导要了解员工的心理需求、思维习惯、性情和个人爱好等，能够敏锐地感知员工的情感、价值观和人格特点，善于发掘每名员工的潜力，分配工作时扬长避短。督导要从员工的实际需求出发，全方位地为员工提供帮助，与时俱进地服务员工需求。

（三）关心下属，谋取福利

督导要努力为员工营造一个安全健康、能有效提高工作效率的工作环境，让员工能够舒心工作；努力设计一套能够满足员工稳定生活的薪酬和福利政策；为员工创造有助于职业发展的机会，提供职位晋升的渠道，让员工能够凭着自己的工作业绩，公平地获得晋级升职的机会；要充分利用现代信息技术，转变生产方式，提高管理水平，让员工共享酒店发展带来的红利。

（四）有效指导，帮助成长

督导需明确告知下属员工工作任务、工作进度，让员工知道其工作绩效；对员工取得的成绩及时给予表扬，工作中的问题及时提醒。奖罚分明，公平公开；给予员工充分的支持与信任，帮助其尽快成长；积极采纳员工的建设性意见，认可员工的能力，辅导员工更好地工作。

（五）提供培训，提高素质

督导要积极开展多种形式的培训工作，通过培训使员工掌握工作规范、服务流程、特殊要求，帮助员工建立信心，以便能够更好地胜任工作，出色地完成任务，全面提高员工的综合素质。

（六）建立渠道，有效沟通

管理者程式化的办事态度会令员工与督导间的距离越来越远。每一个下属员工都希望能与上司沟通。督导要利用现代新媒体技术，建立多种沟通渠道。要鼓励员工之间、上下级之间互相交流，保持良好沟通，防止产生隔阂。上下级的沟通不能仅限于下达指令和听取汇报这些正式的沟通，还要与非正式沟通相结合。要对员工的优点给予肯定，指出存在的不足，并在协商的基础上提出解决方案。

知识活页

如何成为合格
的管理者

（七）严格制度，保持纪律

凡涉及与员工有关的酒店决策，要坚持公平公开，并保持连贯性。"欲知平直，则必准绳；欲知方圆，则必规矩"，守纪律、讲规矩是克服困难、战胜风险、保证工作正常开展的重要法则。只有严格执行规章制度，才能防患于未然。督导要加强教育，以提高员工的纪律观念和规矩意识，严格规范员工行为，定期督查，防微杜渐；在执行过程中要秉公办事，公平合理，保持纪律。

三、对宾客负责

对宾客负责是指督导亲临服务及工作现场，为宾客提供高质量的产品和高品质的服务，令宾客满意，给宾客惊喜。具体包括以下 3 个方面的要求。

（一）提供优质的产品

只有为宾客提供优质的产品才能让宾客满意。酒店产品必须是安全、卫生、物有所值的。舒适的客房、可口的饭菜、精美的礼品等都是酒店最基本的产品。督导要在广泛调研的基础上，了解宾客的需求，通过酒店所提供的产品满足宾客的期待。

（二）提供高品质服务

为宾客提供高品质的服务，需要督导关注且理解宾客需求，调整优化酒店自身资源和服务流程，并提供各种增值服务以确保宾客满意。酒店服务要达到以下基本要求：礼貌待客、周到细致、方便舒适、温馨快捷、准确可靠和优质高效。努力提供全方位、个性化、专业化的服务是督导的追求。要不断收集宾客资料，建立完善的客史档案，在提供完善的共性服务基础上，力求做好个性服务。同时，应尽量缩小宾客期望与现实之间的差距，设法满足并超过宾客的期望值，给宾客留下美好的印象。

（三）及时处理投诉

面对突发事件，督导要及时参与并处理，以保证宾客的人身及财产安全；面对宾客投诉，督导要维护宾客的正当权益，及时圆满地处理好，做到店客双赢。在工作中，当督导意识到宾客的不满时，要迅速了解宾客需求。宾客的投诉，有的是求发泄，有的是求尊重，有的是求补偿，督导要注意把握宾客的心理，站在宾客的立场看问题，充分了解宾客的心理需要，对宾客表示同情，以获得宾客的认同。要真心实意地帮助宾客解决问题，任何拖延都会招致宾客更加不满，快速妥善地解决宾客投诉可以为酒店赢得良好的口碑；否则，即使问题最后得到解决，宾客也不会满意。如果确有职权范围内无法解决的困难，要及时寻求上级领导或其他部门的协调和帮助。

四、对督导层负责

酒店督导对待督导层的职责和义务主要表现在要真诚待人、热心帮助、协调关系3个方面。

（一）真诚待人

对待督导层要互相尊重，不要互相拆台、背后搬弄是非、贬低他人、损害酒店及个人形象。真诚是人与人之间沟通的桥梁，虚伪则是横隔在人与人之间的沟壑。你若真诚，就会获得信任和关爱。不要虚伪和欺骗他人。只有精诚合作，才能提供优质的产品和服务。

（二）热心帮助

从一名普通员工成长为一名酒店业督导，每个人都曾得到过他人的帮助。督导层的经理要对督导层负责，正如他要求员工对自己负责一样。要像从督导层得到帮助那样帮助他人，将经验教训传授给自己的下属，上下齐心协力做好本部门工作就是对督导层尽到职责。

（三）协调关系

在团队工作中，每个员工不仅是独立的个体，更是连接彼此的纽带，部门与部门之间的往来，人与人之间的分工合作，都是紧密相连的。酒店督导要有全局观，跳出部门或小团体的圈子，有共同协作、相互依存的整体意识。主动协调与其他督导的关系，平等协调与其他部门的关系，只有团结友爱、互帮互助，才能做好本职工作。督导不仅要对自己的工作负责，还要对他人、对酒店的各项事业负责。

五、对自己负责

酒店督导对自己负责，即要经营管理好自己，立足本职工作，爱岗敬业。做好自己的本职工作是对组织、对社会、对国家最大的贡献。具体包括以下 4 个方面的要求。

（一）不断提高自身综合素质

一个人综合素质的高低，对做好本职工作起着决定性作用。自身综合素质越高，越能胜任本职工作，更会带动他人工作，促进酒店发展。酒店督导要做"终身学习型"员工，不断加强业务学习，提高文化理论水平，提升自身礼仪修养，强化业务技能学习，用新思维、新理念、新技术、新工艺去工作，适应酒店不断发展的需要，努力将工作做到尽善尽美。

（二）发挥表率和榜样作用

酒店督导要熟练掌握本岗位的专业技能，解决管辖范围内业务上的疑难问题，成为本专业领域的专家，并能带头创新，不断提高业务能力；对职责范围内的资源善于组织、调配、管理和使用；做好监督、检查和纠偏控制工作，必要时做好补位工作；善于同其他部门或相关岗位沟通协调，从大局出发，协作配合工作；善于团结员工和培训员工，充分调动员工的工作积极性、主动性和创造性；以身作则，遵纪守法，廉洁自律，在员工中起到良好的表率和榜样作用。

（三）具有较强的工作责任心

责任心是指一个人对自己所承担的工作负责的心态，是对他人、对集体、对社会、对国家及整个人类承担责任和履行义务的自觉态度。在工作中，酒店督导要树立严肃的工作态度、正确的工作目标、明确工作职责，增强工作责任感，时刻牢记责任，具有强烈的使命感，把责任作为自己必须履行的根本义务。只有忠诚守信，才能把责任心作为一种习惯落实到自己的实际工作之中，尽心尽责地做好每一项本职工作。

（四）具有强烈的敬业精神

敬业是指敬重自己的工作，努力把工作当成自己的事业，做到忠于职守、尽心尽责、任劳任怨、精益求精。在工作中，做到以爱岗敬业标准严格要求自己，一切从酒店的利益出发，以主人翁的姿态开展工作。

💡 头脑风暴

　　分组讨论：酒店督导还有哪些职责？请举例说明。

第四节　人际关系

在酒店管理中，管理者有 3 种主要的关系类型，即个人关系、组织关系及外部关系。酒店督导作为酒店的中基层管理者，同样离不开这几种人际关系（见图 1-3 ）。

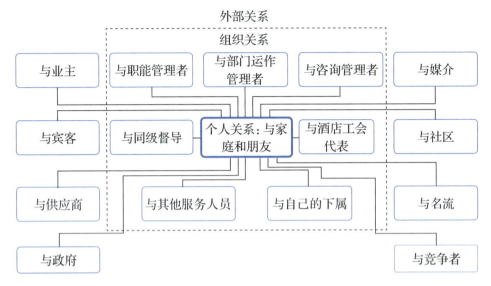

图 1-3　酒店督导的人际关系

资料来源：王今朝.酒店督导管理[M].北京：清华大学出版社，2018.

一、个人关系

酒店督导的个人关系，主要是指督导本人与家人和朋友的关系，这些关系处理得是否融洽，对督导个人能否安心工作、提高效率、提升业绩有着重要的影响。

二、组织关系

（一）督导与上级的关系

督导与上级管理者之间是被领导与领导、配合与支持的关系。上级管理者指导并支持督导工作，督导执行职能管理者布置的工作和下达的任务。

（二）督导与员工的关系

督导是员工的直接上级，督导为完成工作，须接近员工、帮助员工，促进员工成长，做员工的代言人，向上级反映员工的诉求，为员工谋求正当权益。

（三）督导与督导层的关系

督导与督导层管理者之间是既合作又竞争的关系。酒店业务的综合性特征，使酒店督导的管理工作需要得到同级管理者或其他部门人员的帮助和支持，但受到酒店有限资源的影响及部门和个人利益驱使，有时又会使督导之间由合作演变为竞争，甚至是冲突关系。

知识活页

内部客户满意度
评价表

三、外部关系

（一）督导与业主的关系

督导要理解酒店业主的发展目标、崇尚和倡导的文化、价值观，熟悉业主的经营理念、管理风格、产品特点、营销手段等，维持酒店运转，为酒店带来利润。

（二）督导与宾客的关系

酒店督导要认真研究宾客的心理需求，以宾客为导向，根据宾客的消费意愿来调节自身的行为。督导应熟知与酒店关系最密切的宾客；与宾客建立和维持相对稳定的关系，不断取得宾客的理解和支持；强化酒店声誉，提高酒店的知名度和美誉度。

（三）督导与供应商的关系

酒店督导会因工作原因与酒店物品供应商产生联系。依据工作岗位需求及对客服务要求，督导须本着工作所必需、品质与价格相适合的原则甄选供应商，以便购买适合的物品，为客人提供优质的服务。

（四）督导与政府的关系

督导在处理与政府的关系时，必须树立全局观念，坚持国家利益至上原则，自觉遵守国家的法律法规，自觉接受政府的管理，努力寻求政府支持，与政府相关部门保持经常性沟通，密切联系。

（五）督导与媒介的关系

媒介关系是指与新闻界的关系。酒店与社会沟通的传播媒介主要有报纸杂志、广播电视、融媒体平台等，其沟通方式具有传播信息快、影响力强等特点。媒介能够加工信息，然后把信息传递给其他公众，对酒店形象的树立有直接的影响。督导对待媒体应以礼相待，尊重新闻自由；以诚相待，配合新闻界了解情况和进行采访；主动与新闻界沟通，经常为新闻界提供稿件或素材，维护酒店的良好形象和信誉。

（六）督导与社区的关系

社区关系主要是指与同处这一区域的其他组织或个人的关系。督导要主动加强与周围邻居的交往；保持与社区的信息沟通，努力让社区居民知晓、理解和支持酒店；本着互惠互利原则，使酒店与社区同步发展，主动为社区建设出力；积极为社区排忧解难，保护社区的利益；积极参与社区组织的各项活动。

（七）督导与名流的关系

名流是指对社会舆论和社会生活具有较大影响力和号召力的知名人士。良好的名流关系有助于酒店扩大组织的公共关系网络，扩大酒店影响力；有助于酒店产生名人效应，提高酒店的知名度；知名人士可以为酒店发展纳言谏策，促进酒店管理水平提升。

（八）督导与竞争者的关系

竞争者即酒店的同行对手。督导要掌握行业生存法则，自觉遵守竞争规则，依靠提高产品质量和服务水平来提升核心竞争力；讲究竞争道德，不可恶意诽谤，恶言中伤。

分组讨论：酒店督导对外部公共关系还有哪些职责？请举例说明。

第五节 服务意识与管理技能

酒店管理不仅要有新设备，而且管理者要有新观念、新思维和新方法，掌握基本的管理技能，才能胜任酒店的管理工作。

一、督导的服务意识

（一）员工第一意识

管理案例

关爱员工就是关爱家人

酒店只有把员工放在第一位，员工才会有宾客至上的意识。要宾客满意，首先要使员工满意。北京长城酒店在国内率先提出"员工第一，宾客至上"的理念。让员工认识到自己是酒店的主人。人力资源管理的实质并非管人而在于得人，在于谋求人和事的最佳配合。酒店要提高员工的向心力，应以待客之道善待员工，为员工提供一个良好的工作环境，使员工和酒店建立持久的关系。

酒店与员工是伙伴关系。只有当员工感受到自己是完全参与的合作伙伴时，他才愿意把自己的一切力量贡献给酒店。在管理理念上，酒店要尽量消除因职位不同而产生的隔阂，最大限度地激励员工参与酒店管理的积极性。

（二）宾客至上意识

宾客是酒店的衣食父母，是酒店的生存之源。酒店应该充分尊重宾客并提供物有所值的服务；酒店对待宾客要一视同仁，不考虑其背景、地位、经济状况、国籍、外观、衣着等方面的差异，所有的宾客在人格上是平等的。在工作中，酒店应把"宾客至上"的服务理念转化为宾客可以感受得到的优质服务。酒店既要把宾客当作"上帝"，给予尊重和服从，又要把宾客当作朋友，给予理解和宽容。

宾客满意程度是指宾客享受酒店服务后得到的感受、印象和评价，它是酒店服务质量的最终体现，因而是提升酒店服务质量的关键。宾客的满意程度取决于酒店的服务内容是否适合，是否能满足宾客的需要，是否能为宾客带来享受感，这是酒店员工必须重视的问题，管理者要以身作则，有宾客至上的服务理念，也要经常向员工灌输服务观念。

（三）理解服务内涵

国际旅游界普遍认为"服务"这一概念的含义可以用"SERVICE"表示，这个单词的每个字母所代表的含义可做如下理解。

S——smile（微笑），服务员应对每一位宾客提供微笑服务。

E——excellent（出色），服务员应将每项微小的服务工作都做得很出色。

R——ready（准备好），服务员应随时准备好为宾客服务。

V——viewing（看待），服务员应将每位宾客都看作是需要提供优质服务的贵宾。

I——inviting（邀请），服务员在每次接待服务结束时，都应显示出诚意和敬意，主动邀请宾客再次光临。

C——creating（创造），服务员应想方设法精心营造出使宾客能享受其热情服务的氛围。

E——eye（眼光），服务员始终应以热情友好的眼光关注宾客，预测宾客要求，及时提供有效服务，使宾客时刻感受到服务员在关心自己。

（四）酒店全局意识

1.整体大局意识

酒店提供给宾客的服务，包括有形的实物和无形的服务，需要酒店各个部门精诚合作。局部的利益是建立在整体的利益之上的，当局部利益与整体利益发生矛盾时，督导应顾全大局。

知识活页

做好酒店服务的"数字口诀"

2.配合协作意识

酒店的服务质量是全体员工共同努力的结果，督导必须处理好各种关系，发扬团结协作的精神，把服务管理等各项工作做好。因此，督导要相互配合，在管理工作中求同存异，协调合作，以产生最大的合力，确保完成酒店管理的目标任务。

3.内外兼顾意识

督导在处理内外关系上应做到内外兼顾。酒店在发展过程中，尤其是在发展期和成长期，应利用一切可以宣传的机会向公众介绍酒店。在内部关系上，管理者应树立平易亲和的形象，鼓励员工多提合理化建议。

（五）企业效益观念

1.经济效益观

酒店是一个经济组织，经营活动是为了取得经营效益。因此，督导要有经济头脑，在经营管理中要采取多种途径控制成本、降低消耗、合理安排人力，以提高经济效益。

2.潜在效益观

督导要重视当前效益，也要尽量扩大企业的潜在效益，促使潜在效益向实际效益转化，如加强酒店宣传、开展公关营销活动等。

3.系统效益观

督导要有系统效益观，切忌只考虑眼前利益，不顾长远利益；只顾局部利益，不顾整体利益。督导应学会算总账、算大账，克服急功近利的小生产者思想和观念。督导需有时间观念，因为经济效益与时间息息相关，要学会掌握时间、节省时间、抢占时间，以争夺市场、提高效益。

二、督导的管理技能

酒店督导需要具备3种基本的管理技能：实际操作技能、人际关系技能、概念技能。在工作中，督导比高层管理者需要掌握更多的操作技能、较少的概念技能，如表1-2所示。

表1-2 不同层级管理者的技能比例

层次	实际操作技能 / %	人际关系技能 / %	概念技能 / %
高层领导	18	35	47
中层领导	27	42	31
基层领导	47	35	18

1.实际操作技能

知识活页

如何提升管理气场

实际操作技能又称业务技能，是指能够理解和有效监督执行具体任务所必需的实践和技术能力，是督导完成工作和有效管理员工的必备技能。督导的实际操作技能包括：岗位职责、工作流程、操作规程、操作技能、服务规范与技巧、常见问题的处理规则、工作质量标准、用品使用方法、成本控制、人员招聘、培训；设备的使用、检查维护与保养；其他技能和知识。如果能胜任大部分员工的工作，督导肯定能赢得员工的尊敬。这种专业的技能可以帮助督导增加个人威信。

2.人际关系技能

人际关系技能是指理解他人和有效合作的能力。人际关系技能包括人际沟通、领导艺术、管理授权、了解人们的群体工作意识、帮助员工及与其他人打交道等能力。督导要了解自己的感受、需求、价值观、个性特点，以及个人交往方式对他人的影响。人际关系技能的最终目的是创造一种使员工感到安全、舒心的工作氛围，员工能对督导开诚布公，愿意协助督导工作。

督导工作主要在于上传下达，连接内外。督导在实际工作中需要组织协调有关单位、部门，落实重大决策和工作部署。按照领导的授权，搞好组织协调，得到各有关部门的支持、理解和信任，才能保证工作顺利进行。

3.概念技能

概念技能是指管理者观察、理解和处理各种全局性的复杂关系的把控能力，也被称为构想技能，其核心是观察力和思维力，实质是把握全局、认清部分与整体的关系的宏观管理能力。概念技能包括对复杂环境和管理问题的观察、分析能力，对全局性、战略性、长远性的重大问题进行处理与决策的能力，对突发性、紧急性事件的应变能力等。这种能力对组织的战略决策和发展具有极为重要的意义，是组织高层管理者所必须具备的最重要的一种技能。这种能力在督导工作中也不可或缺。督导需要安排好每个部门的工作，使部门顺利运作。

第六节　管理职能

在酒店管理中，酒店督导有计划、组织、领导、控制、创新等五大管理职能。

一、计划职能

（一）5W1H计划

计划是组织在未来一定时期内的行动目标，以及实现目标的途径。计划是组织、领导、控制和创新管理职能的基础。计划为组织指明方向，使模糊不清的未来变得清晰实在。督导计划主要指5W1H。具体内容如表1-3所示。

职场技巧

如何从业务高手
转变为管理高手

表1-3　督导计划的具体内容

英文	中文	说明
what	做什么	明确计划的具体任务和要求和每一个时期的中心任务和工作重点
why	为什么做	明确计划工作的宗旨、目标和战略，并论证其可行性
when	何时做	各项工作何时开始，完成进度如何
where	何地做	规定实施地点或场所，了解计划实施的环境条件和限制
who	谁去做	何人何部门负责
how	怎么做	具体措施，相应的政策和规则

计划职能通过确定酒店的经营管理目标，为酒店内各部门、各环节及各位员工的工作或行动指明了方向、明确了责任，有利于相互之间的沟通与协调，能使酒店所有成员互相配合，最终实现酒店目标。计划职能还可使酒店对所拥有的人、财、物，以及时间、信息、空间等资源围绕酒店总目标进行合理而有效的组合与调配，使人尽其才、物尽其用，减少了人力、物力、财力的浪费，从而提高酒店的接待能力，实现酒店效益最大化，增强酒店对环境变化的应变能力。

（二）计划的评估与反馈

计划的评估是指在计划已经完成并运行一段时间后，对计划的目的、执行过程、执行效果进行系统的、客观的分析和总结的系列活动，如表1-4所示。

表1-4　计划的评估与反馈

评估内容	标准	实际情况	改进方案	未达标原因
计划目标	原目标	是否实现目标,实现多少	人力、物力、财力、资源、时间、信息	
执行过程	原计划	与目标是否有偏差,差在哪里	人力、物力、财力、资源、时间、信息	
执行进度	原计划	是否按进度完成,完成多少,还能完成多少	人力、物力、财力、资源、时间、信息	
执行效果	原计划	经济效益、社会效益、集体效益、个人效益	人力、物力、财力、资源、时间、信息	

二、组织职能

酒店的组织职能是指为了有效地实现酒店的计划目标,管理者确定组织结构,进行人、财、物、时间、信息等资源的调配,并划分部门、分配任务和协调酒店各种业务活动的管理过程。组织职能是计划职能的自然延伸,它贯穿酒店管理的全过程,包括组织结构、人员配备、组织力量整合、组织文化等方面。

组织结构是组织的框架体系,组织结构最主要的方面包括管理的幅度与管理层次。组织结构中纵向垂直管理的层级数就是管理层次或管理层级。一个管理者直接有效领导的下属的数量被称为管理幅度或管理跨度。

(一)组织设计

组织设计应遵循组织设计原则,还应遵循因事与因人设职相结合的原则,既要因事设职,又不能忽视人的特点和能力的差异。

1.权责对等的原则

若没有明确的权力或权力的应用范围小于工作的要求,则可能使责任无法履行,任务无法完成。

2.命令统一的原则

一个下属如果同时接受两个上司的指示,而这些上司的指示并不总是保持一致时,则会让下属感到无所适从。

(二)人员配备

人员配备的核心是为每个岗位配备恰当的人。应确定人员需要量,选配恰当的人员,评估员工流动率,制订人员培训计划。

人和组织都处于不断的发展变化之中。因此,人与事的配合要不断进行调整,使之形成一种能者上、庸者下、能上能下的良性机制,使每一个人都得到最合理的利用,实现人与工作的动态平衡。

三、领导职能

领导就是指挥、带领、引导和鼓励下属为实现组织目标而努力的过程,领导的目的是通过影响并激励下属来达到组织的目标。

（一）领导方式的分类

以领导者运用权力的范围和被领导者的自由度为标准，领导方式可划分为集权型、参与型、放手型、放任型。领导方式没有绝对的优劣之分，只有与组织的工作性质、工作环境、员工素质相适应，才能达到预期的效果。

管理案例

活在当下的人

集权型领导方式是指领导者单独做出决策，然后发布指示和命令，明确规定和要求下属做什么和怎么做；参与型领导方式是指在决策过程中，领导者让下属以各种形式参与决策，重视双向沟通，善于吸取下属的智慧，尊重下属的权利；放手型领导方式是指领导者给下属确定工作目标和方向，提出完成任务的要求，同时授予必需的权力，在工作过程中只进行监督、指导和控制；放任型领导方式是指领导者对下属高度授权，下属可以独立地开展工作。

（二）领导的实质

领导是一门科学，也是一门艺术。在实际工作中，领导者应该具有一定的指挥和协调能力。

1. 指挥能力

指挥是指管理者凭借权力和权威，根据决策计划的要求对所属指挥对象发出指令，进行领导和调度，使之服从管理者意志，并付诸行动，齐心协力地实现酒店预定目标的管理活动。在指挥的过程中，通常先有组织目标和决策计划，后有管理者根据组织授权视具体情况行使指挥权。指挥是计划和组织的延伸和继续，计划是指挥的依据，组织是指挥的保证。

2. 协调能力

酒店协调能力主要体现在管理者针对酒店内外出现的各种不和谐现象而采取的调整、联络等措施。其目的是保证酒店经营活动的顺利进行，并有效地实现酒店的经营目标。协调能力是现代酒店管理的特征之一。

四、控制职能

控制是指根据酒店组织内外环境的变化和组织的发展需要，在计划的执行过程中，对原计划进行监督、检查、分析、调节，以确保目标任务完成的管理活动。

在酒店管理中，管理者只有采取恰当的控制方式，才能对酒店的经营业务进行有效的控制。酒店的控制职能可分为以下 3 种类型。

（一）预先控制

预先控制又称前馈控制，是指管理者通过对酒店业务情况的观察、预测分析，预计可能出现的问题，在其未发生前加以预防的管理活动。预先控制主要是对业务开展前的资源投入实施有效的管控，包括人力投入控制、财力投入控制和物力投入控制。

（二）现场控制

现场控制又称实时控制，是指管理者对现场经营活动的控制，是一种有效的酒店管理方式。它通过管理者的现场巡视，督促下属员工按服务规程操作；根据业务活动的需要，对预先安排的人、财、物等资源进行合理的重新组合、调配；及时处理宾客投诉，以消除不良影响，并有效地保证酒店服务质量。

（三）反馈控制

反馈控制也称事后控制，是指管理者在酒店经营活动结束后，对其结果的检查与考核。所以，反馈控制是把实际工作结果与预定目标相比较，找出差距，分析产生差异的原因，提出整改措施，以便在今后的工作中改进管理方式。

五、创新职能

管理创新是指在资源的获取、配置和使用方面对传统方式、方法和手段的改进与突破，并促进组织发展的过程，其实质是延续组织的发展。管理创新不是对原有管理的全面否定，而是一个扬弃的过程，主要是为组织在新的环境下的顺利发展建立管理平台。

（一）管理创新过程

管理创新可以分为3个阶段，即创意形成阶段、创意筛选阶段及创意验证实施阶段。

1.创意形成阶段

有创意才会有创新，能否产生创意关系到能否创新。

2.创意筛选阶段

产生了许多创意之后，根据企业的现实情况和外部环境对这些创意进行筛选，分析其中哪些有实际操作价值。

3.创意验证实施阶段

将选择后的创意通过一系列具体操作设计，变成一种有助于企业资源配置的管理方式，并在企业的管理过程中得到验证。创意的验证实施是整个管理创新过程中重要的阶段。

有创意、会筛选、能验证实施的人才是管理创新的主体。

（二）酒店管理创新的原则

1.以客户需求为导向

客户需求是服务创新的切入点，在获得大量实际和潜在宾客信息并进行有效分析的基础上，酒店不断研究客户的需求变化，结合行业标准及政策法规的变化，不断开发适销对路的服务产品。

哲理故事

割草男孩

2.差异化原则

差异化表现在两个方面：一是酒店应当提供优于或不同于其他酒店的服务；二是由于不同客户对酒店的贡献不同，酒店在进行服务创新时，应当立足于市场，根据客户对酒店的贡献大小，实行差异化服务。

3.系统化原则

酒店接待服务是一项系统工程，需要酒店上下配合，各个环节共同努力。在创新服务管理过程中引入质量管理标准，进行全方位管控，以此提高服务质量。酒店服务传递系统应当贯彻系统化原则，做好定量工作，保证服务质量。

4.效益性原则

效益性原则指酒店需要将经济效益、社会效益和环境效益三者结合起来，走可持续发展之路，开展创新服务。追求利润最大化是企业重要的目标。酒店在创新服务中应当严格实行目标成本管理，全面测算创新业务的成本和收益，使创新服务"既叫好又叫座"。

 头脑风暴

管理创新的条件很多，你认为必备条件有哪些？

第七节　品质与能力

酒店督导工作是一项综合性、服务性较强的工作。需要联系协调各方，内容繁杂，涉及面广，政策性强，服务对象复杂，要求较高，需要酒店督导在才智、能力和内在涵养等方面具有较高的综合素质。

一、个人品质要求

（一）情感品质

情感品质是人对客观事物是否符合自己需要而产生的态度体验形式。丰富的情感是心理活动向深度和广度发展的必要条件，强烈而持久的积极情感可以推动督导进行有益于酒店管理的各项活动。

知识活页

不适合当
领导的五类人

1.道德感

道德感是人所特有的一种高级情感，是道德品质的一个重要组成部分。它是一个人对自己或他人的动机、言行是否符合一定的道德行为准则而产生的一种内心体验。道德感受社会环境、生活条件等因素的制约。

酒店业的督导人员应该为自己的国家感到自豪，维护祖国的尊严，应具有对从事旅游酒店事业的职业认同感、责任感和荣誉感，以及对同事和宾客的友善感，保持社会正义感，对严重违反社会道德的行为进行坚决的抵制。

2.美感

美感是审美主体对客观现实美的主观感受，是人的一种心理现象，即人类的审美意识。美感与道德感一样也受社会生活条件的制约。

酒店督导的审美意识主要通过个人的衣着、举止谈吐、表情、态度等仪表风度来表现，其正确的美感倾向会给员工和宾客留下良好的第一印象。这些美感的外部表现与人的生活情调、思想修养密切相关。

3. 理智感

理智感是人在认识和评价事物过程中所产生的情感。它与个人的求知欲、兴趣、需要是否被满足相联系。缺乏情感的认识，不可能将认识引向深入。理智感是人在认知过程中产生和发展起来的，反过来推动人的认知能力的进一步增强，成为人认识世界和改造世界的一种动力。

酒店督导正确的理智感倾向表现为具有强烈的探索科学管理、钻研督导业务的求知欲，热爱真理，远离偏见。酒店督导只有树立坚定而远大的生活目标、怀有崇高的理想和信念，才能对酒店督导工作产生深厚的积极情感，并把这种情感稳固而持久地维持在做好督导管理、提高服务质量的行动上。

（二）意志品质

意志是人自觉地确定目标，并根据目标调节和支配自己的行动，克服困难，去实现预定目标的心理倾向。人的意志是在行动开始之前做出决定，并选择恰当的行动方式；在行动开始之后，能够完全克服行动过程中的各种困难，并把行动坚持到底。

督导活动面临复杂的社会情境，督导的个体因素与复杂的客观因素之间的冲突经常会引起督导心理上的矛盾。要正确解决各种心理冲突，实现督导活动的目标，有赖于督导良好的意志品质。

1. 意志的自觉性

意志的自觉性是指个人在行动中有明确的目的性。酒店督导意志的自觉性体现在多个方面。首先，酒店督导意志的自觉性表现在其能够明确酒店管理和服务工作的社会意义，深刻认识到酒店服务质量与国家和人民的荣誉，与社会经济、道德风尚等息息相关。其次，能够不受外界影响，独立支配自己的行动，排除各种干扰和诱惑，与影响其行动的消极因素与错误观点做斗争；在工作中，不依赖、不推诿、不避重就轻，自觉遵守组织纪律，完成督导工作任务。最后，督导应能够正确地认识自己，虚心倾听别人的意见，敢于坚持真理、修正错误；工作中不惧艰险，不怨天尤人。与此相反，不具备意志自觉性的督导则容易受他人暗示及外界因素的引诱和干扰，放弃原定的努力方向，做出与愿望相违背的事。

2. 意志的果断性

意志的果断性是指善于明辨是非，能够当机立断、毫不犹豫地做出决定的能力。具有果断性品质的人，善于对客观问题进行分析、判断，迅速而正确地做出行动的决定。意志的果断性是以意志的自觉性为前提的。

因此，明辨真伪、当机立断，迅速而合理地处理问题，只要条件许可便毫不犹豫地采取行动，是酒店督导意志品质的重要方面。此外，酒店督导意志的果断性还表现在一旦情况发生变化时，能立即停止或改变已经执行的决定，或等待时机重新做出决定。

3. 意志的坚韧性

意志的坚韧性即毅力，表现为一个人能够不畏艰险、不怕挫折，坚决地去完成规定的活动或任务，体现出锲而不舍、一往直前的品质。坚韧性与对自己行动的目的、意义及社会价值的深刻认识密切联系。

酒店督导面对一系列管理工作和流程，如果没有充沛的精力与意志的坚韧性是难以做到的。缺乏毅力的督导，尽管思想上也愿意搞好督导管理工作，但这种主观愿望常常难以实现，虎头蛇尾，有始无终，使事情半途而废。

4. 意志的自制性

意志的自制性就是善于控制和支配自己行动的能力。一个有自制性的人善于执行已做出的决定，并战胜徘徊、犹豫、恐惧、羞怯、懒惰等对执行决定有妨碍的各种因素，善于抑制行动过程中可能出现的消极情绪和冲动行为。

酒店督导管理实践证明，督导的情绪状态对督导管理工作有很大的影响。督导的情绪不可避免地受到各种主客观消极因素的影响。因此，督导应该有较强的自制力，在紧急情况下沉着冷静，不感情用事，自觉调节和控制自己的言论和行动，保持心平气和、热情耐心。督导意志的自制性不仅将对员工和顾客产生极其明显的心理影响，并能抑制员工和顾客某些消极情绪的爆发。

酒店督导的意志品质可以从两个方面来培养：一是要树立正确的世界观和崇高的理想，对自己提出培养意志品质的要求。二是自觉地在酒店督导管理和其他实践活动中锻炼自己，说到做到，率先示范，努力完成所承担的任务。

二、能力要求

酒店督导的工作内容与工作性质要求酒店督导要被赋予相应的管理职能，具备一定的管理能力。

（一）管理职能

酒店督导的管理职能主要体现在制订工作计划、规范工作例会流程、安排专项活动等方面。一个好的酒店督导应该能够做到：保证宾客和酒店财产及食品安全；客观评价员工的工作表现；熟悉岗位职责并能够制定工作标准。对每个下属有深切的了解与认识；能够用诚恳的态度倾听下属的意见与建议；能够清楚地分配工作任务；能够明确地指导工作程序；能够清晰地告知下属他们的工作进展及要求；能够及时纠正员工的不足；能够积极地培养员工，使之不断进步、成长。

（二）管理能力

酒店督导的管理能力包括筹划能力、沟通能力、表达能力、包容能力、分析判断能力、情绪管控能力、人力资源管理能力、人际关系协调能力、安全管理能力、客户管理能力与团队建设能力等。具体如表1-5所示。

表1-5　酒店督导能力模型

能力模块	能力要求
筹划能力	具有通过工作任务的整体分析,制订周密的工作计划,恰当合理地配置与整合资源,以实现组织的发展目标的统筹规划能力
沟通能力	具有通过各种语言和其他媒介向对方传达某种信息,以有效地使对方获得理解,促进交流及使服务活动顺利进行的能力
表达能力	具有将自己的思想、情感、想法和意图等,用语言、文字、图形、表情和动作等清晰明确地表达出来,并善于让他人理解、体会和掌握的能力
包容能力	具有对他人给予更多理解、包容,戒骄戒躁,耐心倾听需求,心平气和地解答问题的能力
分析判断能力	具有对酒店或部门的人和事进行剖析、分辨、单独观察和研究的能力
情绪管控能力	具有情绪的自我觉察、自我调控、自我激励及对他人情绪的识别能力
人力资源管理能力	具有根据酒店总预算与营销计划、部门预算与计划,以及当地的劳动法律法规,运用人力资源管理职能与技巧的能力
人际关系协调能力	具有善于调节与控制他人的情绪反应,并能够使他人产生自己所期待的反应的能力
安全管理能力	具有酒店所需的人身安全、财产安全、食品卫生安全等安全防范、培训与管理的能力
客户管理能力	具备客户关系识别、维护与管理的能力
团队建设能力	具有加强团队建设的能力

💡 **头脑风暴**

分组讨论:酒店督导还有哪些能力要求?请举例说明。

▶ **应用分析**

真心诚意服务客人

松赞是滇藏线上舒适且温暖的山居酒店品牌。松赞旅行管家作为藏地之旅的陪伴者,希望帮助客人深入了解、体验神秘土地背后的文化内涵,在丰富的自然人文景观中,获得内心的归属感和难忘的旅行体验。

来自四川甘孜藏族自治州的仁青,语言天赋出众,除了藏语,还可以对着四川人讲四川话,跟云南人讲云南话,普通话如今也非常标准。每年冬天,东竹林寺的僧人会在村里组织藏文课堂，仁青就去接僧人，听他们讲很多和当地有关的故事，自己消化理解后分享给客人；松赞给村里发放补贴，仁青就顺便和当地人聊聊天，民俗文化、周边的植被等知识慢慢了然于胸。

"我们藏族人说，拿了别人的钱，一定要做到消化好这个钱，不然就不对了，你拿到的钱都会成为你的负担。到现在为止我很少被客人投诉，不是因为我文化水平高、语言表达好，而是我在真心诚意地为客人服务，这才是最重要的原因。走完一个环线，很多客人是非常感恩的，松赞所在的区域山美水美事物也美，但最终，真正吸引人的肯定是背后的人和文化。"

（资料来源：根据"松赞旅行"微信公众号相关资料整理。）

🔍 **问题分析：**

如果你是松赞旅行管家仁青，还会从哪些角度思考和努力，以便更好地服务客人？

▶ **实训项目**

[实训名称]

督导角色认知

[实训内容]

学生3~6人组成一个小组，并推举小组负责人。每个小组寻找一家在服务或管理等方面具有特色的酒店企业，现场观摩或访谈其督导对自身角色的认识情况。

[实训步骤]

1. 每个小组到本地一家特色酒店，选择2~3个部门，现场观摩或访谈部门督导对自身角色的认识评价。

2. 根据本章所学内容，分析该酒店督导对自身角色的认识的现状与问题。

3. 每个小组制作汇报PPT，在课堂上分享考察心得体会，并进行答辩。

[实训点评]

1. 每个小组提供某酒店督导对自身角色认识的分析报告。

2. 师生根据各小组的报告及表现给予评价打分，成绩纳入课程实训教学的考核之中。

第一章实训评分

> **拓展作业**

第一章导学测评

参考资料

陈顺，綦恩周.酒店督导管理实务 [M]. 长沙：湖南人民出版社，2014.

侯明贤，卢静怡.酒店督导与实务 [M]. 天津：天津大学出版社，2017.

姜玲.酒店业督导技能 [M]. 北京：旅游教育出版社，2018.

李国茹，杨春梅.酒店督导管理 [M]. 北京：中国人民大学出版社，2014.

刘纯.酒店业督导原理 [M]. 天津：南开大学出版社，2005.

刘伟.酒店客户管理 [M]. 重庆：重庆大学出版社，2020.

王今朝.酒店督导管理 [M]. 北京：清华大学出版社，2018.

王凤生.做最成功的酒店职业经理人 [M]. 北京：中国旅游出版社，2017.

魏洁文，姜国华.酒店人力资源管理实务 [M]. 北京：中国人民大学出版社，2021.

薛兵旺，周耀进 .酒店督导管理 [M]. 武汉：华中科技大学出版社，2017.

第二章

领导艺术

> **本章导言**

　　一个具有良好团队精神的酒店企业需要有一位卓越的领导，领导素质的高低在很大程度上决定了团队战斗力的强弱。领导者的领导艺术是实现有效领导不可缺失的保障，是一个领导者所应该努力追求的目标。一个好的团队必定有一位具有较高领导艺术的领导者。

　　本章探讨领导者如何通过有效的领导方式最大限度地提升下属的绩效，实现价值增值，以及如何在提升领导者所属的团队绩效的同时，实现领导者与下属的共创共赢。

> **学习目标**

【知识目标】

1. 知晓领导影响力的来源与员工反应
2. 知晓领导者的风格类型与运用场景
3. 知晓酒店督导的基本素质要求
4. 知晓酒店督导情商管理的基本内涵

【能力目标】

1. 学会利用媒体收集督导管理的典型案例
2. 能够主动探究提升酒店督导素质的路径
3. 能够讲述酒店督导情商管理的基本方法
4. 能够将理论学习与督导岗位实践相结合

【思政目标】

1. 树立精益求精、追求卓越的匠人精神
2. 具有真诚主动、宾客至上的服务意识
3. 具有团队协作、开拓进取的奋斗精神

> **思维导图**

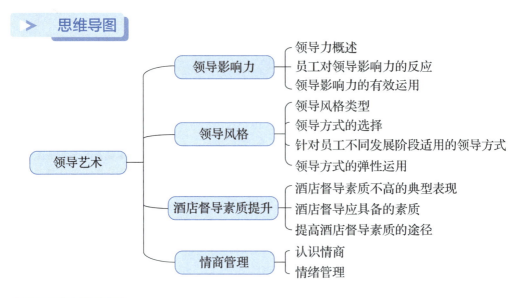

> **案例导引**

民主管理使酒店职企双赢

B 酒店是由环球凯悦集团管理的一家中外合资、外方经营的五星级酒店，酒店自开业以来，实行人本管理，提供优质服务，开创了企业发展、职工受益的双赢局面，建立了职工代表大会和多种形式的民主管理制度，拓宽了职工诉求的表达渠道。职代会对酒店的经营管理等重大事项具有知情建议权；对涉及职工的收入分配、劳动定额、劳动安全卫生、保险福利及重要规章制度等与职工切身利益密切相关的重大事项，拥有协商共决权；对酒店执行国家法律法规的情况具有评议监督权。

同时，为了加强职工代表大会闭会期间日常的民主管理工作，酒店还建立了职工座谈会制度。每月召开两次由总经理和人力资源部总监参加的职工座谈会，参加座谈会的职工来自酒店的各个部门，名单由电脑随机抽取。职工可以面对面地提出问题和建议，针对职工提意见和建议，酒店管理层要及时研究并在一周内反馈意见，反馈的内容应张贴在职工布告栏内。

酒店服务业受旅游季节的影响，淡旺季客流量差别很大。实行哪种工时制度既关系到酒店的经营问题，又涉及职工的切身利益。总经理主动提出将这一事项提交职工代表大会讨论，在职工代表大会上，通过对酒店现状全面、客观地了解和分析，职工代表认为酒店在经营正常时应实行标准工时，而在经营非正常状态下可实行弹性工时，总体上将实施以年为周期的综合工时制。这样既能保证酒店经营任务的完成，又能保障职工的利益，同时还合理调整了职工加班和倒休的时间。这一议案在职工代表大会上顺利通过。

（资料来源：节选、整理自薛兵旺，周耀进 . 酒店督导管理 [M]. 武汉：华中科技大学出版社，2017.）

问题思考：

B 酒店为什么会实现企业发展与职工受益的双赢局面？ B 酒店还可以从哪些方面去改进和提高？

第一节　领导影响力

领导是在一定的社会组织或群体范围内，为实现组织预定目标，领导者运用其权力和自身影响力影响被领导者的行为，并将其导向组织目标的过程。领导力是领导身上的一种有关前瞻与规划、沟通与协调、真诚与均衡的艺术。

一、领导力概述

（一）领导力的内涵与特征

1.领导力的含义

领导力即领导者的影响力，是指领导者遵循相关法律法规，运用多种方法与手段，在实现特定目标的过程中，有效地影响和改变被领导者的心理和行为的能力。领导力是实现有效领导的必要条件，领导力主要包含以下 4 层含义。

知识活页

领导的"五威"

（1）主体：社会组织或群体的领导者。

（2）客体：整个组织或团体中的被领导者。

（3）方式：主要是强制性推行。

（4）目标：通过各种手段和方法影响和改变他人的心理和行为。

2.领导力的特征

（1）强制性。领导者在法律或组织机构规定的职位权力范围内，有决策权和指挥权，被管理者必须服从。

（2）动态性。领导的目标会随着时代的发展而转移，工作的内容和方法也随之而更新，领导机构的结构和权力划分也随之而调整。

（3）层次性。不同层次领导有不同的权力，分层负责、各行其权，在正常情况下不应超越自己的权力。

（4）灵活性。领导在运用权力时要充分考虑大多数成员的愿望，强制命令或单纯靠职位权力是难以办好事情的，权力必须慎重使用。

（二）领导力构成与来源

1.职位权力

职位权力又称强制性影响力，它是由社会组织赋予个人的职务、地位和权力等形成的影响力，具有外来性，强制性和阶段性。一般来说，职位越高，权力越大。没有职位权力，领导者就会缺乏强势的影响力，也就无法行使自己的领导职能。

职位权力包括法定权、强制权和奖赏权。

（1）法定权。这是指领导者因占据职位，有了组织授权而拥有的影响力。作为被领导者会认为理所当然地要接受领导者的领导。

（2）强制权。这是指领导者通过惩戒手段（开罚单、记过、降薪、降职、解聘等）或强制命令让员工服从或规避不良情况的行为。下级出于恐惧的心理而服从领导。

（3）奖赏权。这是指领导者可以用物质奖励（加薪、升职、奖金、带薪休假等）、精神奖励（表扬、认可、鼓励等）或其他奖励（委以重任、给予机会、提供培训等）的方式激发员工的积极性。下级为了获得奖赏而追随或服从领导。

2.非职位性权力

非职位性权力又称自然影响力，是因领导者个人的素质和行为而产生的，与领导的职权没有必然的联系，它是一种内在的动力性的影响力，包括领导者的道德品质、知识水平、工作本能和交往艺术等。这种影响力产生于领导者的领导活动之中，对员工的心理和行为的影响是自然而然的，是建立在信服和敬佩的基础上的。它不是靠权力使员工被动地服从，而是以自身的思想修养、才华去影响员工，从而调动员工的自觉性和积极性。非职权性影响力包括专长权、表率权和亲和权，具有内在性、根本性和长远性。

（1）专长权。这是指管理者由于自身具有业务专长而拥有的影响力。下级会出于对管理者专业知识与能力的信任与佩服而服从领导。

（2）表率权。这是指管理者率先垂范，由其表率作用而形成的影响力。管理者的思想境界、品德修养能赢得被管理者的敬仰，下级会出于敬佩而追随与服从。

（3）亲和权。这是指管理者借助与部下的融洽与亲密关系而形成的影响力。如果领导者与被领导者之间的感情深，关系密切，领导者对被领导者关心体贴，领导者的影响力就会很大，被领导者就会对领导者产生一种亲近感。事实上，感情因素在提高领导者的影响力上起着催化剂的作用。领导影响力对比分析如表2-1所示。

表2-1 领导影响力对比分析

类别	因素	性质	心理影响
职位权力	传统	观念性	服从感
	资历	历史性	敬重感
	职位	社会性	敬畏感
非职位性权力	品格	本质性	敬爱感
	才能	实践性	敬佩感
	知识	科学性	信赖感
	感情	精神性	亲切感

综上所述，领导者的影响力是由职位权力和非职位性权力构成的。职位权力影响力是当权则有，不当权则无，对人的影响是"口服未必心服"；非职位性权力影响力是当权与不当权都可能具有，对人的影响是"心服口服"，它在影响力结构中占主导地位，起主导作用。而职位权力影响力受非职位性权力影响力的制约，因此，要提高领导者的影响力，关键在于提高非职位性权力影响力。

（三）领导力的本质

领导力的本质就是影响力，真正的领导者都能影响别人，让别人追随自己，使别人加入进来，从而使得领导机构和整个组织取得利益。

二、员工对领导影响力的反应

领导者手中的权力时刻影响着员工，但每个员工有自己的个性，心理状态也不尽相同，对领导者执行权力的反应并不都是一样的，他们对命令的接受状态有很多种。同时，员工的行为也会对领导者的权力实施造成影响。按照员工执行命令的状态，可将员工的反应方式分为4种类型。

（一）主动服从

主动服从表现为员工愉快地接受命令，不提任何条件，能在执行中积极主动、高效率、高质量地完成工作。员工认可督导的权力和命令，命令合理可行，员工有很强的主动意识，明确知道自己应该做什么，甚至能在酒店督导下达命令之前就做好了准备。酒店督导在下达命令时可让员工提出意见、建议和修正措施，这样做更易于让员工主动服从。

（二）服从

员工没有反抗情绪，在接受酒店督导的命令之后，按照一般的流程进行执行，在执行的过程中既不提出改良意见，也不表示反对，这样的接受方式属于服从。

（三）被动服从

当员工对酒店督导命令本身有意见时，他们经常不愿意执行命令，但是酒店督导对员工的态度强硬，要求必须执行。这时，员工可能会迫于压力而执行命令，但他并非心甘情愿地执行命令，这样的方式属于被动服从。

（四）抗拒

员工对命令持强烈的反对意见，并且不执行，这种接受权力的方式被称为抗拒。抗拒属于权力实施过程中的逆转行为，经常是在利益冲突比较激烈或矛盾激化后才发生的。

考察领导者影响力的大小与员工对影响力的反应时会发现，随着职位权力影响力与非职位性权力影响力逐渐增大，员工的反应也会不同。当职位权力影响力运用得好时，员工可能是服从的，但这时他的心里可能是不服的，所以他是被动服从。当非职位性权力影响力运用得特别好时，员工会从心里服从。当职位权力影响力与非职位性权力影响力都发挥得好时，员工就会心甘情愿地工作，就会主动服从。当职位权力影响力和非职位性权力影响力都运用得不好时，员工会抗拒权力。领导影响力与员工反应的关系如图 2-1 所示。

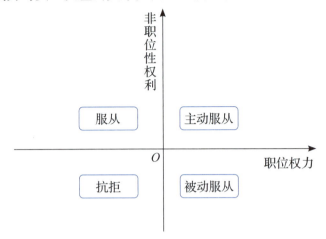

图2-1　领导影响力与员工反应的关系

三、领导影响力的有效运用

（一）领导影响力的运用条件

领导影响力的有效运用，除客观环境、领导者、被领导者 3 个基本条件和主要因素外，还需要满足以下基本条件。

1. 职权清晰

领导者的职权清晰，有实际支配权，领导地位明确，就有利于开展工作。反之，如果授权不明，权限不清，领导者就没有主动性，员工也会消极怠工。

2. 系统优化

组织系统优化，管理层次明晰，上下级沟通渠道畅通，领导影响力将不受限。

3. 目标可行

领导给员工布置的工作任务，目标明确，可执行程度高，权力能有效运用。

4. 人际关系融洽

领导者的人际关系融洽，一呼百应，能充分发挥权力的作用，增大实际权力；人际关系不好，权力运用就会遇到阻力和挑战。

5. 领导技能高超

领导影响力的发挥还受领导者自身能力的限制，成功的领导者，能正确判断情境和员工的状况，采用适宜的领导方式，适时调整领导风格。

（二）职位权力影响力的运用

酒店督导运用职位权力影响力时，可以使用的技巧包括讨论、说服、请求、"胡萝卜"、"大棒"、利益驱动、直接命令和借权等。在运用时可以有多种选择，组合使用。领导职位权力影响力的具体应用如表 2-2 所示。

表2-2　领导职位权力影响力应用一览表

应用技巧	释义	具体做法
讨论	请相关人员参与商讨,执行决策结果,员工更愿意参与执行自己所认可的行动	组织专题会议,征询当事员工的意见
说服	通过讲事实和摆道理说服他人,达到影响和引导他人的目的	与当事人进行交流;进行沟通,以理服人
请求	赞同员工的价值观,唤起情感因素,调动员工积极性和对工作的投入	回顾曾经的合作经历和良好表现,赞扬对工作的投入,表达让其承担重要任务的请求
"胡萝卜"	鼓励、赞赏、支持,唤起员工的情感因素,认同其价值观,激发其工作积极性	强调当事员工的能力和重要地位;进行感情攻势,以情动人,让员工不能拒绝
"大棒"	恐吓、威胁,用施压来达到目的	告知严重后果;采用批评、处罚、冷落等方式
利益驱动	用奖赏或者用其他好处来驱动他人以达到所期望的行为	给予好处,如奖金、荣誉、优先权等
直接命令	直接动用权力,强制执行	当前面的手段都不管用的时候采用;强调领导的职权和威严,表情要严肃,言辞要坚决
借权	利用高层的威严	当领导力弱、他人不服时采用,主要通过高层领导的威严来进一步强化所下达的指令

（三）职位权力影响力运用的注意事项

1.谨慎使用权力

权力可备而不用,但不可滥用。酒店督导在运用权力时需做到"三戒":一戒以权谋私,二戒以权徇私,三戒意气用权。

知识活页

管理者与领导者的区别

头脑风暴

分组讨论:酒店督导权力滥用的现象还有哪些?请举例说明。

2.遵守法律法规

酒店督导需强化法治观念,在运用权力时,需要熟知国家相关的法律法规,不能以权代法,否则将失掉自己的威信,最终失去自己的领导权力。

3.慎用强制权力

酒店督导要谨慎使用强制权力,在运用强制性权力时要采取事前沟通、宣传教育或事先警告等方式。最好能督促员工自觉完成,但在原则问题上或遇到紧急情况时,督导使用权力必须果断坚决。

4.发问代替命令

在实际工作中,酒店督导以发问的方式布置工作,以商量的口吻交代任务,会比简单地下命令效果更好。它可以激发下属主动参与,提供有价值的建议,在平等友好的气氛中愉快地、自愿地接受指令，并竭尽全力去完成任务。

5.恰当运用奖励

酒店督导要恰当地使用奖励权去激励员工的进取心和创造精神，使下属认识到，如果能够服从督导的意愿并做出相应的贡献，就会受到奖励。奖励要针对贡献大小，拉开档次，对做出重大贡献者给予重奖。方式最好采取公开、公平的形式，还要防止随意乱奖。

6.讲求实事求是

在行使权力时，督导要实事求是，认真做决策。由此，领导者才会得到被领导者的信任和拥护。

（四）非职位性权力影响力的运用

1.以高尚的品格赢得尊重

领导者如果品德高尚、正直公道、言行一致、以身作则、关心他人、团结同事、严于律己、平易近人，就会使人产生一种敬爱感，能吸引他人，得到他人的认同，形成一种无形而巨大的道德力量，具有很强的感染力和可靠的威信。领导者要用正直建立信用，用自尊和尊重他人赢得尊敬，用大度聚集人心，用人品感召人群。

2.以广博的知识赢得信任

领导者具备丰富的知识，会得到人们的尊重，也容易获得别人的信任，对其产生信赖感，能够增强号召力。酒店行业要求督导们不仅仅是专才，而且必须是通才，督导的知识面越广，发现问题、解决问题的能力和领导水平也就越高。用知识征服他人，树立自己的威信，能使下属产生一种敬佩感。

3.以真切的感情赢得拥护

领导者要与员工之间建立良好的感情关系。以真诚换真情，关心帮助他人解决困难，主动与下属加强沟通，努力缩短彼此间的心理距离。

在运用领导影响力时，管理者不论采取哪种形式，都要充分考虑被管理者的文化背景、心理特点及客观环境等因素，因人因事而异，巧妙地掌权用权。

 头脑风暴

管理、督导和领导三者有哪些区别与联系？请举例说明。

第二节　领导风格

微课视频

形成自己的领导风格

领导风格是领导作风和领导方式的总称。领导作风是指领导在思想上和工作上所表现出来的态度和行为，领导方式是指领导者在管理人或事的过程中所采取的方法和形式。前者是后者的基础和行为根源，后者是前者的结果和表现形式。领导风格源于领导者的个

性，不同个性形成不同的领导艺术。在酒店管理活动中，领导者的领导风格对下属人员工作积极性的调动有极其重要的作用。

一、领导风格类型

领导风格有两个主要的影响因素：一是个人决策，二是员工参与。个人决策是指做决策时领导者不征求他人的意见，直接下命令让员工去遵守和执行决策的方式。员工参与是指员工可以参与决策，共同讨论并做出决定。据此，我们可以将领导风格分为专制式、官僚式、放任式和民主式，如图 2-2 所示。

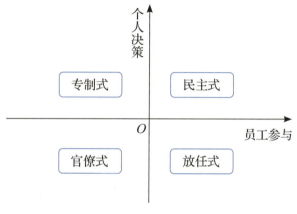

图 2-2　领导风格类型

（一）专制式

专制式领导风格又被称为独裁型领导风格，是指一切决策权完全集中在领导者一人手中，领导者用权威来推行工作，下属处于被动地位，此种领导者一般对下属严厉且要求高。专制式领导基本不考虑员工的参与问题，只讲个人决策，简单地下命令，然后让员工去执行。

专制式领导这种方式在特定的情况下是非常有效的，如在酒店管理初期，或是在遇到紧急情况，或是面对没有经过培训的新员工时，领导者可以首选这种模式。

头脑风暴

　　分组讨论：哪些情况下不适合专制式领导？请举例说明。

（二）官僚式

官僚式领导风格主要体现在让员工按规章制度、工作流程去完成任务。领导者参与不多，员工参与较少，这种方式适用于组织中规范性很强的领域，对于一些操作简单、重复劳动较多、技术含量不高、创造性较少的工作，也可采用官僚式领导风格。但是长期采用此领导方式，容易导致员工只做分内之事，对规定以外的任务不予接受。

（三）放任式

放任式领导风格是指领导者不把持权力，几乎将所有权力都让渡给团队，领导者几乎不给出指令，让员工自由决策。在放任式的领导方式下，成熟而专业的员工可以充分发挥自己的主观能动性，有充分的自由去考虑问题。

放任式领导方式适用于以下情况：员工责任心强，有工作自豪感，有成功完成工作任务的愿望；员工拥有熟练的技术及丰富的经验和知识；员工忠诚可靠，可以信赖。

（四）民主式

民主式领导风格是指领导者鼓励员工积极参与决策，主张团队合作的一种领导方式。民主型领导者会花费较多时间去听取员工的意见和建议，建立起上下级之间的信任关系；会请员工参与涉及组织目标、个人利益及工作方式等方面的决策，从而提升组织的灵活性和员工的责任感；倾听员工关心的问题，从而使团队保持高昂的士气。在民主式的领导方式下，员工能够长期保质保量地完成工作任务。

当领导者不清楚应该怎么做，并需要有能力的员工的指导和建议时；当一个比较复杂且重要的问题需要集思广益时；当拥有一批技术高超且经验丰富的员工时；当涉及员工利益时，就应该采用民主式的领导风格。

每种领导风格都有其优点和缺点，在酒店管理中需根据实际情况，综合使用。4 种领导风格的比较如表 2-3 所示。

表 2-3　领导风格的比较

形式	优点	不足
专制式	紧急情况时有效 适合管理没有工作经验的员工 决策效率高 领导个人专业能力强	显得控制过度 没有员工参与 抑制员工主动性 缺乏对人的激励
官僚式	有统一的工作标准 工作有条不紊 利用前人的技能和经验 能够减少管理者干预的时间	没有员工参与 抑制员工的创造性 缺乏果断精神 不适合优质的对客服务
放任式	能够给员工充分的空间 能够调动员工的积极性 易于建立相互信任的工作关系	做法可能过于激进 如缺乏控制，会出现放任自流现象 对员工的素质要求过高
民主式	能培养和开发人才 能提高绩效 能提高员工的主人翁意识 易于建立相互信任的工作关系	耗时比较多 容易对他人形成一定的依赖 在一定程度上削弱领导者权威

二、领导方式的选择

由于酒店业的发展，管理组织机构、管理权限、管理功能和管理者多重职责等变化，新的领导方式由此诞生。酒店督导要逐渐形成适合自己的独特领导方式，并能在不同场合有所改变。

（一）形成自己的领导方式

影响酒店督导领导风格的因素如下。

1.督导的个人背景

督导的个人背景,如个性特质、文化程度、学习经历、价值观、道德观、工作经历、曾经使用过的领导风格的经验或教训等，都会对督导个人的领导方式产生影响。

2.员工的差异

员工的个体差异对督导领导方式的影响主要体现在员工的心理特征、城乡差异、民族习俗、年龄结构、文化水平、宗教信仰等。

3.酒店实际情况

酒店实际情况,如酒店历史、部门所处地位,酒店企业文化、经营理念和团队氛围等,也会对酒店督导领导方式产生影响。

酒店督导需依据自身的特质，结合酒店的实际情况，选用最适合员工、企业文化的领导风格。

（二）采用多样的领导方式

对于酒店督导领导下属的方式，领导者通常会呈现出两种行为：一种通过指挥的行为使下属去做事情，称为指挥行为；另一种是不通过指挥命令，而是通过对下属提建议、反馈、劝告等方法，以支持的行为来领导下属，称之为支持行为。基于指挥行为和支持行为的程度，可以划分出4种领导方式，如图2-3所示。

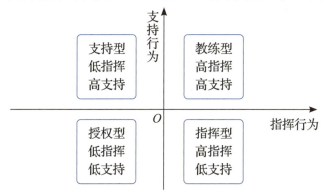

图2-3 4种领导方式

1.指挥型领导方式

指挥型领导方式即通过下达命令或者指示的方式让下属按照领导者的指令去办事，最后实现领导者要求的工作目标。这是督导最常用的方式。指挥型领导方式的特点如表2-4所示。

表2-4　指挥型领导方式的特点

特征	呈现方式
行为	领导者指挥得多,支持得少,明确地告诉下属做什么、怎么做
决策	命令多数是由领导者发出的
沟通	领导者多数采用单向沟通方式,即领导者说、下属听
监督	领导者过问和检查的频率比较高
解决问题	通常能帮助团队成员解决大量的问题

2.教练型领导方式

教练型领导方式是领导者对下属的指挥和支持行为都比较强,这也是现代企业所倡导的领导方式。一个管理者首先应该扮演教练的角色,每位下属绝大部分的工作技巧是领导者教的。领导者如能做一个好教练,下属就成长得快。教练要通过支持性行为和指挥性行为引导下属。教练型领导方式的特点如表2-5所示。

表2-5　教练型领导方式的特点

特征	呈现方式
行为	领导者指挥得多,支持得也多
决策	领导者是先征求意见之后再做决定的
沟通	领导者采用的是一种双向的交流方式,并且提供反馈
监督	监督频率比指挥型领导方式低
解决问题	当员工遇到困难时,领导者会及时帮忙

3.支持型领导方式

支持型领导方式是指领导者对下属主要采取支持性的行为,而不采取指挥性的行为,尽量去激励员工完成工作任务,而不是告诉他们如何去做。这种领导方式使员工参与度高,领导者和下属能在比较轻松的气氛中共同做出决定。支持型领导方式的特点如表2-6所示。

表2-6　支持型领导方式的特点

特征	呈现方式
行为	领导者指挥得较少,支持得较多
决策	决定权已经慢慢地向团队成员过渡
沟通	领导者多问少说,并且经常反馈,征求大家的意见
监督	领导者监督的频率很低
解决问题	当员工遇到困难时,领导者才会帮忙

支持型领导的行为经常表现为:愿意向下属解释自己的行为和计划;不拒绝

下属有关变更计划的建议；对于下属的要求不超过下属的能力范围；虽然发现下属的做法有点冒险或者与众不同，仍然给予支持；不要求下属一定按照自己的方式去做事情；在下属完成工作时给予赞赏和表扬，并及时奖励；下属工作中只要有好的方面就予以表扬；不在他人面前批评下属，不因为下属的笨拙而指责下属；站在离下属最近的地方。支持型领导方式非常受下属欢迎。

4. 授权型领导方式

授权型领导方式是领导者给下属明确的授权，希望他在授权之后达成一个目标，在做事情的过程当中，让下属完全发挥主动性和积极性，在授权范围内完成任务。它是一种支持性行为和指挥性行为都比较少的领导方式。授权型领导方式的特点如表2-7所示。

表2-7　授权型领导方式的特点

特征	呈现方式
行为	领导者指挥较少，支持也较少
决策	领导者下放权力，但任何时候目标的最终决定权都在领导者手里
沟通	领导者采用的是一种双向的交流方式，并及时提供反馈
监督	领导者过问和检查的频率非常低
解决问题	领导者鼓励团队成员自己解决问题，不到万不得已，不会进行协助

三、针对员工不同发展阶段适用的领导方式

在酒店管理工作中，督导经常会采用多种领导风格以应对不同的情况和不同的员工。员工的差异性主要表现在工作能力有高有低、工作意愿有强有弱，而且员工的意愿是不断变化的。根据员工进入酒店后能力与意愿的变化，可将其成长历程分为4个阶段，在每个阶段领导者需要采用不同的领导风格。员工在不同发展阶段，领导者应采用不同的领导方式，如表2-8所示。

表2-8　员工在不同发展阶段领导者适宜采用的领导方式

阶段	员工特征	适用领导方式
第一个阶段	低能力、高意愿	指挥型
第二个阶段	有一定能力、低意愿	教练型
第三个阶段	能力较强、有变动意愿	支持型
第四个阶段	能力强、意愿高	授权型

（一）第一阶段：适用指挥型的领导方式

在第一个阶段，下属的工作积极性和热情都很高，但能力很低，容易听从指挥，而且他们对酒店企业情况不了解，最容易信任的人就是领导者，因此，领导者对他下达的命令非常容易得到其认同。这期间，领导者采取指挥型的领导方式是最

合适的,可以把下属的高意愿充分地利用起来,弥补他们工作能力上的不足。所以,对处于第一个阶段的员工最适于采用指挥型的领导方式。

（二）第二阶段：适用教练型的领导方式

第二阶段的员工有一定的工作能力,但工作意愿不高。对酒店工作的信心等处于低谷,这时需要采用指挥和支持力度都较大的教练型领导方式来带动员工。高指挥行为对员工的能力提升有帮助,高支持行为对促进员工的工作意愿有帮助。

（三）第三阶段：适用支持型的领导方式

第三阶段员工的特点是能力较强,不需要指挥,已经有相当丰富的经验,但是意愿还是不足,总是上下波动。对于一个工作意愿上下波动、自信心不足的员工,领导者要提供一些支持,给予一些激励。酒店督导的角色要转换为一个支持者,让员工自己解决工作中出现的问题,激发下属的积极性,使工作状态保持在一个较高水平上,避免忽高忽低。

（四）第四阶段：适用授权型的领导方式

第四阶段员工的特点是对酒店已经非常了解,工作能力也非常强,是成熟型员工了,懂得自我激励,表现为高能力、高意愿,宜采用授权型的领导方式。

四、领导方式的弹性运用

（一）领导方式要相机而变

指挥型、教练型、支持型和授权型等4种不同的领导方式,同员工的4个发展阶段之间是相互匹配的关系。4种领导方式并没有严格的好坏之分,而是有各自适合的场合和员工。

酒店有自己的发展阶段和生命周期,处于初创阶段,指挥型、教练型的领导方式可能是行之有效的;当酒店逐渐上升到成熟期,可能改为支持型和授权型的领导方式管理会更有实效。

（二）对员工管理因人而异

1. 学历高但实际能力弱的员工

对学历较高但实际能力弱的员工,适用指挥型领导风格。学历高的人,刚开始实际工作能力不一定强,但是发展潜力大。这样的员工应该列入第一阶段,采取指挥型的领导方式,提高其实际操作层面的技能。

2. 能力强但工作意愿低的员工

能力强但工作意愿不高的员工,适用支持型领导方式。通过猎头公司挖进来的业内高手,能力一般很强,工作阅历丰富,但是工作意愿不一定高,或者工作意愿处于变动状态。这些人刚进入酒店,处于观望阶段。宜先采用支持型领导方式,一旦他们的能力和意愿进入"双高"状态,就要尽快转变为授权型的领导方式。

3. 刚进酒店的高能力高意愿员工

对于刚入职酒店的新员工,且属于高能力、高意愿的人,要针对具体对象采取具体的管理方法。

（三）对同一员工因事而异

针对同一位员工做不同工作时，督导也应实施不同的领导方式，做到因人而异、因事而异。

（四）做一名弹性的领导者

在酒店管理实际工作中，好的领导者既不独裁，也不放任，而是能够因人因事因时而异，应做一名弹性领导者。

因此，酒店督导在酒店的不同发展阶段需采用不同的领导方式，对不同的人也需采用不同的领导方式。在具体事务中必须因人而异、因事而异、因时而异。综合地、弹性地运用4种不同的领导方式和方法。

 头脑风暴

分组讨论：对刚参加工作的大学生宜采用哪种领导方式？请举例说明。

第三节 酒店督导素质提升

酒店督导能够有效运用职位权力和非职位性权力的使用技巧，形成自己的领导风格，这都是建立在督导自身具备的个人素质的基础之上。所谓督导素质是指督导必备的素养、品质和能力的综合体现，包括身体素质、思想素质、知识素质、专业技能和心理素质等。酒店督导人员是酒店的中坚力量，督导素质的高低是直接影响酒店企业生存和发展的重要因素。

一、酒店督导素质不高的典型表现

酒店督导素质不高的典型表现如下。

（1）拒绝承担个人的责任，常把错误归结于下属。

（2）不能有效地进行人力资源配置，不能给员工一个很好的职业发展机会。

（3）好像每天都在忙，但不知道如何合理地调配时间。

（4）总是在要求下属，自己却不能以身作则。

（5）牢牢把握权力，事无巨细都亲自过问。

（6）不能兑现自己的承诺。

（7）当众批评员工。

（8）有意识或无意识地和一些部门形成对立。

（9）不允许有不同的声音，打压那些与自己对着干的下属。

（10）有时把人性化管理当成"人情管理"。

（11）经常说不文明的语言。

知识活页

最不受员工欢迎的10类领班

（12）对下属约束太多，激励不够。

（13）总是用"标准化"的方式对待所有员工，不考虑员工的个性差异。

（14）对员工不公平对待。

（15）滥用手中的权力等。

　　分组讨论：酒店督导还有哪些素质不高的表现？请举例说明。

二、酒店督导应具备的素质

知识活页

酒店管理者领导力模型

　　在酒店企业中，一名优秀督导需要具备的素质有：身心健康、充满活力，自知自信自强、责任感强、诚信、乐观、宽容、开放、成就动机强等品质，拥有专业知识、分析能力、判断能力、沟通能力、创新能力等，能够理解他人。

（一）拥有健康体魄

　　健康的体魄是工作、生活、学习的根本，酒店管理工作是一项时间长、压力大、任务杂、事务多的工作，作为酒店督导必须注意身体的健康，注重生理的调节，保证每天工作充满活力，才能给客人和员工一种健康向上的积极印象，才能够为企业创造更好的利润。

（二）善于自我管理

　　酒店督导首先要善于发现自我。正确地认识自己的性格、才能等，对自己充满信心，不断地发展自我，建立个人愿景，保持创造性张力，改变性格障碍，虚心倾听别人的意见，并敢于坚持真理，修正错误。其次，学会自我管理。不论面对什么要求，自己都能做到最好，展现自己最优秀的一面；能够自我约束、自我控制；面对困难、挫折要主动寻找解决办法，努力做一名积极的思考者，能够以耐心、平和的态度向员工或顾客说服和解释，以期得到员工或顾客的理解和赞同；能够沉着冷静，不感情用事，自觉调节情绪，控制自己的言论和行动，保持心平气和、热情耐心的处事态度。最后，督导要不断学习，坚持在每天的工作学习中获取成功的喜悦。

（三）讲究诚信待人

　　酒店督导素质不高的一个表现是缺乏诚信。优秀的酒店督导对承诺的事情一定要去履行，在做承诺的时候要三思而行，不要轻易地承诺，且承诺下来，就一定要去执行。

（四）良好的自我形象

　　自我形象不仅指衣着服饰，也包括督导的言谈举止，酒店督导要在各个方面让员工佩服。酒店督导要有积极、乐观的情绪，树立良好的自我形象，要学会从错误中总结经验。能够明辨真伪，当机立断，迅速而合理地处理问题。要能够不畏艰险、不怕挫折，坚决地去完成规定的任务，体现出锲而不舍、一往直前的品质。

（五）善良的人格魅力

善良是人格魅力的前提，没有善良的本性，是不可能做到真心地为他人着想的。善良是督导人员的基本要求，与人为善同自身的职业发展有关，与员工的喜怒哀乐有关，与酒店工作业绩有关。

管理案例

承担火灾责任

（六）高度的责任意识

员工喜欢有责任感的督导，不喜欢把功劳归功于自己、把错误归结于下属的领导者。聪明的督导要勇于承认错误，勇于承担责任，这样才能够得到员工的尊敬。

（七）强烈的成功动机

领导要用实际行动向员工表现自己有很强的成功动机，同时希望员工也有这种成功的愿望，才能够为自己和员工建立一个比较高的期望值，由此，才能与员工目标一致，共同奋斗。

（八）开放的思想观念

优秀的酒店督导必须有开放的思想，愿意接受新事物、新观念，乐于向他人请教，能够听取上级和他人的意见，对下属实行开放政策，敞开心胸，欢迎并乐于接受员工的意见。

（九）积极的乐观心态

酒店督导遇到事情，要多往好处想，愉快的心情激励着员工也鼓舞了自己。只有保持良好的心态，督导才能有饱满的心情来处理每天的工作。良好的心态在于平常及时调整和提升，并养成习惯。拥有积极心态的督导会以一种健康、高效的方式与人交流，并以正确的方式去对待工作和生活。

（十）丰富的专业知识

酒店督导要与时俱进，不断提高自己的专业知识与业务技能，现在社会提倡"终身学习"，优秀的督导应该明白投资教育的价值，需要不断地进修学习，丰富专业知识，提升管理能力。

（十一）突出的专业能力

酒店督导的专业能力包括观察能力、分析能力、判断能力、沟通能力和创新能力等。作为一名优秀的酒店督导，能够在危机发生之前就寻找到更多的解决方法，防患于未然，把问题解决在萌芽状态之中，这需要督导具有较强的观察能力和分析能力。督导能够在各种可行的方案中选择最佳方案，这需要具有较强的判断能力，良好的判断来源于常识和丰富的经验。优秀的督导，无论是对客沟通还是内部交流，都能很好地处理好客我关系和同事关系。创新能力是督导运用新思维、发现新问题、提出新方案、使用新方法的一种能力。

（十二）谦虚的学习品质

谦虚是人类特有的精神境界。谦虚是获得个人发展的重要因素之一。酒店督导如果不懂得虚心向上级学习、向同事学习、向下属学习和向客人学习，就会在发展的道路上受到很多限制，如果再过分骄傲还可能会走向失败。因为不懂得向他人学习就无法进步与成长。要想在激烈的市场竞争中获胜，虚心学习别人的长处尤为重要。

（十三）勇敢的创新精神

创新精神是现代酒店人应该具备的素质。创新精神是一种敢于打破常规、抛弃守旧思想，创立新思想、新事物的精神品质。督导人员不能因循守旧，要不断创新，要创造性地开展工作。督导不能满足已有的认知，要不断追求新知；要能够根据实际需要或时代发展，不断进行革新；不墨守已有的规则、方法、理论、习惯等成规，敢于打破原有框架，探索新的规律和新的方法；不迷信书本和权威，善于根据事实，独立思考，敢于实践。

（十四）勤快的做事习惯

现代社会就是一个快鱼吃慢鱼的社会，想要在这个社会上有所发展，就得靠勤快。所谓勤就是比别人多做一点，所谓快就是比别人更善于抓住机会，反应更快一步。酒店宾客的需求千变万化，随时都可能发生，而且一遇到麻烦就会直接找督导经理，如果督导经理不能很快出现在客人面前，很可能会引起一顿抱怨，搞不好还会丢失重要客户。因此，懒人做不了督导经理。督导经理要勤快一点，要在事情即将发生还没发生之前提醒员工，提前做好预案，满足宾客需求。这样的督导经理才是员工和客人需要的，也是酒店最需要的人才。

怎样才能变得勤快，首先，要有勤快的思想，时刻告诫自己："我要变得勤快起来。"要做的事情马上就去做，想到的事情不要拖延。把懒惰转变为勤快，养成勤快的习惯了，离职场成功就更近了一步。督导经理平时要做好计划，什么时候要做什么事情心里要有数，可以将要计划做的事情记录在手机备忘录里，将事情安排得井井有条。

三、提高酒店督导素质的途径

酒店督导的素质与技能可以在工作实践中培养，通过自我学习和企业培训，不断提高领导的素质。

（一）自我提升

酒店督导寻求自我增值、自我发展，必须刻苦学习酒店专业基本知识，随时更新知识，参加行业会议，了解行业发展动态，善于吸收旅游酒店行业中的新理论、新方法，勇于钻研业务，敢于革新。同时，还要及时总结经验教训。

（二）企业培养

作为致力于长远发展的酒店企业，应该为督导经理不断提供教育和培训的机会，同时，也要给予上级领导一些考核指标，监督下属督导管理人员不断提高个人素质和能力。

 头脑风暴

分组讨论：酒店督导还可以通过哪些途径进行自我提升？请举例说明。

第四节　情商管理

优秀的酒店督导不仅要有智慧，还要有情商。酒店管理工作需要与人打交道，管理目标的实现也是以人为载体的。智商高的人经常可以成为某个技术领域的专家，却未必是位好的管理者，只有情商高的人才能成为一个好的管理者。因此，认识情商、控制情绪、培育情商，对于提高管理素养、做好酒店管理工作具有十分重要的意义。

一、认识情商

（一）情商的内涵

1.情商的定义和内容

情商又称情绪商数，是与智力和智商相对应的概念，主要是指人对自己的情感、情绪的控制管理能力和在社会中的人际关系的交往、调节能力。情商包括自我认知、自我情绪调控、自我激励、了解他人情绪和人际关系处理等 5 项能力。

2.智商、情商与逆境商

（1）智商（intelligence quotient，IQ）

又称智力商数，是指一个人的知识结构、教育程度、理论水平专业技能等智力性因素的综合体现，也是企业领导所必须具备的基本素质。智商反映的是个人的智力水平，与个人的先天因素、受教育程度等有着密切关系。其构成包括内部智力和外部智力。其中，内部智力包括注意力、记忆力、观察力、理解力、想象力、推理力、思考力、洞察力、内省力、创造力等；外部智力包括知识、经验、技能等。

（2）情商（emotional quotient，EQ）

根据情商定义，可知情商不同于智商。情商是指一个人在自我及他人情绪的知觉、评估和分析的基础上，对情绪进行成熟的调节，以使自身不断适应外部环境的调适能力。其核心是知道自己的情绪，知道别人的情绪，尊重别人的情绪，控制自己的情绪。其内容广泛，包括乐群性、稳定性、恃强性、兴奋性、有恒性、敢为性、敏感性、怀疑性、幻想性、世故性、忧虑性、实验性、独立性、自律性、紧张性。

（3）逆境商（adversity quotient，AQ）

逆境商是一个人面对逆境的能力。逆境商包括信念、自信心、意志力、容挫力和乐观性等。

（二）情商的表现

1.情绪的类型

根据情绪与情感的正面和负面表现，可以分为正向和负向表现两类，如表2-9所示。

表2-9　正向和负向的情绪表现

分类	内容
正向情绪与情感	高兴、感动、愉悦、安然、淡泊、爱慕、希望、稳定、平静、热情、善良、温和、幽默、感恩、宽容、悔悟、友好、果敢、乐观、谦逊、坚毅、自信、博爱、坦诚、守信等
负向情绪与情感	焦虑、愠怒、烦躁、恐惧、冷漠、嫉妒、怨恨、抑郁、多疑、急躁、悲观、沉闷、冲动、粗暴、蛮横、绝望、怯懦、伤感、忧虑、浮躁、狭隘、软弱、自卑、紧张等

2.不同情商的表现

根据不同情商的表现，可以分为高情商、较高情商、较低情商、低情商4类，如表2-10所示。

表2-10　不同情商的表现

分类	表现
高情商	懂得尊重别人；不将自己的价值观强加于人；对自己有清醒的认识，能承受压力；自信而不自满；人际关系良好；善于处理生活中遇到的各方面问题
较高情商	能够负责任；自尊、有独立人格，但在一些情况下易受别人焦虑情绪的感染；比较自信而不自满；有较好的人际关系；能应对大多数的问题
较低情商	易受他人影响，自己的目标不明确；比低情商者善于原谅，能控制大脑；能应付较轻的焦虑情绪；把自尊建立在他人认同的基础上；缺乏坚定的自我意识，人际关系较差
低情商	自我意识差；无确定的目标，不付诸实践；严重依赖他人；处理人际关系能力差；应对焦虑能力差；生活无序、无责任感、爱抱怨

二、情绪管理

情绪管理是对个体和群体的情绪进行控制和调节的过程。它是探究人们对自身情绪和他人情绪的认识、协调、引导、互动和控制，培养驾驭情绪的能力，建立和维护良好的情绪状态的一种管理方法。酒店督导作为团队的领导者，其情绪状态是团队情绪状态的晴雨表与调节器。情绪管理不仅关系到督导自身的身心愉悦，更关系到团队的氛围与士气，学会及时调节自身情绪，特别是消极情绪，是每位督导必备的技能。

（一）个人情绪管理

情绪管理的原则在疏导而不是围堵，所以，对情绪管理是要去察觉它，去适当地表达它，去调整它。下面介绍一些常见的自我情绪管理策略。

1. 注意力转移法

当遇到烦心事时，将注意力从消极情绪的事情中转移开，采取暂时回避的办法，如看书、品茶、下棋、聊天、听音乐、看电影、逛街、健身、旅行或做其他有意义的事情，用愉快的活动来充实自己的时间，逐步淡化心里的烦恼。一般做体力消耗越大的事，效果越明显。

2. 冷却处理法

酒店督导在处理日常工作时遇事要冷静，保持沉稳不慌的心态，不论对何人、何事都必须要做到人急我不急，人怒我不怒，以冷静的态度认真地观察事态，仔细地倾听陈述，从而做出理性的判断。

3. 情绪宣泄法

当一个人长时间处于困境、逆境而得不到改变时，容易产生不良情绪，就会变得思维狭窄、固执、偏激，有情绪化行为，缺乏对行为后果的预见性。因此，要学会找正确的方式释放，可以找信赖的倾听者，如朋友、父母、同事、上级等宣泄消极情绪，使情绪得以放松，认知恢复正常，身心得到释放，重拾干劲。

4. 放松训练法

酒店督导工作有时精神处于高压之下，情绪高度紧张，需要运用自己的意志进行放松调节。可以通过吸气、喝水、唱歌等方式自我主动放松，增强对其生理和心理活动的控制，达到调节情绪的目的。

知识活页

提高情商的十大法则

5. 环境调节法

工作压力会造成人身心疲惫，可以利用休息时间，相约几个好友外出郊游、爬山、钓鱼等，参加一些健康的娱乐活动，使身心在自然环境中得到释放。

6. 心理治疗法

所谓"心病还需心药治"，酒店督导可以通过专业的心理咨询师，治疗心理问题，正确认识自己，调整情绪，从而使心理恢复健康。

7. 阿Q精神法

阿Q精神法也称作精神胜利法，是一种在困难中自我解嘲、自我安慰的心理暗示，是一种乐观的解决问题的方法。在现实生活中，遇事不顺时，理性地对待所发生的事情，耐心等待或换个思路，给自己一个心理空间，通过恰当的自我安慰，会使人变得自信、坚强、明智，帮助自己摆脱心理困境。

哲理故事

男孩与钉子

8. 情绪化解法

不良情绪是指一个人对客观刺激进行反应之后所产生的过度体验，包括焦虑、紧张、愤怒、沮丧、悲伤、痛苦、难过、不快、忧郁等情绪。不良情绪是管理工作的大敌，对个人的健康带来伤害，使人失去真正的快乐；也会传染给组织和影响身边的同事，导致更为不利的后果。身为督导，应及时化解不良情绪，避免因一时之争而酿成大错，因一事之气而危及大局。只有冷静下来，管理者才能够根据情况调整自己的内心状态，并做到由自己掌控。

头脑风暴

> 分组讨论：酒店督导还可以通过哪些途径进行自我情绪管理？请举例说明。

（二）组织情绪管理

在一个组织中，积极的情绪能让员工的工作效率更高，绩效更好。组织的情绪管理应从员工的情绪诉求出发，了解员工、关怀员工、激发员工，将以人为本作为情绪管理的核心理念。通过组织情绪的管理，引导正面情绪，疏导负面情绪，调动员工的工作激情，也是组织目标实现的保障。

1.科学观察，把握员工情绪动向

酒店企业可以通过多种方式监测员工的工作态度、精神状态、情绪变化等，及时把握员工的情绪状态，了解组织情绪的走向；运用科学的评估手段和方法对员工情绪进行评估，分析情绪背后的情感诉求；针对员工抱怨、忧虑、烦躁、紧张、沉闷等消极情绪，采用个别交谈的形式，具体细致地对员工情绪做深入的了解，及时而有针对性地解决问题。

2.民主和谐，理顺组织成员情绪

酒店企业文化的核心是"员工第一，宾客至上"。因此，酒店应创造良好轻松的工作环境，构建民主和谐的企业文化，理顺组织员工情绪，形成健康积极的主流情绪。

3.及时奖励，引导情绪走向

在员工有良好的工作表现时，应立即给予奖励，等待的时间越长，激励的效果越差。管理者只要多花一些心力，员工的情绪就会受到莫大的安慰和鼓舞，从而使工作热情大幅提升。

4.引入EAP，疏导不良情绪

EAP（employee assistance program）即员工帮助计划，是指由企业为员工设置的一套系统的、长期的福利与支持项目。通过专业人员对组织的诊断、建议和对员工及其直属亲人提供的专业指导、培训和咨询，帮助解决员工及其家庭成员的各种心理和行为问题，从而构建出一个良好的情绪氛围。引入EAP，将有助于提高员工绩效，提高组织管理效能。

5.情感投资，增强企业凝聚力

情感投资是现代企业管理者调动员工积极性的一项重要手段。酒店组织在实施情感投资时，必须抓住人"心"，用心管理，以情感人，在尊重人、理解人、关心人、爱护人方面多下功夫，使组织充满人情味，从而达到同心同德、共同干事业的目的。

分组讨论：酒店企业还可以通过哪些途径进行组织情绪管理？请举例说明。

应用分析

小励快速成长为领班

从酒店管理与数字化运营专业毕业后，小励在某五星级大酒店的总台担任接待，刚工作了一个星期。一天，他给客人安排的房间是一间住客房，于是他遭到了客人的投诉。因小励刚上岗不久，对酒店房态不是很了解，所以造成了失误。小励很紧张，也很害怕。他觉得唯一可做的就是等待经理的批评。没过多久，经理到小励这里来了解情况，小励把事情经过如实地告诉了经理，经理说了一句话："如果是我的话，我现在会去给客人送水果，并致上最诚挚的歉意！"小励照着经理的话去做了，于是又开始胆战心惊地等待。经理临时路过，看了小励一眼，走到他身边，轻轻拍了拍小励的肩膀，说道："如果是我的话，我现在最主要的工作是熟悉房态。"经过经理的点拨，半年之后，小励成为前台接待的领班。

（资料来源：节选、整理自薛兵旺，周耀进.酒店督导管理[M].武汉：华中科技大学出版社，2017.）

问题分析：

1. 小励为什么会快速成长为五星级大酒店的前台领班？
2. 如果你是小励，接下来会做怎样的职业规划和行动？

实训项目

[实训名称]

领导艺术认知

[实训内容]

学生 3~6 人组成一个小组，并推举小组负责人。每个小组寻找一家在服务或管理等方面具有特色的酒店企业，现场观摩其督导领导艺术的方式方法。

[实训步骤]

1. 每个小组到本地一家特色酒店，选择 1~2 个部门督导，现场观摩或访谈该督导领导艺术的具体做法。

2. 根据本章所学内容，分析该酒店企业部门督导的领导艺术现状与问题。

3. 每个小组制作汇报 PPT，在课堂上分享考察心得体会，并进行答辩。

[实训点评]

1. 每个小组提供某酒店督导领导艺术的分析报告。

2. 师生根据各小组的报告及表现给予评价打分，成绩纳入课程实训教学的考核之中。

第二章实训评分

> **拓展作业**

第二章导学测评

参考资料

陈顺，綦恩周. 酒店督导管理实务 [M]. 长沙：湖南人民出版社，2014.

侯明贤，卢静怡. 酒店督导与实务 [M]. 天津：天津大学出版社，2017.

姜玲. 酒店业督导技能 [M]. 北京：旅游教育出版社，2018.

李国茹，杨春梅. 饭店督导管理 [M]. 北京：中国人民大学出版社，2014.

刘纯. 饭店业督导原理 [M]. 天津：南开大学出版社，2005.

栗书河. 饭店督导管理 [M]. 北京：旅游教育出版社，2015.

刘伟. 酒店客户管理 [M]. 重庆：重庆大学出版社，2020.

王今朝. 饭店督导管理 [M]. 北京：清华大学出版社，2018.

王凤生. 做最成功的酒店职业经理人 [M]. 北京：中国旅游出版社，2017.

薛兵旺，周耀进. 酒店督导管理 [M]. 武汉：华中科技大学出版社，2017.

叶萍. 管理实务 [M]. 北京：高等教育出版社，2012.

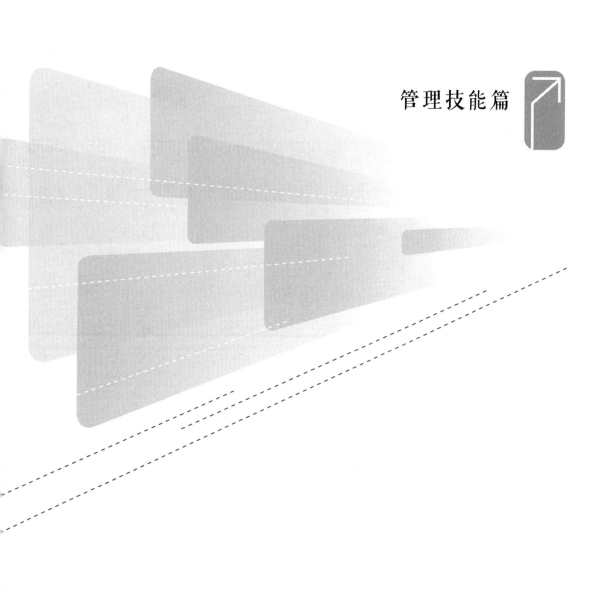

管理技能篇

Chapter 3

时间管理

现代管理大师彼得·德鲁克说："不能管理时间，便什么都不能管理。"可见，良好的时间管理是正确管理的基础。作为负责酒店运行管理的中基层管理者——督导，其工作通常涉及酒店各个不同部门，工作繁杂，而且每项工作都有一定的完成时限。如果督导未对时间进行科学有效的管理，经常疲于奔命，便可能大事做不了，小事做不好。

浪费时间对整个酒店的伤害极大，严重的可能会导致部门，乃至整个酒店低效率重复劳动，最终成效低下。本章重点探讨时间管理对酒店督导的意义，分析时间管理不合理的常见原因，介绍高效的时间管理方法与策略，从而提高时间管理水平，提升管理的实效。

▶ 学习目标

【知识目标】

1. 知晓时间管理的含义
2. 知晓时间管理的重要性与价值
3. 知晓时间管理的基本原则
4. 知晓有效授权的原因与原则

【能力目标】

1. 学会收集时间管理与有效授权的案例
2. 能够主动探究时间管理的方法与技巧
3. 能够讲述有效授权的方式与方法
4. 能将理论学习与酒店现场管理实践相结合

【思政目标】

1. 树立珍惜时间的意识

2. 具有精技严谨的职业精神

3. 具有科学高效的工作作风

> **思维导图**

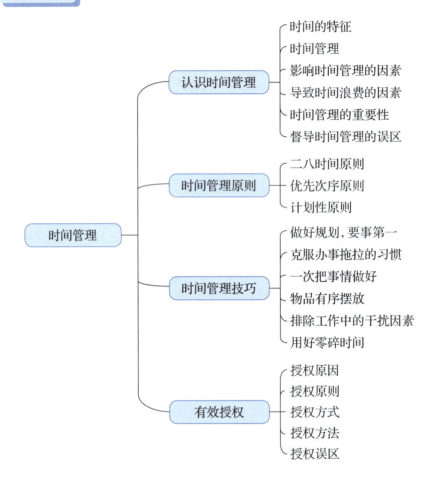

> **案例导引**

陈经理忙碌的一天

雪婷是 A 酒店前厅部主管，接上周人力资源部通知，本周会有两位院校实习生到前台实习半年，雪婷很高兴，正愁班组人手不足，有位员工要休产假，实习生来了能解决这一问题。周一早上，她就去人力资源部领来了实习生，为了让实习生尽快独立工作，她决定自己亲自给实习生培训。部门介绍刚进行了一半，在前台小王就打断了她，因为有客人要延住，他需要雪婷帮忙去调房间。雪婷在前台刚调完房间，就迎来了离店高峰，当她忙完回到办公室时，已经到开部门周例会的时间了，例会开完就到中午了。

午餐后酒店迎来了离店和入住的高峰，雪婷忙完就到了召开班组周例会的时间，她花了5分钟匆匆准备了开会的资料。周例会后她见缝插针地给两位实习生介绍了部门情况和部门的管理制度。

这时，下班时间已经到了，雪婷发现自己还有好多事情没有做。班组的续房培训还没准备，次月采购清单还没有整理报批，次月培训计划还没有制订和报批，还要组织员工参加消防安全培训等，想到这些，雪婷觉得自己头都要炸了，不知道接下来要先做什么，怎么做……

（资料来源：节选、整理自黄昕，赵莉敏.酒店督导管理实务[M].武汉：华中科技大学出版社，2022.）

问题思考：

雪婷为什么这么忙碌？她对自己的时间安排可以进行怎样的调整和改变？

第一节　认识时间管理

酒店督导每天的工作繁杂多样，时间却是有限的。时间是最宝贵的财富，没有时间，计划再好、目标再准、能力再强，也是徒劳的。时间是督导最重要的资源之一，督导要很好地完成工作就必须善于利用自己的工作时间，达到事半功倍的效果，为酒店创造良好的业绩。因此，督导高效的时间管理能力至关重要。

微课视频

什么是时间管理

一、时间的特征

（一）公平性

世间万物，时间最公平。时间对于每个人都是均等的。对于任何人，一年365天（366天），一天24小时，每小时60分钟，每分钟60秒，谁都无法改变。时间为人们提供了均等的机会，在时间面前人人平等。

（二）不可逆性

不可逆性是指时间消耗过程不能重复。时间对任何人来说都是一种稀缺资源，失去的将不会重现。每一位管理者必须认清时间这一特性，懂得"机不可失，时不再来"，才能理解时间的宝贵，有效利用时间。

（三）有序性

时间总是按一定的顺序而行，从早到晚，从春夏到秋冬，从过去到现在，再到将来。酒店督导所做的工作只有与时间的顺序相一致，才能使纷繁复杂的事务协调有序。

（四）价值性

人类的一切实践活动，都必须花费相应的时间来完成，我们经常用在单位时间内完成工作量的多少来衡量劳动的价值。时间是稀缺的，有价值的。督导只有充分发挥时间的价值，才能最大限度地实现领导价值。

（五）可控性

时间虽然是不以任何人的意志为转移的，但是时间与工作的关系是可以调控的。由于每个人对待时间的态度不同，那么同样的时间所创造的价值和收获也会因人而异。能够科学控制时间的督导，可以使时间的价值得到有效地发挥，用较少的时间做更多的工作。

二、时间管理

（一）时间管理的含义

一寸光阴一寸金，寸金难买寸光阴。中国人很早就认识到了时间的重要性。为了利用好时间，我们应该开展有效的时间管理。时间管理是指在时间消耗相等的情况下，为提高时间利用率和有效性而进行的一系列的活动，包括对时间进行有效的计划和分配，以保证重要工作的顺利完成，并能及时处理突发事件或紧急情况。

（二）时间管理的本质

由于时间的特性，所以时间管理的对象不是"时间"，而是指人面对时间而进行的"自我管理"。即通过时间管理，使我们能够主动有效地控制时间，让时间为自己服务，而不是在时间面前变得被动和困惑。如何在单位时间内实现更多的产出，获得更多的效果、效益和效率，才是我们追求的目标。因此，时间管理其实就是自我管理。

（三）时间管理的目的

时间管理的目的就是将时间投入与目标相关的工作中，达到理想的绩效，既能将事情快速地做完，又能把事情做对。因此，时间管理不是要把所有的事情做完，而是要探索如何更有效地运用时间，减少时间的浪费，以便完成既定目标。时间管理最重要的功能可以是透过事先的规划来加以提醒与指引。

三、影响时间管理的因素

（一）个体人格

一般认为，酒店督导会根据重要程度、紧急程度、价值观、态度，对目标、任务、进行优先排序，以确保时间管理活动有序进行。

督导的时间管理通常由三部分构成：一是时间价值观，即从社会取向与个人取向如何看待时间的价值。二是时间监控观，即整体掌控时间和管理时间的能力。三是时间效能观，指个体对自己管理时间的能力的一种认知和估计。不同性格对时间的管理不同，心态积极的人更容易掌控时间。

（二）行为动机

有研究显示，酒店督导个体的时间管理行为是由动机驱动的，而不是单纯地、机械地对客观刺激的反应。人们在进行时间管理、时间排序时，其价值观受个人取向的影响，即个体的信念、欲望起支配作用。

（三）管理体制

总体而言，大型饭店的办事效率比小型饭店低一些。大型饭店的效率低，其原因比较多，如决策问题、办事程序、审批程序、员工心理等都会影响时间管理效率，进而影响办事效率。

四、导致时间浪费的因素

导致时间浪费的因素可分为有形和无形两种。

（一）有形因素

有形因素是指可以看得见、能感觉到的消耗时间的因素。如接听无效益的电话、不必要的打扰、办公室的官僚作风、沟通不畅、资源不足及交通堵塞等。

（二）无形因素

无形因素是指看不见却悄悄地消耗掉我们时间的因素。如欠缺周详计划、不懂分辨轻重缓急、过分注重细节、做事犹豫不决、办事拖延、不懂授权、组织不当、善忘及健康欠佳等。

头脑风暴

分组讨论：导致时间浪费的现象还有哪些？请举例说明。

五、时间管理的重要性

（一）时间管理能提升幸福指数

时间管理恰当，能减轻酒店督导的压力、抑郁、焦虑、紧张等相关情绪；能保证身体健康提升主观幸福感、个人满意度、自尊心、工作绩效等。

（二）时间管理能提高工作效率

工作效率高的管理者无一不是懂得驾驭时间的高手，他们能够清醒地认识到如何有效地安排时间，什么时间该做什么事，什么工作该在什么时间内完成；合理调度各种工作的使用时间，使每一项工作都有时间去做，每一单位时间都有工作可做，他们经常能在相同时间内完成比别人更多的工作。

（三）时间管理能提高成就感

酒店督导合理地安排时间，可以减轻压力，保持生活和工作的平衡，增加自己可支配的时间。头脑清晰地处理问题，对重大事项做出决策，能够提高处理问题的效率与效果。同时，管理者做事需有弹性，保留一些时间给突发事件。有效管理时间还可以改变拖延、惰性的习惯，提高执行力，提高成就感。

六、督导时间管理的误区

酒店督导对时间管理存在错误的理解。有督导认为"我每天有做不完的事""我的工作是与人打交道、处理各种问题，解决突发事件，而这些事情都不具有可预测性""我很难实行工作委派，因为没有人能胜任这些工作""我的工作没法用正式的时间安排表来显示""频繁的打扰事件使我的时间安排管理难以实现"等。为什么会出现这些状况呢？

（一）分不清主次和轻重缓急

微课视频

酒店督导
为什么忙乱

有些酒店督导做事情分不清主次和轻重缓急，不知道哪些事情重要，哪些事情紧急，应该先做什么，后做什么；对时间没有进行统筹安排和合理分配。每日忙个不停，整个人筋疲力尽，该做的事情没有做，不该做的事情做了一堆，结果任务没完成，导致绩效上不去，领导不满意。

（二）事必躬亲，不善授权

有些酒店督导认为员工不能胜任，不愿意委派任务。有的督导认为如派员工去做，他要先进行培训、指导、监督，花费时间，还不如自己做。有的督导认为授权给员工，做好了，功劳归他人；如果做得不好，错误归自己，不愿也不善授权；等等。

（三）工作经常受到干扰

督导工作经常会受到来自上级的干扰，受到顾客、部门员工或其他部门同事的干扰，也会受到朋友、家人的电话干扰，不能按时完成。

（四）忙于应对突发事件

酒店经营突发性事件时有发生，如管理不到位导致客人的投诉，经常出现空调、音响等设备故障，部门员工流失，用品损坏严重，突然的工作安排打乱原先工作计划等。

（五）每日工作缺少计划

有些会议时间过长，问题议而不决；上班看手机，和朋友聊天，影响工作；凭记忆办事，事后发现还有重要的事情没做；工作不能一次性做完，反复修改，浪费时间；做事拖拉、推诿，当日事不能当日毕。

头脑风暴

分组讨论：酒店督导时间管理不到位的现象还有哪些？请举例说明。

第二节　时间管理原则

时间管理就是探讨如何更有效地运用时间。时间管理是指在预定的时间内或者用最短的时间把事情做好，达到预期的效果。时间管理的目的，一要决定该做什么事情，二是要放弃不该做的事情。时间管理不是做到完全掌控，而是要降低变动性。

一、二八时间原则

二八时间原则是指 20% 的工作占整个工作 80% 的价值，集中 80% 的精力做好 20% 的工作，投入 20% 的精力做另外 80% 的工作。该法则强调"一分耕耘多分收获"，只有抓住重点，才可以获取更多成果。因此，在工作或生活中，应该把重要的项目挑选出来，专心致志地去完成，用 80% 的时间做 20% 最重要的事情，即把时间用在更有价值的事情上。如何做到二八时间原则呢？

（1）列出全部工作项目。把每天的主要目标、工作和责任列成一张清单。

（2）对工作按价值分类。根据二八时间法则确定，哪些是能够体现 80% 价值的那 20% 的任务。

（3）分配好时间与精力。根据任务价值，对个人的时间与精力进行分配。应把更多的时间放在那些重要的少数工作上，尽量不要在没有价值的工作上花费太多时间。

（4）避免 3 种管理误区。即面面俱到——都想做好；完全主义——都想做完；平均主义——平均分配时间和精力。

二、优先次序原则

（一）工作分类

工作可以按紧急程度和重要程度这两种标准进行划分。

一是按工作的紧急程度划分。将紧急的事排在前面，不紧急的事情排在后面。以某督导经理某天的工作紧急程度来进行划分，如表 3-1 所示。

表 3-1　按紧急程度划分工作

紧急	不紧急
1.紧急处理客户投诉 2.意外事故紧急排除 3.拜访重要客户 4.确定明天的广告 5.接待质检人员 6.安排明天会议	1.部门工作总结 2.修改工作流程 3.处理同事的误解 4.辅导下属工作 5.安排下一步工作 6.与同级部门间的协调 7.项目政策的修改

二是按工作的重要程度划分。重要的工作需要花费较多的时间和精力去做，应排在前面；不重要或不太重要的工作只需花费较少时间去做，应排在后面。以某项目经理某天工作重要程度来进行划分，如表3-2所示。

表3-2　按工作的重要程度划分工作

重要	不重要
1.项目费用预算计划	1.一些文件和资料的查询
2.制订部门招聘计划	2.文件归档
3.拜访重要客户	3.应付无关人员
4.工作报告总结	4.领用物品
5.下达工作指示	5.报销差旅费

（二）"四象限"的工作分类

根据象限时间管理法则，可以将工作按照重要和紧急两个不同的维度进行划分，从而建立一个二维四象限的指标体系，如图3-1所示。

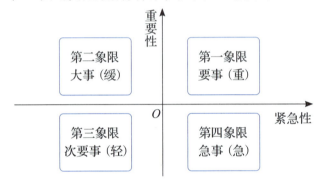

图3-1　时间管理"四象限"

各个象限事情类型说明如表3-3所示。

表3-3　各象限事情类型举例说明

象限	特征	说明	举例	处理
第一象限 要事（重）	重要且紧急	必须马上做。对公司、部门或者个人有重大影响	重要会议的准备 重大项目谈判 处理危机事件 准时完成工作 VIP客人投诉 有限期的任务等	立即做
第二象限 大事（缓）	重要但不紧急	对公司和部门的影响很大，但是不需要马上完成	准备及预防工作 制订季度工作计划 建立人际关系网络 发展新机会、长期工作规划 有效的休闲、培训工作等	稍后做

象限	特征	说明	举例	处理
第三象限 次要事（轻）	不重要不紧急	既不紧急也不重要的事	烦琐重复的工作 浪费时间的闲聊 回复无关紧要信件 阅读无聊电子小说 收看视频娱乐节目等	不要做
第四象限 急事（急）	不重要但紧急	这类事情需要马上做，但是对公司和部门的影响不大	接待不速之客 参加某些会议 处理某些信件 某些紧急琐事 接听干扰电话	授权做

1.第一象限，要事（重）：重要且紧急的事情——立即做

该象限的事情具有影响的重大性和时间的紧迫性，无法回避，不能拖延，必须首先处理，优先解决。很多重要但不紧急的事都是因为缺乏有效的工作计划而转变成为第一象限的事。这也是传统思维状态下管理者的常态，就是"忙"。

2.第二象限，大事（缓）：重要但不紧急的事情——稍后做

该象限的事件不具有时间上的紧迫性，但它具有重大的影响，对于个人或者企业的存在和发展，以及营造良好的外部环境，都具有重大的意义。荒废这个领域将使第一象限日益扩大，使我们陷入更大的压力，在危机中疲于应付。反之，多投入一些时间在第二象限有利于提高实践能力，缩小第一象限的范围。做好事先规划和预防措施，很多急事将无从产生。

哲理故事

未雨绸缪的启示

第二象限的事情很重要，而且会有充足的时间去准备，有充足的时间去做好。可见，投资第二象限的回报才是最大的。这是低效管理者与高效卓越管理者的主要区别。管理者需要将80%的精力投入到该象限的工作中，以使第一象限的"要事"不断变少，不再瞎"忙"。

3.第三象限，次要事（轻）：既不重要也不紧急的事情——不要做

这一象限的事件大多是些琐碎的杂事，没有时间的紧迫性，没有任何的重要性，尽量不要去做。如上网玩游戏、串岗聊天等，就不要去做。如果确实需要休息一下大脑，调节一下精神，可以听听音乐、看一会小视频等，但也要限定一个时间，不要耗费太多的精力。

4.第四象限，急事（急）：不重要但紧急的事情——授权做

该象限的事件具有很大的欺骗性。它很紧急的事实造成了很重要的假象，耗费了管理者大量的时间，需从该件事情是否重要加以区分，要按照自己的人生目标和职业生涯规划来衡量这件事的重要性。如果它重要就属于第一象限的内容；

如果它不重要，就属于第三象限的内容。如电话、会议、突来的访客都属于这一类。这些事表面上看似乎在第一象限，因为迫切的呼声会让我们产生"这件事很重要"的错觉——实际上就算重要也是对别人而言。我们花很多时间在这上面，自以为是在第一象限，其实不过是在满足别人的期望与标准。

总之，对于时间"四象限"法要科学把握，把主要精力放在重要但不紧急的事务的处理上，合理巧妙地安排时间，规划时间，在有限的时间内定会收获更大的效益。

三、计划性原则

凡事预则立,不预则废。计划性工作的习惯是做好时间分配和时间管理的关键。在实际工作中，应事先做出计划、按计划执行，并注意留出处理不可预计的事务的时间。

（一）合理制订计划

是否科学利用时间，关键在于是否能制订完善而合理的工作计划。督导为了管理好时间，首先需确定时间管理目标和制订时间分配计划，然后按照计划去执行。有效计划并不是要企业员工将未来一天、一周或一个月的时间都填满。在内容上更侧重于什么时间需要做什么事情，哪些工作在这个时间段会是关键或重点，完成这项目标需要哪些工作配合等，并依据四象限法则拟定自己的行动计划指南表。

（二）提高计划执行力

计划制订好后，应该按计划执行。不能落实的计划毫无意义，应养成"今日事，今日毕"的习惯。许多人做事拖拖拉拉，久而久之养成了今天的工作拖到明天，明天的工作拖到后天的习惯，可是我们每天都会有新的工作，"明日复明日，明日何其多"，所以我们要提高计划执行力，尽可能当日工作当日完成，在第二天着手解决新的工作。

（三）留出机动时间

在日常工作中，再周详的计划，也可能会有意外情况发生，这些是在设定计划时所始料不及的。如何弥补呢？需要事先留出处理不可预计事务的时间，以便对突发事件进行快速反映、及时部署，让有限的时间发挥更大的弹性。一般情况，按照 60/40 原则安排会比较合适，其中 60% 的时间为工作任务时间，40% 的时间为机动时间。

头脑风暴

分组讨论：做好时间管理的原则还有哪些？请举例说明。

第三节　时间管理技巧

著名管理大师彼得·德鲁克认为，管理有效性的基础是记录自己的时间、管理自己的时间和集中自己的时间。一些酒店经理能有条不紊地将工作、学习、生活和娱乐安排得井井有条，有些经理则整天像无头苍蝇似的忙碌。酒店管理要避免浪费时间，提高效率，唯一的途径便是学会掌握时间管理的技巧。

知识活页

时间管理小技巧

一、做好规划，要事第一

（一）制订工作计划

酒店督导需要清楚在一段时间内打算做什么，能做什么，不能因为其他事情受到影响而产生压力或者内疚。学会处理什么时候可以答应别人的请求，什么时候应该拒绝，必须有自己的行事准则和优先顺序。

酒店督导做事不能想当然，没有计划和目标。每天工作琐碎多样，每周、每月有周期性工作安排，需要提前规划时间，制订每日、每周、每月、每年的工作计划。要掌握时间分析方法，分清事情的轻重缓急，抓住重点工作。可提前制订每周工作计划，为重要事留出充足的时间。

（二）先做重要事情

平庸的人经常先做最容易的事情，而优秀的人则先做最重要、最能带来价值的事情。我们经常看到两类同样忙碌的人，因为对事情排列的顺序不同，最后达到的成就也大相径庭，这就是处理事情先后不同的区别。要先做重要的事情，用80%的时间来做20%最重要的事情。把主要精力集中在最容易出成效的地方。

二、克服办事拖拉的习惯

办事拖拉或行动缓慢是个坏习惯。导致办事拖拉的常见原因有：遇到不愉快的事，没有心情做事；遇到困难的事，不愿意去面对；遇到重大决策，不敢做决定。

督导应对做事拖延的方法主要有：制订详细的工作计划，设定工作完成的时间期限；建立反馈制度，进行阶段性检查；安排人员监督工作；把繁杂的工作划分为几个小部分，采取各个击破的方法推进。

三、一次把事情做好

追求零缺点，坚持首次就把一件事情做好。如果现实条件许可，最好将一件事情一次性做好，否则每次重新开始，都要花费较多时间重新整理、回顾，浪费的时间是一次做完的好几倍，后续补救工作所耗费的时间和人力更多。所以，在工作中，最好在第一次就把事情做好。

很多酒店督导在工作中都发生过越忙越出错的状况，经常是旧问题还没有解决好新问题又产生了，结果不得不手忙脚乱地纠错，浪费了大量的时间和精力。所以，即使再忙，我们也要在必要的时候停下来思考，不能盲目地应付做事。因此，第一次就把事情做好，把该做的工作做到位，这是解决"忙症"的要诀。

四、物品有序摆放

将物品归类，有序摆放。摆放文件物品时，一定要分类放置，容易找到，方便取拿。寻找东西，不仅浪费时间，也会让人觉得心烦。把东西放在该放的地方，这样就不用花时间去寻找。

酒店督导文件无序堆积常被认为是"做事无条理，犹豫不决，办事顺序混乱，效率不高，事必躬亲"的象征。要解决这个问题，就要保持物品的整齐有序，把同类物品放在一起，编号并贴上标签；根据自身情况，建立一套高效处理文件的方法，做事应尽量简化；及时清理每天的资料或文件，每天下班之前将办公桌清理干净，室内物品整理就绪。

五、排除工作中的干扰因素

在日常工作中，无名电话、客人突然来访、领导召见等，都会干扰督导的正常工作，很多酒店督导对此颇有怨言，但现实又无可奈何。对待干扰的方法有很多，有人消极应对，有人视而不见，比较好的策略是将被干扰的时间缩短，将其负面影响减至最小。应对干扰因素的常见策略如表3-4所示。

表3-4　应对干扰因素的常见策略

干扰因素	干扰源	实施策略
不速之客干扰	访客、下属员工、同一阶层的同事	由秘书全权安排约见事宜 采取有条件的门户开放政策 规定接见下属的时间 限时面谈 站立会客
电话干扰	同事、家人、客户、朋友	控制通话时长,直奔主题 用稍后回电的方式,使手上更重要的工作不被打断 避免接听,可以请他人直接处理电话 设定不必接听的电话
突然约见	上级	有些事情可交由他人代办 立刻过去,控制会谈时间,适时离开 商量延迟会见的时间 建议用其他方式沟通,如电话、网络等

续表

干扰因素	干扰源	实施策略
冗长会议	会议	弄清会议主题及要求 如果不必亲自出席,可派人去参加 若是单向沟通会议,建议运用备忘录或其他方式准时开会,控制会议时间 会议发言时言简意赅,直奔主题,讲重点

六、用好零碎时间

集腋成裘,生活中有许多零碎的时间不为大家注意,这些时间虽短,但是累加起来也不少。可以充分利用起来做一些事情。

（一）通勤时间

在等车时可以思考下一步工作安排,翻看报纸乃至记几个单词;乘车时可以学习外语,看一些公司相关文件报表,或听广播接触新的商情,也可以计划与策划一天的行程与工作内容。

（二）午餐时间

在午间用餐时,可以邀约同事们一起吃饭,喝茶聊天,联络感情,互相交流。

（三）休息时间

在每日休息时间,可以做一些闲事,如打电话、看书、看新闻等。

（四）等待时间

在等待会客的时候,可以看口袋书,或思考一些需要长期关注的问题。

总之,充分利用好空闲时间,能起到事半功倍的效果。

头脑风暴

分组讨论:做好时间管理的技巧还有哪些? 请举例说明。

第四节　有效授权

授权是指管理者把权力下放给那些向其汇报工作的人的过程。即把职责分配给员工,让员工担当起相应的职责或拥有一定的决策权。授权也是有效利用手中权力的方式,酒店督导仍然对所授权的工作负最终的责任。酒店督导要把授权看作是一种权力使用的过程,通过对员工施加影响使员工承担更大的职责,实际上是给员工所从事的工作更大的权力。

一、授权原因

授权是指管理者根据工作需要，将自己拥有的部分权力授予下属去行使，使下属在一定制约机制下放手工作的一种领导方法和艺术。授权可以扩展酒店督导的工作时间，能将工作分配给最适合的个人和团队，帮助个人和团队培养技能，而且可以发挥下级的主动性，激发下级的归属感，发挥团队自我管理的作用。

（一）有助于培育员工

如果员工被过度监督而不被信任，不被委以任务和职责，他们将无法快速成长和发展。酒店督导可以把某些常规性或非常规性的管理任务和职责授权给有培养前途的员工。这需要督导前期进行细致的安排，提供更多的培训，实施更多的后续措施。但是，这可以使督导摆脱更多耗时的琐事之扰，同时也培养了有发展前途的员工，使他们有更多新思维、新技巧，做出更大的贡献。培育和发展员工是督导工作内容的一部分，是一种能使员工为了酒店利益发挥能力和潜力的方法。

（二）有助于建立信任

有效授权不但不会削弱督导的权力，还有助于树立督导的权威。越来越多的员工能够清楚地认识到什么是最重要的事，并且会很好地完成工作，团队里便会建立起一种信任的氛围。在这种环境里，即使督导离开了管理岗位，员工因对部门工作有责任感和主人翁意识，也会有效地工作。

（三）有助于激励员工

督导把工作任务和职责分配给员工干，承担了任务的员工会产生一种责任感，他们通常会更投入工作，事情会做得更多。因为有督导时刻站在他们的身后，员工工作会更开心、更卖力。他们以自己的工作为荣，可能花更多的时间投入工作，这样督导就不用总是招聘新员工、培训新职员，甚至可能用更少的人做更多的事，而且效果更好。

（四）有助于提高工作效率

有效授权可以使督导留出时间思考，做好计划工作，协调与其他部门的关系，也使督导有时间解决更多更重要的问题。有效授权不会削弱督导对自己部门的控制，反而能加强督导对部门的管理，产生更高的效率，减少浪费，降低成本，化解矛盾，提高士气，减少员工流动，更高的工作效率能让员工、上司、宾客等开心。

（五）有助于提高领导艺术

有效授权将提高督导的领导艺术，特别是在宏观管理和人际关系处理方面。督导管理的实质是依靠员工完成工作任务。学会授权也需要在工作中不断总结经验，通过授权可以使督导更好地成为一名管理者。成功授权会提高督导工作的自信心和领导对督导工作的满意度，并为督导的职业发展做好铺垫。

二、授权原则

酒店督导在授权时，应坚持如下基本原则。

（一）大权独揽，小权分散

领导者要学会将小权授予下属，最后裁决权留在手中，从繁杂事务中解脱出来。

（二）分工明确，权责相称

下属要有职有权，授权指令要具备完整、明确、可行3个基本要素。

（三）合理分工，责任落实

如果工作任务一个人能完成，不要分派给两个人；分给集体的工作要明确负责人。

（四）授权要有一定难度

授权给下属的工作要有一定的难度系数，需要通过努力才能完成，使其有紧迫感，且完成后有成就感。

（五）需主动承担责任

管理者应鼎力支持被授权者制定的措施，并为其主动承担必要的责任。

（六）由简到繁，循序渐进

给下属授权应逐步递进，由简单到复杂，由小到大，可以分步授权。

（七）给被授权者"钥匙"

当被授权者有困难时，管理者不应只告诉他解决的方法，还应帮他一起寻找解决方案。

（八）保持持续跟踪

管理者在授权后，应对被授权者进行持续追踪，保持监督联系。

（九）因人因事授权

对待不同的下属、不同的事情，授权与控权要有所不同，有的可完全授权，有的可部分授权。

三、授权方式

酒店督导需了解授权方式，根据员工的具体情况与员工进行权力分享，员工会更愿意承担新的职责，如表3-5所示。

表3-5 授权的3种方式与内容

授权方式	内容说明
完全授权	将全部职权和职责授予员工 员工有权采取全部措施完成所要完成的工作任务 不需要向经理请示报告
不完全授权	将全部职权和职责授予员工 员工必须向经理请示报告所采取的完成工作任务的措施
部分授权	将部分职权和职责授予员工 员工有权采取某些措施完成所要完成的工作任务 除此以外的工作,要向经理请示报告

四、授权方法

酒店督导在授权过程中，可以采取任何适合自己和员工的授权方式，如表 3-6 所示。

表3-6　授权方法与内容

授权方法	内容说明
明确授权任务	授权之前,明确将要授权的工作任务 确定完成任务的预期目标 完成任务所需资源 完成任务所需的合作与支持 员工是否有完成工作任务方法的选择权
确定完成期限	完成任务期限要切实可行,具有可操作性 时间太紧,无法完成,打击了授权员工的积极性 时间太宽裕,缺乏挑战性,不利于培养员工
确定授权人选	选择有能力和技能完成此项工作任务的员工 分析员工能力与工作量大小,对授权事宜的重要性进行平衡 万一不成功,要有补救措施
交代工作任务	表达对员工的信任 申明授权工作任务的重要性 鼓励员工提问题,听取员工关于如何完成工作任务的建议 明确员工授权的方式,完全授权、不完全授权还是部分授权 对完成工作任务的期限进行讨论 告诉员工自己随时帮助解决问题 感谢员工
保持持续支持	在授权过程中,经理要给员工支持 经常检查工作的进展情况 表扬员工的出色工作,帮助员工建立自信 授权任务完成后,要对员工的成绩加以认可

五、授权误区

作为一名酒店督导，如果没有授权经验，很容易犯错误。其常见的错误有以下几种。

第一，对授权内容表达不清楚。

第二，督导过度监督下属。

第三，没有对下属进行系统的培训和足够的支持。

第四，没有建立完善的控制机制。

第五，增加工作量但没有合理的回报。

第六，工作任务本身没有多大价值。

第七，授权给了不合适的员工。

第八，把工作中棘手的部分授权，达不到预期效果。

第九，对相同工作内容重复授权。

 头脑风暴

分组讨论：酒店督导授权犯错的现象还有哪些？请举例说明。

▶ 应用分析

大学生的自我时间管理

大学几年的时间是很短暂的，一眨眼就要毕业了，这是很多有过大学经历的人的真实感受。时间是最公平的，每个人每天都有 24 小时，一分不多一分也不少；时间又是最无情的，它总是头也不回地朝前走，不把握这一秒就意味着将永远失去它，时光倒流只可能出现在虚幻的童话中。

真正充实的大学生活，应该学业有成，广泛阅读，建立良好的社交网，社团活动成绩出色，学好英语和信息技术……实在有太多太多的事情要做。

（资料来源：节选、整理自叶萍.管理实务 [M].北京：高等教育出版社，2012.）

🔍 问题分析：

1. 请结合自己目前的学习生活情况，分析时间管理存在哪些问题？

2. 要管理好自己的时间，规划是关键。请对你自己的大学生活的时间管理做一份规划。

▶ 实训项目

[实训名称]

时间管理认知

[实训内容]

学生 3~6 人组成一个小组，并推举小组负责人。每个小组寻找一家在服务或管理等方面具有特色的酒店企业，现场观摩酒店督导时间管理的方式方法。

[实训步骤]

1. 每个小组到本地一家特色酒店，选找 2~3 名酒店督导，现场观摩或访谈管理人员对时间管理的具体做法。

2. 根据本章所学内容，分析该酒店督导时间管理的现状与问题。

3. 每个小组制作汇报 PPT，在课堂上分享考察心得体会，并进行答辩。

[实训点评]

1. 每个小组提供某酒店督导时间管理情况的分析报告。

2. 师生根据各小组的报告及表现给予评价打分，成绩纳入课程实训教学的考核之中。

第三章实训评分

▶ 拓展作业

第三章导学测评

参考资料

陈顺，綦恩周.酒店督导管理实务 [M].长沙：湖南人民出版社，2014.

黄昕，赵莉敏.酒店督导管理实务 [M].武汉：华中科技大学出版社，2022.

姜玲.酒店业督导技能 [M].北京：旅游教育出版社，2018.

李国茹，杨春梅.饭店督导管理 [M].北京：中国人民大学出版社，2014.

王今朝.饭店督导管理 [M].北京：清华大学出版社，2018.

王凤生.做最成功的酒店职业经理人 [M].北京：中国旅游出版社，2017.

薛兵旺，周耀进.酒店督导管理 [M].武汉：华中科技大学出版社，2017.

叶萍.管理实务 [M].北京：高等教育出版社，2012.

第四章

冲突与压力管理

▶ 本章导言

　　冲突是矛盾运动的一种表现形式，是不以人们的意志为转移的客观存在。人们在满足需要和实现自己目标的过程中，总会受到某些阻碍。当这些阻碍无法协调克服时，就会出现一种防卫机制和对抗情绪，如攻击、否定、压抑、投射、失言、罪恶感等。这种本能的防卫和对抗造成了个体与个体、个体与群体、群体与群体之间的不和谐氛围，从而引起摩擦与纠纷，产生冲突。

　　酒店业的快速发展使行业竞争加剧，员工流失增加，从业人员匮乏，这增加了管理人员的管理难度与工作压力。压力是生理上或心理上的一种紧张状态，通常由人的常规生活的改变而引起。压力，让原本不轻松的工作、生活变得更加紧张，这使得酒店督导们面临如何克服压力、保持旺盛精力、增强应战能力等问题。

▶ 学习目标

【知识目标】

　1. 知晓冲突的含义和化解策略
　2. 知晓个体和团队冲突的基本原因
　3. 知晓压力的含义和解压原则
　4. 知晓压力的基本来源与影响

【能力目标】

　1. 学会主动收集冲突与压力管理信息
　2. 能够讲述解决冲突的处理方式
　3. 能够讲述减轻压力的主要方法
　4. 能将理论学习与现场管理实践相结合

【思政目标】

1. 培养创造性地化解冲突、自我减压的能力
2. 树立团队协作、和谐统一的合作意识
3. 具有团结进取、努力拼搏的进取意识

> **思维导图**

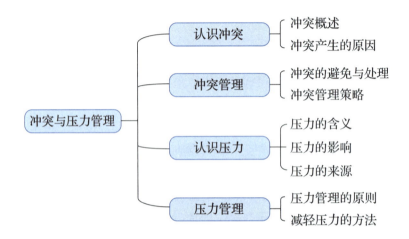

> **案例导引**

家外之家

10 月的宴会厅像往年一样很忙，各种宴会一直没有间断，会议室无一空闲。宴会经理小薇早上一到岗，就先到电梯口迎宾，为客人指引，以免客人走错会议厅；也许是早上起得比较早，小薇偷摸打了一个哈欠的时候电梯门开了，小薇尴尬地向宾客问道："早上好，先生！请问您需要到哪个会议室？"

"思义厅。"

"您这边请。"小薇心里想着：来这么早的，应该是会议负责人吧，这哈欠太有损酒店形象了，要怎么弥补呢。

10 多分钟后，负责人也来到电梯口与小薇一起迎接客人，小薇想借此机会向会议负责人道歉。刚想开口，电梯门开了，一会客人走了进来，小薇热情地问候，同时也看到客人脸上沾着餐巾纸，负责人也赶忙上前握手表示欢迎，想开口说，又觉得人多尴尬。小薇看出了负责人的尴尬之处，一边为客人指引，一边不合时宜地擦了一把左脸。客人看了小薇一眼，也摸了摸自己的脸颊，顺势把那一小片餐巾纸摸了下来。将客人引领进会场后，便开始斟茶倒水，客人赞许地看着小薇微笑。

会议结束后，小薇找到负责人签单，并向客人表达了早上那个哈欠的歉意，客人微笑着说："本来就辛苦你们了，早上老总脸上的餐巾纸我也看到了，你很及时并且很自然地暗示，真的让我叹服贵酒店服务的信息传递技巧，服务的最高境界大概也就是这样吧——默无声息地感动客人，给我们非常亲近的温暖，一种'家外之家'的感觉。"

小薇微笑道："这都是我应该做的，我的服务能得到您的认可让我感到特别开心。"

小薇，一位热心、开朗、活泼的女孩子，她的服务宗旨便是——不经意间让客人体会到家的感觉。

（资料来源：根据宁波开元名都大酒店相关服务案例整理。）

问题思考：

小薇在工作中运用了哪些沟通的原则？如果你是小薇会怎么做？

第一节　认识冲突

人生总会面临各种各样的冲突，生活与工作中都会产生冲突。在工作中，同事之间由于工作上观点不同，协调不一致等原因，经常会发生冲突；在会议上，因为个人思维或各自的利益不同也会产生冲突。冲突最为明显的表现是争执。冲突是无处不在的，只是冲突发生的时间、程度不同而已。作为团队的领导，是否具有冲突管理能力是判断领导能力强弱的主要标志，如果一个领导者不懂得冲突管理，将无法胜任领导工作。

一、冲突概述

（一）冲突的含义

关于冲突的含义，从不同角度可以有不同的理解。从心理学角度来看，冲突是指个体或群体发觉其他人已经或即将做出与他们自己利益不相符的行动的过程；从社会学角度来看，冲突是社会实体内部或社会实体之间出现不相容、不调合或不一致的一种互动历程；从组织行为学角度来看，冲突是一方感知自己的利益受到另一方的反对或者消极影响的过程；从个体角度来看，冲突是由人们思想价值和感知不同而引发的内在不一致的行为。

（二）冲突的分类

冲突包括意识冲突和物质冲突。意识冲突是以认识为基础的，是无形的冲突；物质冲突是可视而有形的。在组织活动中，冲突的发生是不可避免的。

按照不同的标准，可以将冲突分成不同的类型：按其性质不同，可分为建设性冲突和破坏性冲突；按其发展阶段不同，可分为潜在冲突和正面冲突；按其冲突主客体不同，可分为个体与个体的冲突、个体与群体的冲突、群体与群体的冲突；按其方式和程度的不同，可分为辩论、口角、拳斗、械斗、战争等。

（三）冲突的作用

在现实社会中，冲突无处不在，冲突不是单纯地依靠一方的努力就可以得到解决的，它的解决需要多方利益主体的共同努力。积极有效地解决冲突会促进组织的发展，而消极、被动、无效的冲突管理则会严重阻碍组织的发展。

1.积极的作用

建设性冲突能够激发员工的才干和能力，促进问题的尽快解决，提高员工在组织事务中的参与程度，增进员工间的沟通与了解，化解积怨；能够促进问题的公开讨论、使组织的决策更加科学合理；带动组织创新和变革，增强组织活力和组织凝聚力。

2.消极作用

破坏性冲突会影响员工的心理健康，造成组织内部员工之间的不满与猜疑，导致员工和整个组织变得越来越封闭，相互之间缺少合作，禁锢思维，缺少创新，使群体优势丧失，经营业绩下滑，阻碍组织目标的实现，损害组织形象。

二、冲突产生的原因

（一）个体冲突产生的原因

1.个性差异

个性是指一个人在思想、情绪、性格、品质、意志、情感、态度、价值观、信念、行为等方面不同于其他人的特质。一家酒店是由若干名具有不同个性的成员组成，成员之间的性格、工作作风、处事方法各不相同，发生冲突是不可避免的。个体之间差异性越大，个体间产生冲突和矛盾的可能性就越大。

2.文化差异

酒店中的管理者、员工、宾客等群体来自不同国家或地区，相互之间存在文化差异，冲突难以避免。酒店中的文化差异主要表现为员工个人文化与酒店文化的不匹配，宾客文化与酒店文化的不同，中西方文化的差异等，特别是中外合资酒店，中西方文化的冲突更为明显。

3.价值观差异

价值观是指个人对周围的客观事物（包括人、事、物）的意义及重要性的总体评价和看法。一个人的价值观是在其特定的家庭背景、学校教育、社会环境等因素影响下形成的。员工在进入酒店之前所处的社会环境、经历、家庭背景、教育背景等不尽相同，形成了独特的价值观。在酒店中，由于人们的价值观不同，对待同一事物或现象的反应也不尽相同。酒店员工之间极易引起主观判断的分歧和争议，从而导致冲突的发生。

4.角色差异

在现实社会中，每个人都同时承担着不同的社会角色。每一名员工在酒店中都充当着不同的角色，都按照角色的要求开展活动。个人在面对各种角色时，可能扮演好某一种角色，却很难扮演好多种角色。当角色产生差异时，就可能引发冲突。

5.情绪控制能力差异

每个人或多或少都会有情绪问题。心理素质好的人，即管理情绪能力强的人，在工作中碰到分歧和矛盾时，即使非常生气，也能压制住怒火，控制和调整好自己的情绪，扼制冲突的发生；不善于管理自己情绪的人，一旦有矛盾便怒发冲天，不仅会引发冲突，甚至会激化矛盾。

6.沟通能力差异

缺乏沟通不仅使酒店内员工个体的心理需求无法得到满足，而且会造成缺乏相互信任的良好氛围。沟通不当、信息交流不充分或沟通方式单一等均可能导致误解，最终引发冲突。酒店员工的沟通能力存在差异，不同员工在信息处理、信息传递、信息接受的过程中渠道不同，会造成信息交流的不畅，导致信息交流的低效或无效，从而引发冲突。

7.人际关系差异

如果酒店员工拥有良好的人际关系，同事都愿意与他合作和交往，他就能得到众人的支持和拥护。懂得处理人际关系的人，可以减少人际冲突发生；即便发生了，也容易化解冲突。反之，不善于处理人际关系的员工，容易引发冲突。

8.领导风格差异

领导风格有4种，即专制式、官僚式、放任式和民主式。与放任式和民主式风格相比较，专制式的领导者将权力掌握在自己手中，这种家长式的作风导致团队内上下级之间存在较大的心理距离和隔阂，会给员工带来戒心和敌意，容易产生各种矛盾和冲突。

头脑风暴

分组讨论：导致个体冲突的原因还有哪些？请举例说明。

（二）团队冲突产生的原因

1.文化差异

酒店部门中各个成员因个性、立场、价值观、教育程度、家庭背景不同而存在差异，这种差异在部门中会形成独特的价值观、行为准则，特别是组织中领导者的处事方式、管理风格会形成一个部门特有的文化，导致有不同文化的部门间交流时会产生冲突和矛盾。

2.目标冲突

每个酒店企业都有共同的大目标，群体和个体又有分解后的小目标，这些具体目标之间是不同的，甚至是相互冲突的；目标不一致经常是群体之间产生冲突的根本原因。

3.权力地位冲突

权力冲突是冲突一方凭借自身优势对另一方进行强行压制而发生的冲突。它是部门间产生冲突的主要原因。组织中的权力冲突可以因部门在组织等级制度中的位置、权限、资源分配的不同而产生。部门之间权力的差异易诱发嫉妒、不合作，甚至攻击，从而破坏组织的和谐。

组织内团队之间地位的不公平也是产生冲突的原因。当一个团队努力提高自己在组织中的地位，而另一个团队视其为自己地位的威胁时，就会产生冲突。在权力与地位不同的团队之间也会产生冲突，例如管理层与员工，可能因为立场的不同产生冲突。

4.有限资源制约

管理案例

资源分配不均

酒店资源是有限，不可能均衡分配。各部门、各成员之间难免会为争夺资源而发生冲突。这时，督导必须明确，一方的胜利便意味着另一方的失败，这是引起冲突的不可忽略的因素。无论胜败，双方均有利弊，作为管理者的督导不可不察。

5.信息沟通不畅

信息影响感觉，进而影响决策。在群体内，成员之间一般能进行频繁的交往，他们可以相互了解，由此，能更好地理解别人，使彼此能较好地沟通；而如果群体之间的交往没有那么频繁，相互之间缺乏理解和沟通，在相互协作的过程中就可能产生冲突。

6.工作相互依赖

随着酒店业务分工、专业化程度的提高，单个部门很难独立完成某一特定任务，需要不同部门紧密合作，共同完成。相互依赖性体现在团队之间在前后相继、上下相连的环节上，如一方工作不当给另一方带来不便、延滞，或者一方的工作质量影响到另一方的工作质量和绩效，这时就会产生冲突。相互依赖的团队之间在目标、优先性、资源等方面越是多样化，越容易产生冲突。各个部门在相互作用的过程中，有太多的不确定性因素，相互协作过程中不可避免会产生误解、指责、抱怨和推诿等。酒店各部门之间相互依赖、相互关联的程度越高，引发冲突的可能性就越大。

7.工作职责不清

酒店是由不同职能的部门组成的，各部门之间既相互联系，又各自独立。组织内有时会因职责不明造成职责出现缺位或管理上的"真空"，从而引发冲突。如果酒店各部门之间职责模糊不清，就会导致两个或两个以上的部门同时进行某一项工作，或者大家对某一项工作又都置之不理，部门与部门之间合理的分工与协作就得不到实现。对部门、对个人有利益的事情，各部门争着做；反之不做。一旦出现问题，相互推诿，就会导致冲突发生。

8.利益分配不均

酒店中的不同人和群体，以及群体之间的利益并不一致，因利益分配不均容易引起冲突。一方面，物质资源和产出的有限性决定了利益分配冲突的客观存在；另一方面，现实中组织利益分配的不合理，既有主观认识上的偏差、操作失误等，又有客观评判标准的不合理。如果利益各方都不愿意放弃各自的既得利益，就会产生对抗和冲突。

9.组织结构不合理

组织结构是组织内部各单位之间关系、界限、职权和责任的沟通构架，是组织内部分工协作的基本形式。组织结构越复杂、层次越多、幅度越大，酒店里的沟通就越困难，产生群体冲突的可能性就越大。

头脑风暴

> 分组讨论：导致团队冲突的原因还有哪些？请举例说明。

第二节　冲突管理

通常人们面对冲突时有不同形式的冲突管理风格，或接受和顺应目前状况，或利用权力改变现状，又或者通过协商获得一致。当然，不同冲突管理风格会带来不同的结果：一赢一输、双输、双赢。冲突管理与管理者的管理风格密切相关。一般事务型管理者趋于选择回避冲突，以求获得组织的稳定；变革型管理者趋于选择积极面对冲突，以期获得创造性的意见和解决办法。

一、冲突的避免与处理

（一）避免冲突的具体方法

（1）承认客观事实，每个人的价值观、心理需求及对问题的看法存在差异性。

（2）抽出时间和精力与常打交道的人多进行交流，更好地了解他们的价值观、信仰及个性需求等。

（3）要为员工表达对某件事的看法和意见提供合适的渠道。

（4）不要固执己见，总以为自己是对的。

（5）不要对不同意见的人心存敌意。

（6）学会耐心地倾听别人的发言。

（7）与人为善，诚信待人。

（8）提醒员工多从过去的工作冲突处理中总结经验，吸取教训。

（二）化解冲突的处理方式

成功地处理冲突必须先对冲突本身有正确的认识和了解。在具体处理时，必须结合实际情况，因人因事而定，选择恰当的方式方法处理。人们常用的解决冲突的方式有5种，即强制（竞争）、回避、迁就、妥协（克制）和合作，如图4-1所示。

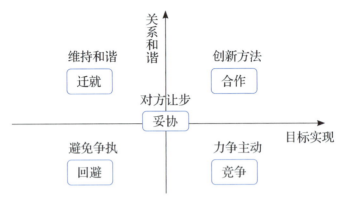

图4-1 冲突处理方法

1. 强制式（竞争）方式

用竞争方式处理冲突时，双方各站在自己的利益上思考问题，各不相让，一定要分出个胜负、是非曲直来。

（1）采取竞争方式的结果：激烈争吵，矛盾加大，导致个人恩怨；问题得不到解决，会造成新问题；由上级来解决，导致高层产生矛盾；引发更大范围不和，问题根源还在。

（2）采取竞争方式的特征：正面冲突或对抗；高度武断，高度不合作；以牺牲他人为目标；不愿承担责任；只顾胜负，不顾冲突带来的后果。

（3）采取竞争方式的条件：情况紧急需要迅速采取行动时；为了组织的长期有效和生存必须采取不受欢迎的行动时；个体需要采取行动来保护自我和阻止他人利用自己时。

（4）采取竞争方式的原因：一是站在各自角度，二是关注责任的归属。

（5）采取竞争方式的情形：竞争不一定是两败俱伤，在有些情况下，采取竞争策略是行之有效的，甚至必须使用竞争方式。比如，当处于紧急情况下，需要迅速果断地做出决策并要及时采取行动，此时采取竞争策略是较好的解决方式。

2. 回避方式

管理案例

有效回避

回避方式是指冲突的双方既不合作也不采取进攻行为。

（1）采取回避方式的结果：矛盾潜伏下来；问题没有解决，会破坏团队规则，影响团队绩效；增加了今后解决问题的成本；组织失去目标，员工明哲保身，组织的事情没人管。

（2）采取回避方式的特征：既不合作也不武断采取行动，忽略和回避冲突，不发生正面对抗。

（3）采取回避方式的条件：问题很小或只有短暂的重要性，不值得消耗时间和精力；当事方当时没有足够的信息来有效处理冲突；一方的权力太小，没有机会来形成变革；其他人可以更有效地解决冲突。

（4）采取回避方式的原因：采取回避方式的原因有以下几种：得过且过，各守其职，沟通不畅，缺乏共同的团队目标。

（5）采取回避方式的情形：冲突的事件微不足道，不重要也不紧急；还不到解决问题的时机，收集信息比立刻决策更重要；冲突双方都在非理性的情绪中；或者处理这个冲突会引发一个更大的冲突。

3. 迁就方式

迁就是指在冲突发生时考虑到对方的要求和利益，不考虑自己的要求和利益，把对方利益放在自己的利益之上。

（1）采取迁就方式的结果：冲突暂时被防止；一方做出牺牲和让步，换取暂时合作；组织管理出现问题；团队绩效不断下滑；团队成员之间的平等关系遭到破坏。

（2）采取迁就方式的特征：双方高度合作，不进攻，愿意牺牲自己的目标使对方达到目标，尽管自己有不同意见，但还是支持他人的意见，为了维护相互的关系，一方愿意做出自我牺牲。

（3）采取迁就方式的条件：第一，个体处于潜在的、激烈的感情冲突情境中，用掩饰使情境变得安全的时候；第二，在短期内保持协调和避免分裂最为重要的时候；第三，冲突要出于个性原因而且不易消除的时候；第四，高度合作，不武断；第五，抚慰对方，愿意做出牺牲。

（4）采取迁就方式的原因：迁就方不想得罪人，有迁就的余地，武断方认为自己没有错，武断方给对方压力。

（5）采取迁就方式的情形：不重要又不紧迫的问题，我们通常可以采取迁就的方法。选择退让并不是说明自己软弱，或者害怕对方，我们常说的"退一步海阔天空"就是指这种处理冲突的方法。采用这种方法有时更需要智慧和宽容心。

4. 妥协（克制）方式

妥协就是冲突的各方协商并且寻找一种能够使冲突各方都有一定程度满意的解决方法，但冲突各方没有任何一方完全满意，是一种各方都做一些让步的冲突解决方法。

（1）采取妥协方式的结果：表面上事情得到了解决；处理冲突的成本较低，能维护团队成员的面子和平等关系；可能丧失原则，进而引发一系列"并发症"；以延误工作为代价；问题没有得到根本解决，有可能会爆发。

（2）采取妥协方式的特征：共同放弃利益，共同分享利益；没有输赢；双方能达成基本目标；冲突得到缓解。

（3）采取妥协方式的条件：第一，达成一致使双方觉得至少强于没有达成一致的情况；第二，暂时不可能完全达到一个全部双赢的协定；第三，可以阻止仅满足单独一方提出的要求时。

（4）采取妥协方式的原因：双方势均力敌，不愿浪费时间，有妥协的余地。

（5）采取妥协方式的情形：妥协是对于具有紧迫性但不具有重要性的问题采用的方式，当目标十分重要但过于坚持己见可能会造成更坏的后果；当对方做出承诺不再出现类似的问题时；当时间十分紧迫需要采取一个妥协方案时；当为了一个复杂问题达成暂时的和解时，都可以采取妥协方式。

5.合作方式

合作方式是冲突双方既考虑和维护自己的要求和利益，又要充分考虑和维护对方的利益，并能最终达成共识的冲突解决方式。合作方式的特点是冲突双方相互尊重与信任，对于自己和他人的利益都给予高度关注，冲突双方坦率沟通，澄清差异，并致力于寻找双赢的解决办法。合作的方式能使冲突得到完全消除，是最有效的冲突解决方式。

（1）采取合作方式的结果：问题被事先预防或消灭在萌芽中，问题得到彻底解决或根除，团队将出现良好的循环，团队价值得到提升，双方的工作目标都得到实现。

（2）采取合作方式的特征：希望满足双方利益，双方目标均得到实现，相互尊重与信任，冲突得到完全缓解。

（3）采取合作方式的原因：双方都能设身处地替对方着想，双方都能事先进行沟通，双方都有较强的责任心，双方都以完成团队目标为目标。

（4）采取合作方式的条件：第一，所处的环境允许花费时间探讨解决方案，而合作方式所需要的相互依赖性能证明这种消耗是有意义的；第二，双方彼此平等，能相互影响；第三，从长远来看，双方有通过双赢来解决争议并有互利互惠的可能性；第四，双方都有组织的支持，都是独立的问题解决者。

（5）采取合作方式的情形：合作需要通过事先的沟通达成共识，既满足自己的愿望，也站在对方的立场上为对方的利益考虑。对于那些重要的，但不是特别紧迫的，有时间进行沟通的问题，可以采取这种策略。

达成合作的关键在于双方能站在同一战线上共同来面对所遇到的问题。进行沟通，积极倾听、提问和反馈，找出冲突的根本原因和对方的真实需求，并努力寻找共同的利益点，创新性地寻找各方都认可的解决方案。

在组织中，提倡采取合作的方式解决冲突，具有重要意义。合作倾向是成功的个体的特征，同时它也是高绩效组织的特征。运用合作的方式解决冲突能产生对绩效和能力的积极自我评价。因此，人们愿意把合作视为对冲突建设性的处理方式。

 头脑风暴

分组讨论：化解冲突的方式还有哪些？请举例说明。

二、冲突管理策略

冲突管理是一个系统性和连续性的过程，包括事前管理、事中管理和事后管理。

（一）立足于预防和事前管理

建立冲突管理的预警机制，以制度化的管理对酒店内部与外部可能产生的破坏性冲突进行预测。做到早发现早预防，赢得处理时间，减少负面影响。对此，首先，要广泛收集信息。其次，对信息进行诊断、分析、归类，找到相应的解决办法。最后，采取措施和有效方案对引发冲突的可能性因素予以排除，把冲突危害控制到最小。为此，要做好以下几项工作。

1.加强员工沟通

高效解决冲突需要建立一个完善的沟通渠道，组织可通过开展多项活动促进员工间的沟通与交流，增强员工之间的信任、适应与接纳；也帮助组织深度了解员工的专业能力、个性特质、个人背景，从而结合员工的个性和专业特长进行工作安排和调整，减少由差异引起的冲突。

2.提高员工满意度

酒店应公平、公正地对待组织内所有成员，消除歧视与偏见，减少不满、猜忌与误会等不良情绪，营造和谐的工作氛围，提高组织成员的满意度。

3.健全组织信息系统

健全酒店的信息系统，有效地传递信息，使员工能及时准确地了解酒店及各部门的组织目标，明确权责，减少由信息不对称造成的冲突。

4.提升员工综合素质

加强引导和培训员工，提高员工的专业知识、道德修养及各种业务能力，使其全面提升综合素质；积极提倡在工作与生活中与人和谐相处，相互宽容，化解矛盾，减少冲突。

（二）构建有效的冲突管理化解机制

1.客观正视冲突

督导要尽早发现冲突，正视冲突的存在，不回避、不退缩，及时分析冲突产生的原因、类型、程度，找出应对方案，积极寻求解决冲突的路径。

2.全面剖析利弊

在冲突的处理过程中，切忌急于求成，草率行事。特别是涉及利益分配、员工晋升、调岗换岗等敏感问题时，督导需要分析利弊，耐心引导，使之能够权衡利弊，以大局为重。

3.完善沟通渠道

督导通过使用内部期刊、告示栏、意见箱、专栏或例会等方法，构建畅通的沟通渠道，让员工感觉受到重视，体现员工的价值，激发员工的归属感，积极参与到冲突的解决中来。

4.鼓励积极冲突

不是所有冲突都起消极作用，建设性冲突就可以对组织起到积极的推进作用，应鼓励建设性冲突，建设良好的组织文化，形成相互信任、愿意接受不同意见的良好氛围。督导可以通过多种形式鼓励员工提出新建议、新方法、新工艺、新方式，促进组织发展，消除破坏性冲突可能带来的负面影响。

5.及时化解冲突

当冲突爆发时，督导要及时组织冲突双方进行沟通，帮助双方分析冲突产生的原因、冲突可能带来的后果，讨论冲突的得与失，引导双方顾全大局，互相理解，相互合作，共同排除误会或误解，寻求解决方案，将矛盾消灭在萌芽状态。

分组讨论：冲突管理的策略还有哪些？请举例说明。

第三节　认识压力

21世纪以来，全球范围内旅游业的快速增长，对旅游酒店业员工而言，意味着有更高的薪水、更好的福利、更多的晋升机会及更稳定的工作保障。同时，酒店服务业的快速发展也给从业人员带来了各种经营与管理的压力，特别是受疫情的影响，酒店业更是雪上加霜。

一、压力的含义

压力属于心理学概念，是指员工个体在环境中受到各种刺激因素的影响而产生的一种紧张情绪，这种情绪会正向地或负向地影响员工的行为。当压力出现时，人会本能地调动身体内部的潜力来应对各种刺激因素，这时会出现一系列的生理和心理变化。适当的压力可以使员工产生工作的动力，但过大的压力反而会让员工精神颓废、无所适从。所以，在工作中保持适度的压力是非常重要的，这要求管理者能够体察到员工工作压力的状况，并积极地采取相应的措施。

二、压力的影响

（一）正确认识压力

一般认为，压力是一把双刃剑，对个体和组织的影响具有两面性，既有积极的一面，也有消极的一面。关键在于压力的性质及压力的大小是否在人们可以控制和承受的范围内。

如果压力适中，会使工作效率、精神力度、专注度提高；压力不足，则会使员工觉得工作乏味、倦怠，对待工作不专注，觉得无所事事；压力过大，则会使员工觉得不安、不快乐、健忘、工作情绪化、错误百出、疲劳，甚至产生负面看法。工作压力与工作绩效的关系如图4-2所示。

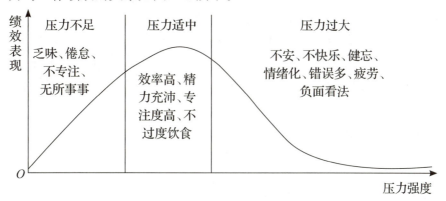

图4-2 工作压力与工作绩效的关系

（二）压力对员工的影响

1.压力适度对员工的正面影响

某些事件和工作环境能使人们感到兴奋和干劲倍增，这是压力积极的、愉快的表现形式；据有关研究表明，当个体将压力源评价为有利于个体的自我提升时，积极压力和结果就有可能产生，如表4-1所示。

哲学故事

朱子明被逼画驴

表4-1 适度压力对员工的正面影响

自我提升	工作特性
保持和提高自尊	高质量完成工作可以展示自己的能力
	高质量完成工作可以取得别人的赞赏或积极评价
	高质量完成工作使个体感到自己的被需要与重要性
自我实现	个体认为高质量完成工作可以挖掘自己的潜能
	挑战有压力的工作能够显示自己的聪明、智慧、创造力
	有压力的工作过程是完善和发展自己、体现自己价值的过程
	在有压力的工作过程中能够获得更多知识，可以开阔视野
	高质量完成工作是给予爱或者有益于社会

积极压力大多时候产生的是积极的效果。但是，因个体情况的不同或外界环境的改变，过度的积极压力也会给人带来消极的影响。如由于职务晋升引发的担心或不知所措。

2.压力过大对员工的负面影响

职场技能

员工的压力识别

（1）对员工工作的负面影响。员工工作效率降低，对工作缺乏兴趣，消极怠工，与上下级或同事关系不良，工作失误增加，由非疾病导致的缺勤及病假次数增加等。

（2）对员工身体及心理的负面影响。产生消极情绪或情绪不稳定，精神颓废，患焦虑症和强迫症，身体机能下降，出现生理疾病。

（3）对员工生活的负面影响。会出现失眠或其他睡眠问题，吸烟或饮酒量增加，影响与伴侣及子女关系等。

（4）对员工行为的负面影响。员工不愿出门活动，或进行疯狂购物，厌食增加，过度抽烟、喝闷酒等。

（三）压力对组织的影响

1.压力适度对组织的正面影响

适度的压力，使组织内部员工之间相互协助，上下级之间精诚团结，工作氛围融洽，每个人都为本组织贡献智慧和力量，有利于组织目标的实现。

2.压力过大对组织的负面影响

（1）工作质量下降。员工工作积极性下降，迟到、早退、缺勤和辞职现象频繁出现；员工责任心减弱、工作态度变差，服务质量下降，员工潜能无法得到发挥，创造性、积极性下降。

（2）酒店成本上升。酒店员工感觉压力过大时，就会采取消极的方式来逃避工作以缓解压力。员工缺勤率提高，用工成本增加；员工离职率上升，招聘培训等方面支出使人力成本上升；工作效率低下，生产成本增加；责任心下降，事故发生率增加，维修成本增加，使得管理人员疲于应付，服务质量下降。

（3）酒店形象受损。酒店员工频繁离职，造成人手缺乏，被迫大量使用新员工，会导致服务质量下降，顾客投诉增多，将直接影响酒店的整体形象。

三、压力的来源

压力无处不在，来自多方面，对酒店员工而言，主要有来自3个方向的压力。

微课视频

压力的来源

（一）社会压力

每一个人都是社会的一员，处在不同的社会阶层，接受不同的信息，面对不同的人群，能够体会到来自社会各方面的不同压力。

（二）家庭压力

每个人都属于一个家庭，每个家庭都有其自身的特殊情况。一个家庭环境和谐与否，对员工有很大的影响。家庭压力一般来自配偶、父母、子女、亲戚等，有时候员工不得不因为要处理这些家庭事务而请假，可能影响到个人工作。

（三）工作压力

工作压力是指在工作中产生的压力，主要是员工面对新的工作环境、新的生产技术、新的工作方式、新的工作流程和新的工作强度时产生的压力。其中，工作中的人际关系的压力不容忽视。在工作中，每个人都不可避免地要和自己的同事、上下级和客人打交道，这个交往的过程中难免会出现沟通不畅，或因观念不同发生误解等问题，这些会转化为人际关系的压力。作为优秀的管理者要尽量给员工创造一个轻松、愉悦的工作环境。

 头脑风暴

> 分组讨论：导致酒店员工压力增加的原因还有哪些？请举例说明。

第四节　压力管理

在现实社会中，压力是客观存在的，酒店压力管理的核心不是消灭压力，而是减轻其对员工和企业造成的不良影响，在进行压力管理时应遵循基本原则，从组织层面和员工个人层面提出应对策略，以减轻来自各方面的压力。

一、压力管理的原则

（一）引导原则

压力的产生是不可避免的，引导压力向积极的一面发展显得更重要。对于组织而言，通过引导可以使组织更加和谐，战斗力更强，更加有利于目标达成；对于员工个体，通过引导也可以达到减轻压力的目的。比如帮助员工根据自身条件，树立适当的目标；性格内向的员工，容易产生郁闷心理，督导人员要转移其注意力，培养员工的兴趣爱好，从而缓解他们的压力。

（二）适度原则

进行压力疏解管理并不是不顾企业的经济效益，一味减轻员工工作压力。酒店需在激烈的市场竞争中站稳脚跟，持续发展，需要员工努力工作，不断创新，不断向自己的极限挑战。同时，酒店也不能只顾经济效益，一味地加重员工压力，不能要求"既要马儿跑得快，又要马儿不吃草"，无节制地要求员工加班加点，进行高强度工作。

（三）区别原则

要消除压力，首先需找出压力来源，并认真分析，区别对待。有些压力是可以避免的，如组织内员工之间不团结、人际关系复杂造成的工作压力，可以调解避免；有些压力是不可避免的，如来自工作本身的压力，只有通过提高员工自身

的工作能力和心理承受能力来加以系统解决。

（四）具体原则

压力在很大程度上是一个主观感觉，因此，督导在进行压力管理时要区别对待，因人施策。根据员工的年龄、性别、性格、家庭背景、受教育程度等方面的不同有针对性地进行压力管理。

（五）岗位原则

现代酒店企业不同部门、不同岗位的员工会面临不同的工作压力。总体上是岗位级别越高，创新性越强，压力越大；独立性越高的员工，承受的压力也就越大。当然，也经常听到一线服务人员抱怨客户越来越成熟，要求越来越高，服务标准越来越高，竞争越来越激烈，服务压力越来越大，有不堪重负之感。

二、减轻压力的方法

（一）组织层面减轻员工压力

1.提供援助服务，减轻员工压力

（1）专业培训。酒店为员工提供专业培训，向员工传授压力管理的知识和技巧，帮助员工了解工作压力产生的原因、影响因素和管理技巧，讲解自我调适压力的方法。

（2）加强沟通。酒店督导应帮助员工树立正确的压力管理意识，使员工消除倦怠感和羞耻感，让社会和员工的家庭成员尊重、理解、支持酒店员工的工作，如表4-2所示。

表4-2　酒店督导与员工的沟通内容

项目	沟通内容
生活方式	了解员工的心理变化、行为变化，引导、鼓励员工养成良好的健康生活方式
健康指导	提供保健或健康项目，建立专门的保健室，向员工提供各种锻炼、放松设备，配备专业的健康指导员
自我评价	引导员工认识自己，客观地评价自我，清楚自己的长处和不足，扬长避短
发展目标	鼓励员工为自己设置与其能力、学识、性格相匹配的目标，减少压力感、挫折感，平衡期望与现实之间的距离，抛弃不切实际的目标
关系处理	鼓励员工调整心态，科学地规划和管理自己的人生，正确处理好个人、家庭和工作的关系

（3）改善工作环境和条件。酒店应积极改善工作环境和条件，为员工创造舒适、良好的工作环境，提高员工的安全感和舒适感，减缓员工的工作压力，如表4-3所示。

表4-3 酒店改善员工工作环境和条件的相关内容

项　目	改善内容
工作环境	通过团队建设、员工职业生涯规划等手段改善工作氛围,在内部建立支持性的和谐工作环境
人际沟通	建立良好的人际关系,保持畅通的沟通渠道,减少冲突
工作条件	确保员工拥有做好工作的工具、设备;努力降低工作中各种有害因素的影响,保障员工的身心舒适和安全,采取适当手段改进环境中存在的振动、噪声、温度、湿度、照明和通风问题
工作时间	实行弹性工作制,允许员工把额外的工作时间累加起来变为每月的休息日
员工参与	鼓励员工参与团队决策,尊重、信任员工,重视员工意见,以减少因突然的改变给员工带来的压力感和抵触感
学习知识	为员工订阅有关心理健康、压力管理的杂志、报纸,开展压力管理、健康知识讨论
专业指导	聘请资深的专业人士免费向承受压力的员工提供心理咨询,缓解心理压力

2.加强过程管理,减轻或消除员工工作压力

(1)做好入职招聘,力争人职匹配。在招聘选拔员工时,从知识、个性、能力要求等方面,选拔与工作要求相匹配的员工,避免员工上岗后因无法胜任工作而产生过重心理压力;力求人与事的匹配,督导要了解该岗位上员工所扮演的角色、所承担的职责与所要完成的任务,真正实现人职匹配,这样可以减轻因角色模糊、角色冲突等引起的心理压力。

(2)加强在职培训,提高工作技能。酒店督导需向员工及时反馈绩效评估的结果,使员工清楚地知道个人的工作表现和不足,及时改正;针对员工的不足,酒店督导应采取灵活多样的手段和方式加强员工岗位技能培训,不断丰富员工与岗位要求相匹配的新知识、新技术、新信息,使员工掌握较高的工作技巧和服务技能,尽快符合岗位要求,胜任岗位工作;同时,主动向员工提供学习的机会,拓宽视野,提高其综合素质,增强员工自信心,迎接各种工作挑战,有效化解工作压力。

(3)提供安全保障,减轻后顾之忧。酒店督导要关心下属,全方位了解员工在生活及工作中遇到的困难,给予及时帮助,减轻因各种生活压力给员工带来的各种负面影响,缩短与下属之间的心理距离;完善保障制度,向员工提供社会保障及多种形式的商业保险,增强员工的安全感,减轻其后顾之忧。

(4)合理安排工作,减少角色冲突。督导依据岗位职责,确定合理的工作负荷和绩效目标,帮助员工合理利用时间,提高工作积极性。同时,督导要对岗位设置目的、工作关系、主要职责、工作方式、任职要求、工作权限、工作流程、绩效考核标准有一个清晰的认识和了解,帮助员工清楚地认识到自己的岗位角色、

任务、职责，减轻由角色模糊、角色冲突等引起的心理压力。

（二）个人层面减轻压力的方法

员工个人可以学会对症下药，削弱或消除压力源。以下几种方法有助于员工减轻压力。

1.调整心态

（1）保持乐观心态。常言道："笑一笑，十年少。"研究发现，乐观心态有助于增强免疫力，明显降低压力激素水平。乐观的态度能够缓解压力，有利于保持内分泌的正常，降低心脏病的发病率。欢笑乐观能够释放压力，多跟乐观、幽默的人接触，或者阅读一些风趣幽默的小说、故事，或者看一些喜剧电影、相声小品等，都可以排遣压力。

（2）克服消极思想。消极情绪让身体健康大打折扣，悲观的人压力会增大，内分泌系统会被扰乱，生活方式也较不健康，因而容易引发心脏病。遇到烦恼时，要从烦恼中抽身而出，转移目标，思考别的事情。凡事多往好的方面想，有助于化解压力。每个人都经历过挫折和失败，减少压力的关键是不要让这些挫折和失败控制我们的生活。用平常心，放松心情去面对；学会自信，不要把自信心的缺乏变成压力，而要将其转变为动力。学会宽容和理解是减轻压力的一种好方法，凡事要学会设身处地为别人着想，进行换位思考，这样就不会钻牛角尖。改变一下自己的思考方式，事情就能变得简单。

2.学会交流

掌握改善与他人交流的技巧，不仅能减轻压力，而且能减少生活中不必要的挫折。当压力出现时，可以同亲朋好友讨论自己遇到的难题，寻求朋友和亲人的安慰；经常和朋友聊一聊，把工作和学习看成一件乐事；学会以积极的态度和尊重他人的方式去表达你的愤怒，不要对他人大吼大叫或有敌意。审视自己的居住环境，如果你的压力来自环境，你可以考虑搬到一个安静、和谐的地方去。如果搬家不太现实，与邻里建立更密切的关系，有助于减轻生活压力。

3.培养爱好

欣赏艺术品或自然景色能够有效释放心理压力。多听舒缓或欢快的古典音乐可以放松神经，降低紧张、焦虑和抑郁情绪，减轻疼痛感，缓解压力，转移注意力，控制情绪，减轻压力，有益身体健康。可以尝试一些新的爱好，如听音乐，欣赏美景、艺术品，做手工等。试着为生活增加一些乐趣，压力自然会消失。

4.心存感激

学会感恩，心存感激能使人心态平和、开朗乐观，能够更好地照顾自己；生活方式应更健康，应更注重运动，饮食更科学。感恩具有积极的作用，能够帮助人们提高免疫力，降低压力；经常对他人说"谢谢"，有助于降低压力，有益身心健康。

5.调整时间

合理的计划不仅能使生活充实,还能缓解压力。列出每日需要完成的事情清单,可以减少时间的浪费,提高做事的效率,同时避免身体和心理上过度疲劳。

6.充足睡眠

睡眠不足的人,压力较大,容易出现不满和愤怒情绪;而压力大,也可能导致睡眠障碍,压力和睡眠障碍会形成恶性循环。保证充足的睡眠有助于减轻压力。

7.适当运动

运动可以改变饮食习惯和生活方式,会使人更有活力、精力充沛和更快乐。运动不但有助于增加愉快的感觉,改善精神状态,提升承受压力的能力,增强包容的能力,降低忧虑程度,而且能降低抑郁和缺乏信心的感觉。不论采取何种运动方式,只要运动,都能够减轻压力,增强对工作、同事和自己的包容力。

8.做深呼吸

做深呼吸能够缓解压力,深呼吸方法是保持胸腔肋骨不动,通过胸腔和腹腔同时扩张,腹部的肌肉运动来呼吸,起到快速缓解压力的作用。

9.肌肉放松

肌肉放松法即是让自己静卧在椅子上或者床上,然后从头到脚放松每块肌肉。这样连续地放松身体的大部分肌肉,最后就能达到减压的作用。

10.闭目冥思

闭目冥思即是冥想,通常方法是调整自己的坐姿,让身体舒适,然后慢慢闭上眼睛,想象各种场景,比如在海滩晒阳光。可以想象一种静止的场景,场景中所有的物体都是静止的,可以改变观察的角度,看到这个场景的不同物体;也可以想象活动的场景,可以在想象的场景里散步,或者做其他事情。长期坚持冥想可以缓解压力,放松身心。

11.正面口号

研究发现,当压力比较大时,多重复几次正面积极的口号可以减轻压力,失眠、焦虑等情况都有明显改善。这些口号包括"冲刺""加油""真棒""无畏""放轻松点""我能行"等。

💡 头脑风暴 ▶▶▶

分组讨论:减轻酒店员工压力的方法还有哪些?请举例说明。

> **应用分析**

资源分配不均

任何酒店企业在资源的分配方面不可能做到谁要就给谁，要多少就给多少。酒店就像一个蛋糕，分配不公平会引起矛盾，你给多了别人就少了，会引起冲突。

小王："唉，公司做得实在太绝了，我们销售部的跟单业务员整天在外面陪客户，为公司赚来大把的钞票，每天都累得够呛，却连个电脑都不给我们配。打个单还要跑到他们行政部去借电脑，太气人了。"

小李："是啊，本来昨天可以按时下班的，可为了要用行政部的电脑足足等了1个小时。你说他们行政部整天坐在办公室，一个个清闲得要命，又不能为公司赚一分钱，待遇却比我们好，这是什么道理嘛！"

两人的谈话不小心被行政部助理小黄听到了，他们的谈话立即被小黄添油加醋地在行政部传开了。

小黄："你说他们销售部的同事多可恨啊，居然说我们没有为公司赚钱，没有资格用电脑。还说什么我们在公司无所事事享清闲，如果我们真的像他们所说的那样，公司怎么会每个月出薪金来'养活'我们？"

小高："就是，就是，他们销售部的人，每天都在外面谈业务，根本不需要电脑，而我们部门，如果少了电脑，只怕全公司都乱套了。真不知道他们为什么要说那样的话！完全不讲道理！"

小田："不要和他们计较了，他们实在不可理喻，下次如果有什么把柄落到了我们手里，要叫他们'吃不了兜着走'，一定要给他们一点颜色看看。"

（资料来源：节选、整理自陈顺，綦恩周.酒店督导管理实务[M].长沙：湖南人民出版社，2014.）

问题分析：

1. 请联系实践，分析该酒店在管理方面存在哪些问题？
2. 该酒店这种部门之间的矛盾冲突可以怎样及时化解？

> **实训项目**

[实训名称]

冲突与压力管理认知

[实训内容]

学生 3~6 人组成一个小组，并推举小组负责人。每个小组寻找一家在服务或管理等方面具有特色的酒店企业，现场观摩其冲突与压力管理的方式方法。

[实训步骤]

1. 每个小组到本地一家特色酒店，选择 1~2 个部门，现场观摩或访谈员工冲突与压力管理的具体做法。

2. 根据本章所学内容，分析该酒店企业员工冲突与压力管理的现状与问题。

3. 每个小组制作汇报 PPT，在课堂上分享考察心得体会，并进行答辩。

[实训点评]

1. 每个小组提供某酒店员工冲突与压力管理情况的分析报告。

2. 师生根据各小组的报告及表现给予评价打分，成绩纳入课程实训教学的考核之中。

第四章实训评分

> **拓展作业**

第四章导学测评

参考资料

陈顺，綦恩周.酒店督导管理实务 [M].长沙：湖南人民出版社，2014.

侯明贤，卢静怡.酒店督导管理实务 [M].天津：天津大学出版社，2017.

姜玲.酒店业督导技能 [M].北京：旅游教育出版社，2018.

刘纯.饭店业督导原理 [M].天津：南开大学出版社，2005.

王今朝.饭店督导管理 [M].北京：清华大学出版社，2018.

薛兵旺，周耀进.酒店督导管理 [M].武汉：华中科技大学出版社，2017.

有效沟通

> **本章导言**

　　沟通是一门人际交流的艺术，在现代酒店中，有效的管理沟通，能促进组织内成员之间的相互了解，增强组织凝聚力，保障组织目标顺利达成；能相互交换思想，激发创意；能利用集体智慧提高组织决策水平；能有效提升问题的决策速率，加快问题的解决速度。

　　我们要深度思考酒店管理工作中沟通不畅的原因，同时遵循有效沟通的基本原则，讲求沟通的艺术，力争达到最佳的沟通效果。

> **学习目标**

【知识目标】

　　1. 知晓沟通的基本内涵与分类

　　2. 知晓沟通信息传递的基本过程

　　3. 知晓常见沟通障碍与消除策略

　　4. 知晓督导常见沟通方式的要求

【能力目标】

　　1. 学会利用网络媒体收集酒店沟通案例信息

　　2. 能够探究对上、对下、对平级及对宾客沟通的技巧

　　3. 能够讲述酒店督导沟通的特征与基本原则

　　4. 能将沟通的理论学习与现场管理的实践相结合

【思政目标】

　　1. 具有传承中华民族优秀文化的信心

　　2. 树立和谐共进的大局观和进取意识

　　3. 具有协作创新与殷勤待客的意识

> **思维导图**

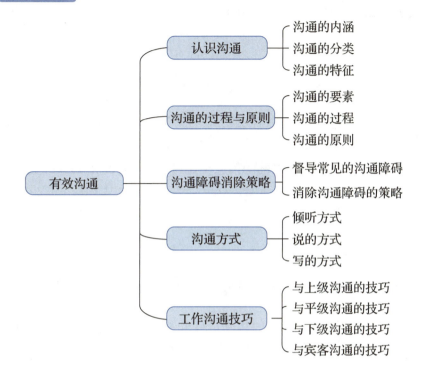

> **案例导引**

该和谁沟通

宁南大酒店人力资源部的高经理对上级交代的工作感到非常为难：刚经过层层筛选招进来的员工，却因为公司经营政策调整要被辞退，他感到很不好受。吃午饭时，他和餐饮部的李经理谈起了此事："公司太不负责了，这让我怎么和新员工交代？"这句话却不知怎么就传到老总的耳朵里了。

销售部的章经理对最近人力资源部招收的一批销售代表感到很不满意。他在一次同老总的谈话中谈到了此事："不知道现在人力资源部的人都在忙什么，最近给我们招来的人根本就不合适。"老总把这件事记在了心上，在一次部门经理会议上点名批评了人力资源部。人力资源部的高经理感到非常气愤，认为销售部不应该到老总那里告状，从此，和销售部有了芥蒂。

销售部经理最近发现部门的小王工作不积极，经常请假，他想先向其他同事了解情况。于是中午休息时，他对部门的另一位下属小张抱怨道："最近小王经常请假，工作不积极。"很快，小张把这件事告诉了小王，其他同事也知道了。

（资料来源：节选、整理自薛兵旺，周耀进.酒店督导管理 [M].武汉：华中科技大学出版社，2017.）

问题思考：

如果你在工作中遇到上述情况，会和谁沟通？

第一节　认识沟通

沟通在人类的日常生活中不可或缺，它有广泛的内涵，包括概念、要素、种类、过程与模式等多个方面。培养沟通能力，首先要了解沟通内涵，能辨别沟通种类与成效。人际沟通就是人与人之间的信息传递过程，人际沟通是人际交往的起点。

一、沟通的内涵

（一）沟通的含义

沟通是指信息传递和交换的过程，包括情感交流和意见交换的过程。有效沟通是指信息发出者能准确表达内容，接收者能够充分理解并及时做出反馈的过程。

（二）沟通的核心

沟通的核心是沟通双方之间的相互信任和相互尊重，需要彼此之间以平等的地位进行双向的互动。即彼此之间的互动是双向的，而不是单向的。

二、沟通的分类

按照不同的分类标准，人际沟通可分为以下 5 种基本类型。

（一）按照沟通渠道划分，可分为直接沟通和间接沟通

1.直接沟通

直接沟通是运用人类自身固有的手段而无须沟通媒介的人际沟通，如谈话、演讲、上课、做报告等，它是人际沟通的主要方式。

2.间接沟通

间接沟通是除了依靠传统的语言、文字外，还需信件、电话、传真、E-mail、微信、QQ 等媒介做中介的沟通。它极大地拓宽了人际沟通的范围，缩短了沟通时间，使双方虽远隔千万里，也可以顺畅地交流信息。

（二）按照语言符号形式划分，可分为语言沟通和非语言沟通

1.语言沟通

语言沟通是沟通者以语言符号的形式将信息发送给接收者的沟通行为。语言沟通分为有声的语言沟通和无声的语言沟通。

有声的语言沟通是用口头语，即以讲话的方式进行沟通，如打电话、谈话、讲课、演讲等。

无声的语言沟通，即是用文字作为书面语言来传播，如留言、书信、贴布告、发通知、写字条、留板书等。

2.非语言沟通

非语言沟通是指沟通者以非语言符号的形式将信息传递给接收者的沟通行为。它是以表情、动作等为沟通手段的信息交流。面部表情及眼神、身体动作及姿势、沟通者之间的距离、气质、外形、衣着与随身用品、触摸行为等都是非语言符号，这些都可以作为沟通工具来进行非语言沟通。

语言沟通与非语言沟通的分类，如图5-1所示。

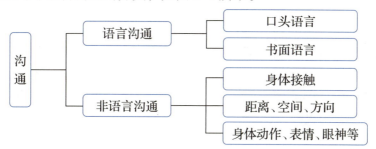

图5-1 语言沟通的分类

口语沟通与书面语言沟通的对比如表5-1所示。

表5-1 口语与书面语的沟通对比

项目	口语沟通	书面语沟通
适用范围	面对面的人际沟通,适用于有争议问题的沟通	间接沟通,适用于重要问题的沟通
接触程度	直接接触	间接接触
沟通方式	会谈、讨论、下命令、面谈、员工之间的交流等	备忘录、信件、通告、内部期刊、公告栏、员工手册、平面广告、传真和E-mail等
优点	交流直接、及时、灵活;双方可自由交换意见;不仅可以传递信息,同时可传达情感、态度等	不受时空限制,可长期保存,可反复阅读;沟通的准确性高;沟通的效率较高;比较正规,具有权威性
缺点	沟通效果受发送人的影响较大,沟通的实效性短,权威性不强,有时出现"口说无凭"的现象	经常缺乏信息提供者的背景资料,对目标的影响力不如口语沟通

在日常生活与工作中，人们常见的非语言沟通表现如表5-2所示。

表5-2 常见的非语言沟通表现

非语言沟通表现	说明
目光交流	友好、真诚、自信、肯定
躲避目光	冷淡、躲闪、冷漠、不安、被动、惊恐、紧张、隐瞒
微笑	满意、理解、鼓励
咬唇	紧张、恐惧、焦虑
摇头	不同意、不理解、不相信

续表

非语言沟通表现	说明
抓头	迷惑、不相信
皱眉	不同意、痛恨、愤怒、不赞成
扬眉	不相信、惊奇
跺脚	着急、生气
绞手	紧张、焦虑、恐惧
前倾	关注、感兴趣
后仰	乏味、放松
直立	自信、肯定
双肩前弓	不安、被动
坐在椅边	焦虑、紧张、担心
坐姿摇动	不安、乏味、紧张、担心
用手拍肩头	鼓励、祝贺、安慰
双手交叉胸前	愤怒、不赞许、不同意、提防、咄咄逼人

（三）按照沟通的组织程度划分，可分为正式沟通与非正式沟通

1.正式沟通

在一定的组织机构中，通过明文规定的渠道进行信息的传递为正式沟通。例如下达指示、发送通知、呈送材料、汇报工作、定期与不定期的会议等。

2.非正式沟通

非正式沟通是指在正式沟通渠道外进行的信息交流，是人们以个人身份进行的人际沟通活动。例如员工私下交换意见、议论某人某事、传播小道消息等。

正式沟通与非正式沟通的比较如表5-3所示。

表5-3　正式沟通与非正式沟通的比较

项目	正式沟通	非正式沟通
沟通渠道	正式的组织管理系统	非正式组织渠道（非官方的民间渠道）
适用范围	重要信息与文件的传达，组织决策传达	情感问题和思想问题的解决，培育情感纽带，建立人际关系
沟通方式	公函、文件、会议、工作汇报、工作分配等	社交往来，非正式的宴会、聚餐、聚会、聊天，小道消息的传播等
优点	准确和权威，沟通效果好，约束力强，易于保密	传递速度较快，传递时具有主动性、针对性，表现形式具有多变性和动态性
缺点	依靠组织系统层层传递，比较刻板，沟通速度慢	信息不可靠，系统性程度较低

（四）按沟通的方向划分，可分为垂直沟通和水平沟通

1.垂直沟通

垂直沟通，又称纵向沟通，可分为上行沟通和下行沟通。

上行沟通是从低一层级向更高层级的沟通，如员工向上级汇报工作，提出建议或意见等。

下行沟通是从一个高层级向另一个更低层级的沟通，如上级向下级传达通知、分配工作任务、提供工作指导、解释规章制度等。

2.水平沟通

水平沟通又称横向沟通，是指等级相同的人员之间的双向沟通。

（五）按照有无反馈划分，可分为单向沟通和双向沟通

1.单向沟通

单向沟通是单向信息流动的人际沟通。在沟通时，沟通双方的地位不变，一方只发送信息，另一方只接收信息而不向对方反馈信息，如做报告、演讲等。其实，严格意义上的单向沟通是少有的，接收者会以打电话、表扬、投诉、鼓掌、打呵欠、说话、坐立不安等各种方式反馈信息。

2.双向沟通

双向沟通是双向信息流动的人际沟通。在沟通时，发送信息者与接收信息者之间的地位不断变换，信息沟通与信息反馈多次往复，如交谈或开会中的提问、鼓掌等。人际沟通绝大多数为双向沟通。

单向沟通与双向沟通的比较如表5-4所示。

表5-4　单向沟通与双向沟通的比较

项目	单向沟通	双向沟通
时间	较短	较长
适应范围	问题简单，时间紧；下属易于接受的方案；下属不能提供信息	时间充裕，问题棘手；比较复杂和重要的方案；下属可能提供信息和建议
理解程度	不高	很高
置信程度	可能有疑问	相信自己对信息的理解
优点	沟通速度快，能保证信息发送者的权威	准确性高，信息接收者有反馈机会，信息接收者有参与感和光荣感
缺点	准确性低，难辨是非，接收者未必理解，接收者易产生抗拒心理	信息传递速度慢，易受干扰，缺乏条理性，可能出现沟通混乱或无秩序的情况

（六）按照接收者的不同，分为内部沟通、外部沟通和自我沟通

1.内部沟通

内部沟通即与同组织内的同事、上下级之间的沟通。内部沟通是同一个组织内部成员之间的沟通，因为相互比较熟悉，以及公务交往的刚性，同一组织内的

人们对情感关系与亲和力没有很高的要求，这是与外部沟通尤其是宾客沟通有重大区别的地方。但因有些组织内部存在复杂的人际关系及部分员工的个性化行为习惯，内部沟通有时会更加复杂，不易把握。

2. 外部沟通

外部沟通即指与组织外的宾客、媒体、企业、学校、政府部门等开展的沟通。由于相互不熟悉、事务交往的可选择性与利害关系影响，外部沟通对信任与交往愉悦性有较高要求。尤其是出外办事面对陌生宾客，将面临无助、恐惧和压力，职场新人一定要事先进行有效的沟通训练。外部宾客可能会对陌生拜访者表现出合乎礼仪的客气与热情，只要你对对方表现出足够的尊敬、礼貌、赞赏并为他着想，就会与宾客建立良好的亲和关系，沟通也会变得比较简单顺畅。

3. 自我沟通

自我沟通即指与自己的心灵进行"对话"。自我沟通决定人的心境，心境决定着肢体、声音等语言信息的表现和文字的运用。因此，自我沟通是沟通的核心。

三、沟通的特征

（一）双向性

沟通双方是相互依赖的。如演讲者离不开听众，听众也离不开演讲者。在一个完整的沟通过程中，沟通参与者几乎同时扮演着信息发送者和接收者。

（二）双重性

沟通不仅传递观念、思想和价值观，还传递情感。在服务宾客或销售产品时，向宾客发送的不仅是有关产品功能的信息，语音、语调、手势、与宾客的距离、姿势和表情等也是传递信息的重要组成部分。双方可以通过传递内容与传递情感双重手段达成有效沟通。

（三）互动性

互动是人们在沟通中产生的反应，可通过语言回答、眼光交流、近距离接触、手势动作等方式反馈信息。如果在沟通中没有反馈，说明没有心理感应，表明沟通没有效果。

（四）情境性

通常情况下，人们总是根据时间、空间、双方关系等不同的情形来选择不同的话题进行适当的沟通。

（五）接近性

哲理故事

诸葛亮的空城计

沟通者在交往活动中是平等参与并相互影响的，沟通者在空间上接近会产生情感，即常说的"见面三分情"。反之，如果沟通者在空间上不接近，而仅采用打电话、微信视频和收听广播等形式，亲切感就不容易产生。所以，应尽可能创造条件进行面对面交谈。

分组讨论：沟通还有哪些特征？请举例说明。

第二节　沟通的过程与原则

沟通过程是指沟通双方的主体与客体进行有目的、有计划、有组织的思想、观念和信息交流，使沟通成为双向互动的过程。沟通看起来容易，其实要做到有效沟通并不容易，会受到很多因素的影响，除了双方配合、相互理解、分析信息等因素外，还应了解沟通的过程和运作机制。

一、沟通的要素

（一）沟通主体

沟通主体是指有目的地对沟通客体施加影响的个人和团体，比如酒店企业、部门组织、家庭成员及社会团体等。沟通主体可以选择和决定沟通客体、沟通介体、沟通环境和沟通渠道，在沟通过程中处于主导地位。

（二）沟通客体

沟通客体即沟通对象，分为个体沟通对象和团体沟通对象。团体的沟通对象还有正式群体和非正式群体的区分。沟通对象是沟通过程的出发点和落脚点，在沟通过程中具有积极的能动作用。

（三）沟通介体

沟通介体即沟通主体用以影响、作用于沟通客体的中间媒介，包括沟通的内容和沟通方法。沟通介体的选择直接影响沟通主体与客体间的联系，保证沟通过程的正常开展。

（四）沟通环境

沟通环境既包括与个体间接相关的社会环境、企业文化、管理制度、道德风尚、群体结构等社会大环境和企业小环境，也包括与个体直接相关的学习、岗位、企业或家庭等区域环境，对个体直接施加影响的有社会情境及小型的人际群落。

（五）沟通渠道

沟通渠道即沟通介体从沟通主体传达给沟通客体的途径。沟通渠道不仅能使正确的思想观念尽可能全面、准确、快速地传达给沟通客体，而且还能广泛、及时地收集客体的思想动态和反馈的信息，因而沟通渠道是实施沟通过程，提高沟通功效的重要一环。沟通渠道很多，诸如电话、微信、书信、座谈等。

二、沟通的过程

沟通的过程，即信息的发送者将信息通过一定的渠道传递给接收者的过程。该过程涉及发送者与接收者、通道与噪声、反馈等要素，包括两个子过程：一个是发送者对信息的编码过程，另一个则是接收者对信息的解码过程。这两个子过程也被视为沟通的"黑箱"过程，这是因为沟通双方无法监测控制这两个过程，它们是人脑思维和理解的过程。前者是将反映事实、事件的数据和信息，经过发送者的大脑处理、理解并加工成双方共知的语言的过程，而后者是接收者运用已有的认知，将其还原成事实、事件的过程。沟通过程如图5-2所示。

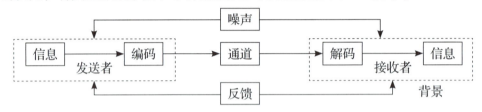

图5-2 沟通的过程模型

资料来源：陈顺，綦恩周.酒店督导管理实务[M].长沙：湖南人民出版社，2014.

（一）发送者与接收者

沟通的主体是人，任何形式的信息交流都需要有两个或两个以上的人参加。在信息交流过程中，发送者的功能是生产或提供用于交流的信息，是沟通的初始者，处于主动地位；而接收者则是被动地接收信息。发送者和接收者这种地位对比的特点对于信息交流的过程有着重要影响。

（二）编码与解码

编码是发送者将信息转换成可以传输的信号的过程。这些信号或符号可以是文字、数字、图画、声音或身体语言。人们所拥有的语言水平、表达能力和知识结构，对于将自己的思想、观点、感情等进行编码的能力，起着至关重要的作用。

解码就是接收者将获得的信号翻译，还原出原本的含义，它可能是将信息由一种语言翻译为另一种语言，也可能是理解他人点头或眨眼的意思。在解码过程中，接收者需要利用自己具备的知识、经验及文化背景，将获得的信号转换为正确的信息。

（三）信息

发送者和接收者是沟通活动的主体，信息就是沟通传递的客体。接收者并不能直接探知发送者内心的思想和观点，只能通过接收发送者传递的信息来理解对方真正的意图。

（四）通道

通道是发送者把信息传递到接收者所借助的媒介物。口头交流的通道是声波，书面交流的通道是纸张，网上交流的通道是互联网，面对面交流的通道是口头语言与身体语言的共同表现。

（五）背景

背景就是指沟通所面临的总体环境，它可以是物质环境，或者非物质环境。任何形式的沟通都必然受到各种环境因素的影响，包括心理特性、社会环境、教育背景、文化因素等。

（六）噪声

噪声是在沟通过程中对信息传递和理解产生干扰的一切因素。噪声存在于沟通过程的各个环节，例如模棱两可的语言、难以辨认的字迹、不正确的标点符号、电话中的静电干扰、设备的轰鸣声、餐厅宾客的嘈杂声，以及接收者固有的成见、对对方的反感、身体的不适等都可以成为沟通过程中的噪声，从而影响沟通的有效性和准确性。

（七）反馈

反馈是将信息返回给发送者，并对信息是否被接受和理解进行核实，它是沟通过程的最后一个环节。通过反馈，双方才能真正把握沟通的有效性。如果反馈显示接收者接收到并理解了信息的内容，这种反馈为正反馈，反之为负反馈。

三、沟通的原则

（一）尊重性

尊重性即要求沟通者讲究言行举止的礼貌，尊重对方的人格和自尊心，尊重对方的思想感情和言语方式。在沟通中要善于运用相应的礼貌用语，如称呼语、迎候语、致谢语、致歉语、告别语、介绍语等，遣词造句谦恭得体，恰如其分。除在沟通形式上尊重对方，还要在沟通中把对方放在平等的地位上来进行思想观念的交流，以诚相待，摈弃偏见，讲真话。做到"以诚感人者，人亦诚而应"。

（二）准确性

良好的沟通是以准确为基础的。言之准确是指沟通所用的符号和传递方式能被接收者正确理解。为了保证沟通的准确性，在信息收集过程中应注意选择可靠的信息来源，用准确的语言或精确的数字客观地记录原始信息；在信息加工过程中，应采用科学的方法，尽可能排除人为因素及客观条件的干扰。

（三）简洁性

沟通简洁是一个基本点。良好的沟通追求简洁，即用最少的文字传递丰富的信息，沟通者的语言运用要重点突出、字字有力。一个人的时间和精力都是有限的，没有人喜欢不必要的烦琐交谈、没完没了又毫无结果的会议。

（四）及时性

任何信息都是在一定的时空背景下产生的，都有其特定的使用范围。坚持沟通的及时性原则就是要求在信息传递和交流过程中一定要注意信息的时效性，既要注重传递信息的主要内容，又要注意传递信息产生与发挥作用的时间范围及条件，做到信息及时传递及时反馈，这样才能使信息不因时间问题而失真。

（五）理解性

理解性原则即是沟通者要善于换位思考，要站在对方的处境上设身处地考虑，体会对方的心理状态与感受，这样才能产生与对方趋向一致的共同语言。同时还要耐心、仔细地倾听对方的意见，准确领会对方的观点、依据、意图和要求，这既可以表现出对对方的尊重和重视，也可更加深入地理解对方。

（六）包容性

沟通双方要心胸开阔、宽宏大量，把原则性和灵活性结合起来，只要不是原则性的重大问题，应力求以谦恭容忍、豁达超然的风度来对待各种分歧、误会和矛盾，以幽默谈吐、委婉劝导等与人为善的方式，来缓解紧张气氛、消除隔阂。

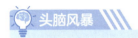
头脑风暴

分组讨论：沟通的原则还有哪些特征？请举例说明。

第三节　沟通障碍消除策略

从信息发送者到接收者的沟通过程经常存在各种障碍，从而导致沟通失败或无法实现沟通的目的。沟通中的障碍是指导致信息在传递过程中出现的失真、错误或丢失的各种因素，其中既有发送者与接收者的问题，也有编码与解码的问题，还有渠道、噪声及反馈的问题。一般情况下，对沟通过程产生重要影响的主要是发送者的障碍与接收者的障碍。

一、督导常见的沟通障碍

（一）发送者的障碍

发送者在把信息传递给接收者之前首先必须整理信息，将之变成双方都能理解的信号，即将要传达的信息清楚地表达出来。而这方面容易出现的障碍如下。

微课视频

扫除沟通障碍
的策略（上）

1.目的不明确，信息内容不确定

发送者对自己要交流的目的不明确，不知道要向对方说些什么、怎么去说，也不清楚接收者想听些什么。这使信息沟通会遇到无法逾越的障碍。因此，发送者在传递信息之前必须有一个明确的目的，即我要通过什么渠道、向谁传递什么信息、达到什么目的。

2.表达不清楚，信息传递失真

无论是口头交流或书面沟通，都要求发送者必须清晰地表达自己的想法。如果发送者含糊其辞、语无伦次、口齿不清，或字迹模糊、错字连篇、文理不通、词不达意，都会造成信息失真，使接收者无法了解发送者所要传递的真实信息。

3.选择失误，信息误解增大

对传送信息的时机把握不准，缺乏审时度势的能力，会降低信息交流的价值，时间上的耽搁与拖延会使信息过时而无用；信息沟通渠道选择失误，则会使信息传输受阻，延误传递时机；沟通对象选择错误，无疑会影响信息交流的效果。

4.形式不当，导致信息失效

当人们使用语言和非语言形式表达同样的信息时，一定要相互协调，否则会使人"丈二和尚摸不着头脑"。比如，当我们传递一些十万火急的信息时，若不采用电话、传真或互联网等现代化的快速通道，而是通过邮递寄信的方式，那么接收者收到的信息则会时过境迁，显得毫无价值。

哲理故事

救命篝火

（二）接收者的障碍

在沟通过程中，接收者收到信息符号之后会进行解码，进而理解信息。在这一过程中，经常会出现如下障碍。

1.过度加工，导致信息模糊失真

在信息交流过程中，接收者有时会按照自己的主观意愿对信息进行"过滤"和"添加"。在现实生活中，一些下级在与上级进行沟通时，投其所好，报喜不报忧，所传递的信息经过层层"过滤"后或变得片面，或变得完美无缺，使上司难以了解到实际情况；而在一些上级向下级所进行的下行沟通中，所传递的信息经过逐级领会而"添枝加叶"，或断章取义，或面目全非，从而导致信息的模糊或失真。

2.信誉不高，妨碍信息沟通

如果发送者在接收者心目中的形象不好，或信誉不高，则接收者对其所讲述的内容经常不愿意听或专挑毛病，有时虽有成见，但认为所传达的内容与己无关，不予理会，拒绝接受。如果主管人员和下级之间相互不信任，则会影响沟通的顺利进行。

3.选择的主观性，导致信息理解有偏差

人们的个性特点、认知水平、价值标准、权力地位、文化修养、社会阶层、智商与情商等方面存在差异，而在信息交流过程中，人们又习惯以自己为准则选择性接受信息，对自己感兴趣的内容、与自己利益紧密相连的事情等就接受，对自己不利的信息，要么视而不见，要么熟视无睹，甚至颠倒黑白，这样就会造成信息理解的偏差。

4.思想差异，导致信息交流困难或中断

因接收者与发送者在知识水平、社会阅历、性别、年龄等方面有所不同，从而出现发送者用心良苦却换来"对牛弹琴"的局面，或者造成二者思想上的隔阂与误解，甚至引发冲突，导致信息交流的中断及人际关系的破裂。

5.文化差异，导致对同一信息有不同理解

文化差异会对人际交流产生重要影响，例如，在世界上大部分国家里，点头表示"同意",摇头表示"不同意",而在印度的有些地区却截然相反,点头表示"不同意",摇头表示"同意"。

6.忽视反馈,导致信息传递受阻

反馈的实质是接收者给发送者一个信息,告知已收到发送者所发的信息,以及理解信息的程度。在沟通过程中,如双方不能及时反馈信息,可能产生以下问题:一是发送者再次重复发送,影响信息传递的时效性;二是接收者可能按不确定的信息行动,其后果就存在巨大风险。

（三）来自组织机构方面的障碍

1.管理层级增多,产生沟通漏斗

大型酒店等级分明,垂直指挥,指令逐级下达,下级不能越级上行沟通,不利于管理者及时迅速地获得真实信息。中间层次过多,会产生沟通漏斗,容易产生信息的过滤和失真,导致冲突和误解。

2.轻视下属意见,堵塞沟通言路

人在接受信息时不仅判断信息本身,而且也会判断发送人,信息发源的层次越高,便越倾向接受。因此,领导者不容易得到充分而真实的信息,特别是当领导者不愿听取不同意见时,必然堵塞言路,使下级保持沉默。

3.组织庞大分散,缺少当面沟通

组织庞大、部门众多,位置分散、相距较远等都会引起沟通困难。接收者与发送者之间空间距离过大,接触机会少,缺乏面对面沟通,容易产生沟通障碍。

4.部门利益冲突,形成沟通障碍

不同部门之间的利益冲突也会成为沟通的障碍。由于利害关系或习惯势力的影响,许多人都抗拒与自己利益或经验不一致的沟通,利益冲突越大,抗拒性越强。抗拒沟通的办法很多,一是不予理会,二是直接拒绝,三是加以曲解,最终导致沟通失败。为了确保部门利益最大化,酒店内部各自为政、互不配合,日常工作中经常会产生一些误会、猜疑,部门之间相互拆台。

头脑风暴

分组讨论:督导的沟通障碍还有哪些特征? 请举例说明。

二、消除沟通障碍的策略

（一）明确沟通的目的

沟通双方在沟通之前须弄清楚沟通的真正目的是什么,动机是什么,要对方理解什么。确定了沟通的目标,沟通的内容就容易规划了。在确定沟通目标后,对要沟通的信息进行详尽准备,并根据具体情境选择合适的沟通形式来实现这个目标。

微课视频

扫除沟通障碍
的策略（下）

（二）保持健康的心态

沟通双方的情绪、心态等对沟通过程和结果有直接影响。用过于兴奋、失望等情绪沟通，容易造成对信息的误解或过激的反应。因而，在沟通前应主动调整好心态和情绪，明确沟通目的和角色定位，做到心平气和，才能对人、对事、对物做出客观公正的评价。

（三）尊重对方的意见

在沟通过程中，要试着去适应对方的思维方式，并体会对方的看法。即不只是"替他着想"，更要能够想象对方的思路，体会对方的世界，感受对方的感觉。因此，要学会尊重对方，给对方说出意见的权利，同时将自己的观点更有效地与对方进行交换。在沟通中沟通双方不能把自己的观点强加到对方身上，更不能因不同意对方的观点而对其横加指责。沟通的真正目的在于了解他人，而不是同意或否定他人。

（四）学会积极地倾听

积极倾听就是要求沟通双方能站在对方的立场上，运用对方的思维模式去理解信息。要做到积极倾听，一般需要做到：专心、移情、客观、完整。专心就是指要认真倾听对方所要表达的内容及其细节；移情就是指在情绪和理智上都能与对方感同身受；客观就是指要切实把握沟通的真实内容，而不是迅速地加以价值评判；完整就是指要对沟通的内容有一个完整全面的了解，不断章取义。

（五）考虑对方的差异

发送者需要充分考虑接收者的心理特征、知识背景等状况，据此调整自己的谈话方式、措辞，或是服饰、仪态，要避免以自己的职务、地位、身份、年龄等为基础去进行沟通。

（六）注意非语言信息

在沟通中，有时采用非语言沟通比语言沟通更有效果。因此，信息发送者须确保发出的非语言信息能起到强化语言的作用。接收者则要密切注意对方的非语言提示，从而全面理解对方的思想、情感。高明的接收者会精于察言观色，窥一斑而见全豹。

（七）避免一味地说教

有效沟通是一种心灵的交流，是深度会谈，即一个团体的所有成员都敞开心扉，彼此进行心与心的交流。要求沟通双方避开个人职务、学历和地位的影响，以开放的心态交流。如发送者居高临下，采取教育或教训的口吻与人交流，即使发送者传递的信息非常重要，接收者也会因为不满和反感而不予接受。

（八）利用好反馈机制

在生活与工作中，许多沟通的问题多是因接收者未能准确把握发送者的意图造成的，为减少这些问题的发生，沟通双方应该在沟通中积极反馈。通过及时反馈，确认接收者接收并理解了发送者所发送的信息，沟通过程才算完成；发送者要检验沟通是否达到目标，要通过获得接收者的反馈才能确定。因此，建立并充分利用反馈机制，无疑是实现有效沟通的重要环节。

 头脑风暴

　　分组讨论：克服沟通障碍还有哪些策略？请举例说明。

第四节　沟通方式

　　一言一语，关乎好恶；一沟一通，关乎成败。人生的成败与沟通的方式有着紧密的联系。许多人，一生苦恼于不善于沟通，严重影响到生活的乐趣与工作的质量。当我们与对方沟通的时候，最好的方式是尊重对方的话语，不要随便打断对方，当对方演讲完或者讲完话之后，再表达意见，对方是可以接受的，这样的过程与结局，必然使双方心情愉悦，交流通畅。学会了沟通技巧，生活与工作会因此顺畅许多。

一、倾听方式

　　倾听是门艺术，也是一种修养，更是一门学问。懂得倾听，有时比会说更重要。成功的人通常也是最佳倾听者。智慧的倾听是一种收获，需要奏响彼此共鸣的心声，收获话语中的宝贵信息，成为自己的经验。有人说"做个听众往往比做一个演讲者更重要。专心听他人讲话，是我们给予他人的最大尊重、呵护和赞美"。听是一种本能，而倾听是一种技巧。倾听技巧是指一个人能听明白对方正在说什么，并且理解他所说的话。

（一）倾听的含义

　　倾听是指接受口头和非言语信息、确定其含义，并对此做出反应的过程。倾听是倾耳而听，听者得用身体姿势、用心来听，把对方看成此时世界上最重要的人。据统计，各种沟通方式的占比情况为：倾听占 40%、交谈占 35%、阅读占 16%、书写占 9%，如图 5-3 所示。

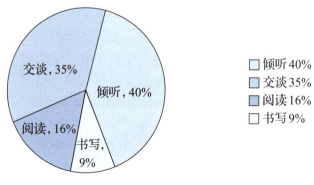

图 5-3　沟通方式占比

（二）倾听的种类

倾听分为身体倾听、心理倾听和辅助倾听 3 种。

1. 身体倾听

身体倾听的五要素为：面对当事人，身体姿势开放，身体稍微倾向当事人，良好的目光接触及身体放松。

2. 心理倾听

心理倾听是指倾听者不仅倾听当事人的语言内容，还注意当事人的非语言行为。心理倾听包含三方面内容：澄清、释义和情感反应。

3. 辅助倾听

辅助倾听的目的在于促进有效沟通，使用开放性问题，以不明确的口吻回应。

（三）倾听的层次

倾听根据投入程度的不同，可以分为 5 种层次，如图 5-4 所示。

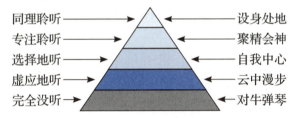

同理聆听 ← → 设身处地
专注聆听 ← → 聚精会神
选择地听 ← → 自我中心
虚应地听 ← → 云中漫步
完全没听 ← → 对牛弹琴

图5-4　倾听的5种层次

1. 第一层次——完全没听

完全没听即听而不闻，是最糟的听，连耳朵都没打开，收听者处于排斥和反对状态。

2. 第二层次——虚应地听

虚应地听即假装在听，倾听者心不在焉，做出倾听的样子，但是没有用心去听，没有接收到相应的信息、思想与情感。敷衍了事，将事情形式完成，把整个事情听过就可以了，至于听进去多少、记录了多少就不知道了。

3. 第三层次——选择地听

选择地听即只选择自己感兴趣的话题倾听。如学生对故事、案例、具体操作相关方面的内容，是愿意听的，或者是感兴趣的，这时候就会认真倾听；对理论、要求、制度，不感兴趣的就拒绝倾听。

4. 第四层次——专注聆听

专注聆听，即注意对方说话，能够聆听对方的话语内容。当做到专注倾听的时候，对声音、文字、图片等收集会更全面一些，能够把对方的意见及时记录下来，这时候听者不一定会用心去感受，但至少表情是专注的，记录内容是基本齐全的。这种倾听能够激发对方的注意，但是很难引起对方的共鸣。

5. 第五层次——同理倾听

同理倾听是用同理心去倾听，倾听者带着理解和尊重积极主动地听，能够换位思考，全身心地站在对方的角度设身处地地倾听，这是倾听的最高层次，是优秀倾听者的典型特征。这种感情注入的倾听方式在形成良好的人际关系方面起着非常重要的作用。

（四）倾听的技巧

1.专注地听对方讲话

要听对方把话讲完，把一个意思表达完整。假如表现出不屑一顾或心不在焉，对方就会认为你不尊重他，会影响到沟通成效。要学会克制自己，不要中途打断对方说话。

2.鼓励对方充分表达

在专心听对方讲话时，可以时不时地点头表示肯定，有助于对方讲得更流利。带着兴趣听对方在说什么，理解对方说的话。要始终与对方保持目光接触，学会用眼睛去沟通。当感觉对方条理不清时，可说"对不起，打断一下，您刚才说的是不是……"这样的语句，以便对方重新调整思路，把要说的话表达充分。

3.澄清对方表达的观点

假如对方的观点虽然表达充分，但还不明白，可以先将自己所理解的意思反馈给对方，以澄清对方表达的含意，有助于后面继续倾听。在听完之后，可以说："您的意思是……""我没理解错的话，您需要……"等，以印证所听到的观点。

4.总结对方阐述的内容

当对方谈话结束后，应对其内容做简单扼要的总结，这既表明对对方说话的重视，也可进一步确认对方要表达的意思，然后再表述听者的观点，这样沟通的效果会更佳。

二、说的方式

（一）说的语速

用快慢适度的语速与对方交流是酒店从业人员进行声音管理的必修内容。语速要因对方不同有所差别，要试图用接近对方的语速与其交谈。语速还因内容不同要有所差别。在说到对方可能不清楚或不熟悉的内容时，可适当放慢语速，给对方时间去考虑和理解。

（二）说的音量

当讲话的声调进入高音区时会给人以一种富有激情、充满朝气的感觉。说话时的音量应视对方音量而定，但不宜过高，保持适中即可。如果音量过小，对方听不清楚在说什么，会让对方没兴趣；如果音量过大，会让对方感觉刺耳、很不舒服，甚至产生误会或误解，平时要多注意练习，使音高趋于适中。

（三）说的语气

事情有轻重缓急，语气有抑扬顿挫，只有把握好说话语气，才能被对方充分理解和接受。发言者要充分地表达情感和想法，不是靠声高来实现的，而是靠语气来实现的。得体的语气会收到"通情达理"的效果，把握好说话语气非常重要。

说话语气的运用要分对象、分场合、分时间，在不同的情况下运用不同的语气。语气要因人而异，要适应听者。语气要因地而异，一般来讲，场面越大，越要注意适当提高音量，放慢语速，把握语势上扬的幅度；场面越小，越要适当降低音量，把握语势的下降走向。语气还要因时而异，同样的一句话在不同时候说，效果会大相径庭。抓住说话的时机，才能恰到好处。语气要和蔼可亲，不能太生硬。说话语气与心情有关，督导心情不好时，需要控制情绪不说，或延后说。

（四）说的用词

言语沟通的用词流行"五要"和"五不要"法则，如表5-5所示。

表5-5 语言沟通的用词"五要"和"五不要"

"五要"	"五不要"
要使用简洁明了的词语	不要使用复杂的、过于专业化的术语
要使用形象的词语	不要过多重复使用某些词语
要使用宾客一听即懂的词语	不要过多使用"我"或者"你"（要用"我们"）
要使用可以激发宾客心理需要的词语	不要使用模棱两可的词语
要使说话的语速与宾客的语速合拍	不要使用宾客听不懂的方言或者行话

（五）说的内容

督导说话的内容也有讲究，具体如表5-6所示。

表5-6 语言沟通的说话内容要求

项目	内容要求
主题明确	说话内容的主题要明确，避免说不着边际的话
条理清楚	说话要条理清楚，避免颠三倒四，重复讲述
突出重点	说话要突出重点，详略得当，尽可能节约时间
对方兴趣	说话时由对方感兴趣的话题谈起，或推出对方关心的话题，然后切入主题
听者态度	说话过程中要观察对方对你所说内容的态度，并做出相应的处理
结束时机	当把主题说明白后，对方对后面的内容不太感兴趣时，就要做好结束谈话的准备

三、写的方式

"写"是将自己的想法通过书面形式表达的一种形式。酒店督导人员把"写"作为沟通方式的主要场合有撰写会议纪要、会议通知、计划方案等。

（一）写作沟通的注意事项

1.看人说话

书写之前要考虑阅读者的背景和可接受度。即在进行写作时措辞要考虑接收信息者的文化程度、掌握信息的程度及个性特征等。要学会因人说话，要让对方对所写的内容看得明白，易于接受。

2.简明扼要

书写的内容应尽可能简单明了，不要浪费对方的时间；书写时要把中心意思表达清楚、准确、有条理，而且要措辞得当；表达的内容一般包括"何事""为何""何时"何人""何地""如何"等6个核心要素。

3.格式正确

书写格式要正确，避免出现错别字，不需太多的华丽辞藻，要浅显易懂，方便阅读。

（二）酒店常见写作沟通方式

1.表单沟通法

酒店各项工作通过表格、票据等跟随管理流程，传递或接收部门工作信息。表单是部门日常沟通的重要载体，具有文字简洁、程序性强的特点。部门领导十分重视和善于利用工作表单这个工具，加强同"上游""下游"部门的工作信息沟通。其要点如下。

（1）表单随流程走。酒店各类工作的表格、单据要随管理流程在各部门运转。

（2）认真填报表单。实事求是，一丝不苟，为其他部门提供真实、客观的工作信息。

（3）填表字迹工整。填写字迹工整，有利于提高信息沟通的质量。

2.文件沟通法

文件沟通法是酒店通过颁发文件，向各部门及员工传达酒店经营决策、管理制度等信息的沟通方法。该法适用于酒店战略性、全局性的信息沟通，如酒店重大决策出台、管理制度实施等。其要点如下。

（1）文件内容公开。要将酒店决策、管理制度等信息公开，以激发员工的参与热情。

（2）组织学习贯彻。将酒店文件发到各部门组织学习并贯彻落实，以提高文件沟通的效果。

头脑风暴

> 分组讨论：还有哪些沟通方式？请举例说明。

第五节　工作沟通技巧

职场技巧

与领导相处的技巧

酒店督导为实现工作目标，需要与多个方面互通信息，交换意见，争取达成对人对事的共识。其主要沟通关系分为：与上级、平级、下级、宾客等的沟通。

一、与上级沟通的技巧

（一）沟通行为分析

下级如何实现与上级的有效沟通呢？酒店督导与上级沟通的行为表现如表5-7所示。

表5-7　下级与上级的沟通行为

上级需求	下级对上级的沟通行为
支持	尽责，尤其在上级弱项处给予支持，执行指令
承诺、聆听、询问、响应，了解部属情况	定期汇报工作，自我严格管理，为领导分忧，理解上级，敢挑重担，提出建议
提供信息	及时给予反馈，汇报工作，沟通信息

（二）沟通程序和技巧

酒店督导与上级沟通主要有以下几个方面的程序和技巧。

1. 接受指示

接受指示、命令、决定是管理人员与上司沟通的基本形式之一，在这个过程中，需要注意以下几点。

（1）信息准备。在进行沟通之前，先向上司进行确认，明确沟通的时间、地点等信息。

（2）业务准备。根据沟通目的做好相应的业务准备，同时还要预防沟通过程演变为诸如商讨问题、汇报工作、工作评价等其他类型的沟通。

（3）明确目的。通过发问的形式，明确沟通的目的，是接受指示还是商量问题，以便做好准备。

（4）认真倾听。上司发言时，认真倾听，做好指示记录。

（5）接受指示。既然是接受指示，就应当首先将指示接受下来，即使有什么问题，也不要急于反驳。

（6）恰当反馈。对上司的指示进行恰当的反馈，以最有效的方式与上司就重要问题进行澄清。

2. 汇报工作

作为督导管理人员，在与上司沟通时，主动地汇报上司最关心的工作，让上司了解自己在不断探寻更好地开展工作的可能性。汇报工作时，应注意以下要点。

（1）简明扼要。上司对下属的汇报最不满意之处在于其汇报内容华而不实。故在汇报工作时，应客观准确，尽量不带有突出个人、自我评价的色彩，以避免引起上司的反感。此外，上司通常都很忙，汇报要简明扼要。

（2）有针对性。要确定自己的汇报是准确、有效的，要避免啰嗦、情绪化的抱怨。汇报内容需要紧扣原定目标，切忌漫无边际，牵扯到其他没有关系的事情。

（3）关注重点。从上司的角度来看问题。在工作中，上司很想了解布置的工作的进度，尤其当他把一件重要的工作任务交给下属时，上司需要由此来把握宏观大局的进度。对上司所关注的细节，应重点或详细进行汇报。督导管理人员只有从上司的角度出发，才能使汇报内容更贴近上司的期望。

（4）尊重上司。督导在汇报完后，通常上司会给予评价，应尊重上司的工作评价，不要辩解与争论。

（5）补充事实。如有上司不明白之处要当场反馈，加以确认，从而获知上司的真实意思，避免沟通的障碍。从中了解上司对哪些地方不清楚，再加以补充介绍，或提供补充材料，加深上司对你所汇报工作的全面了解。

3. 商讨问题

上下级之间商讨问题应当时刻注意把握分寸，保持良好的沟通环境，遵循以下原则。

（1）坦诚互动。本着开放、坦诚、平等和互动的原则进行。

（2）把控角色。正确扮演各自的角色，双方按各自的权限做出决定。上司不要过分关注本该由下级处理的具体细节问题。

（3）紧扣主题。商讨问题时切忌随意改变沟通的目的，偏离沟通目标。

（4）提前准备。事先约定商讨的内容，使双方都做好准备。

（5）稳妥确认。如果是当场做出的决定，上下级事后一定要再次进行确认，避免由于时间匆忙、考虑不周而出现偏差。

4. 表达不同意见

酒店督导人员对于上级的指示、任务有不同意见要表达时，最容易出现沟通障碍。为了避免出现沟通障碍，在表达不同意见时，应遵循以下原则。

（1）准确表达。表述意见应当确切、简明扼要和完整，不要拖泥带水，要有重点地针对具体的事情，而不要针对个人。

（2）摆正角色。在反映问题时要注意自己的位置和心态。向上级反映的某些事如果超出自己的职权范围，或者根本与本部门没有太大的关系，就不要过分期望上级一定会向自己做出交代和反馈。

（3）不可强求。不要把自己的意见强加于人。不要将自己的观点和利益摆出来，要求让上司一定接受。

（4）忌讳辩论。下级态度要谦逊，尊重上级，不要形成辩论的局面。

 头脑风暴

分组讨论：在与上级沟通时还有哪些注意事项？请举例说明。

二、与平级沟通的技巧

（一）平级沟通的认识

在与平级沟通中，经常会自觉或不自觉地存在本位主义现象，过于看重本部

门利益，而忽视其他人或其他部门的利益。一旦发生问题，首先不是自身或从本部门查找原因，而是把责任推到他人的身上，这样很容易产生矛盾。酒店企业作为一个整体，各个部门、同事之间的合作是相辅相成的，缺一不可，大家应该协调合作，相互支持，共同为酒店的发展努力。

职场技巧

跨部门沟通

（二）平级沟通的方式

酒店督导与平级沟通的行为表现如表 5-8 所示。

表5-8　与平级沟通的行为

同事需求	与平级的沟通行为
尊重	多倾听对方意见，重视对方意见，不背后议论是非
合作	主动提供信息，沟通本部门意见
帮助	及时给予支持
理解	宽容、豁达，为对方着想

在与平级沟通的过程中，要采用积极的沟通方式，在不侵害其他人和其他部门利益的前提下，敢于维护自己和本部门的利益：用直接、真诚并且比较适宜的方式，来表达自己的需求、愿望、意见、感受和信念。常见的沟通方式如下。

1. 忍让退缩

沟通中的退缩方式是指不能挺身维护自己的权益。退缩方式是与平级沟通中最常见的。退缩行为的特征如下。

（1）不敢争取自己的权益、表明需要与愿望。

（2）所用方式方法不当，无法唤起别人的重视。

（3）表达自己的需要、愿望、看法、感受与信念时不自信，而是感到愧疚，显得心虚、压抑。

（4）无法坦白地表达自己的意见、感受与信念。

2. 侵略攻击

沟通中侵略行为的特征表现如下。

（1）懂得维护自己的权益，但所用的方式方法不当，侵犯了别人的权益。

（2）忽略或否定他人的需要、愿望、意见、感受与信念。

（3）主动抢占或损害对方的利益。

3. 积极沟通

积极协调沟通是部门、同事之间沟通时最值得倡导的一种方式。

（三）平级如何与平级积极地沟通

1. 坚守原则

（1）明白权利。沟通过程中清楚自己的权利，积极争取。如果不明确自己的权利，就无从表明维护自己权利的立场。

（2）遵守规则。沟通中必须坚持平等、公平、客观的原则，捍卫自己的权力和利益，克服消极行为，双方按照职权和酒店企业规定的"游戏规则"行事。

（3）分析权益。事前认真研究沟通的目的，分析自己与他人的权益。

2. 开诚布公

良好沟通的前提是双方能够坦诚相待，明确地表明各自的态度、观点，最忌互相猜疑。

3. 承认对方观点

沟通中可以这样表述："我知道你对此事的看法与我的不同。""我明白这件事对你有不同的意义。"采取回避问题的态度，将无法集思广益，无法相互平等地进行协商，应找到彼此都能接受的方案。

4. 主动出击

主动沟通是消除与平级沟通障碍必需的态度。在与平级的沟通中，70% 的障碍是由于双方的退缩引起的，"井水不犯河水"表面上好像化解了矛盾，实际上却是把矛盾积压下来，只不过各自都保持沉默。要获得积极的沟通，首先就要主动作为。

5. 双赢解决

寻找双方的共同利益，找准沟通的共同目的，把工作做深做细做实，定会有双赢的解决方法。

头脑风暴

　　分组讨论：在与平级沟通时还有哪些注意事项？请举例说明。

三、与下级沟通的技巧

上级与下级沟通的行为表现如表 5-9 所示。

表 5-9　上级与下级的沟通行为

下属需求	上级对下级的沟通行为
关心	主动询问、问候,了解需求与困难
支持	协助解决问题,给予认可、信任,给予精神、物质帮助
指导	诱导、反馈、考核、在职辅导、培训
理解	倾听,让部属倾诉
得到指令	发出清楚的指令,健全沟通渠道,不多头领导
及时反馈	定期给予下属工作表现上的反馈
给予协调	沟通、协调、解决冲突

（一）平等心态

上级在与下属的沟通过程中，必须具有平等的心态，消除地位上、心理上、语言上的沟通障碍。采取平等的沟通方式，把自己放在与下属对等的位置上，使员工能清晰地知道自己的工作在酒店总体战略中的位置，知道自己应该在什么时间做什么、如何做，从而更快地实现酒店的战略目标。

职场技巧

批评下属的技巧

（二）下达命令

命令是上级对下属特定行动的要求，其目的是让下属按照上级的意图完成特定的行为或工作。命令也是一种沟通，只是带有组织阶层上的职权关系。命令隐含着强制性，会给下属一种压抑的感觉。因此，上级下达命令时要注意以下几点。

1. 正确下达命令

上级在与下属沟通前，要认真思考所要沟通的事情的内容，沟通的目的，在什么时间、什么地点、与谁沟通，以及如何进行沟通等问题，做到清晰地下达命令或指示。

2. 明确任务的重要性

上级要创造沟通条件，利用好时机，使下属积极接受任务，明白这件工作的重要性，并给他们一定的自主权，鼓励其提出疑问。

3. 避免使用命令口吻

在酒店，有些督导为了表现自己的权威，吆五喝六，结果往往令下属不愉快，适得其反。

4. 保持持续支持

上级要确认下属收到了指令，正确理解了意图，跟踪下属的做法，并给予其相应的辅导和帮助。

5. 严格控制数量

上级不要一次给予太多的工作。完成一个命令后再发布另一个命令，如果一下发布好几个命令，会让下属无所适从。

（三）听取汇报

听取汇报对上下级的沟通有很重要的影响，督导人员可以从中了解到本部门工作的状况及存在的问题，及时对下属的工作进行评价，并指出需要改善的地方。在听取汇报时，要注意以下几点。

1. 运用倾听技巧

在听取汇报时，一定要注意倾听，这样做既可以让下属感觉到你对他工作的重视，又有利于从中发现问题。督导人员要善于从谈话中捕捉一些没有说出来的内容。

2. 采取积极态度

督导人员的工作时间及性质与员工不同，有时，员工很难把握什么时间汇报最合适。所以，管理人员应该采取积极的态度。如："小张，明天上午10点，你到我办公室来谈谈最近工作的进展情况，可以吗？"

3.及时肯定评价

在听取汇报时，对于员工做得好的地方要及时给予肯定，鼓励下属继续努力。当然，对于其不足的地方，也要及时提醒，便于下属改进，提高沟通效率。如："小王，你这次做得很不错，希望能够再接再厉，尽量做到最好。"

4.多让下属说话

上级听取汇报主要是了解下属工作的情况，所以，督导人员不要随意打断下属的讲话，要让下属把话讲完，再提出建议和想法。

（四）共商问题

在与下属商讨问题的过程中，督导人员要充分尊重下属的思想和观点，给予下属足够的时间和机会表达，认真聆听下属的意见和想法，避免居高临下、盛气凌人的架势和官腔十足的口吻。督导人员应该做到以下几点。

1.激发下属主动性

激发下属的主动性和创造性，避免采用"父母与孩子式"的沟通方式，尽力培养下属独立思考和解决问题的能力。

2.听出言外之意

在多数情况下，下属不愿把真实情况直截了当地说出来，而且，在表达方式和逻辑上仍有待提高，这都需要管理人员能从倾听中去了解更多的信息。

3.避免单方决定

在与员工沟通时，注意多思考、多发问和使用鼓励性的语言，不要随便做指示，而是多与下属一起讨论，以找到最佳的解决方案。

💡头脑风暴

分组讨论：在与下级沟通时还有哪些注意事项？请举例说明。

四、与宾客沟通的技巧

（一）礼貌待客，殷勤谦恭

知识活页

卡耐基打动人的18条准则

1.注重礼仪礼貌

督导在与宾客的交往中，礼貌是基本的礼节，反映了对宾客的一种关爱之情。酒店是对客服务的职场，需要尊重和关心宾客，使我们的言行举止应合乎人情事理，恰如其分。这样有助于与宾客更加友善、融洽地相处。

2.殷勤谦恭待客

我们在酒店的对客服务中，如果只做到彬彬有礼，那只能防止和避免宾客的不满,还没有触及到宾客内心深处的满意。而只有当我们做到"殷勤"和"谦恭"了,才能真正赢得宾客的满意之心。所谓"殷勤",就是对待宾客要热情周到、笑脸相迎、嘘寒问暖。而要做到"谦恭",就意味着我们不能去和宾客比高低、争输赢,要有意识地把"出彩机会"让给宾客。如果说酒店是一座舞台,那我们酒店员工就应自觉地去让宾客唱"主角",而自己则负责唱好"配角"。

（二）以客为尊，诚信待客

1.尊重热情

尊重宾客与热情服务是酒店待客的第一要务,众多酒店服务案例表明,我们对宾客的态度比服务本身更重要,所以,要发自内心地尊重宾客,热情接待。将我们对宾客的尊重与热情,透过我们的着装、笑容、语言及行动等表达出来,展现给宾客。

2.诚信守约

作为有品质的酒店,不得向宾客提供假冒伪劣产品;虽然我们有金钥匙组织"尽管不是无所不能,但我们一定竭尽所能"的承诺,但是我们依然不得向宾客承诺无法兑现的服务;遵守并按时兑现向宾客的承诺,说好办事的时间,就一定要按时办妥,让宾客放心。

（三）察言观色，善于倾听

1.懂得察言观色

宾客来自天南海北,文化背景不同,性格各异,督导人员不仅要学会倾听,还要善于察言观色,"见什么人说什么话",随机应变,为接待好宾客需适当改变自身的言行。

2.积极专注倾听

酒店督导人员不但要学会待人接物,更要学会做一个优秀的倾听使者。一线督导人员就是酒店的"亲善大使",在对客接待中出现的任何问题,我们都要第一时间出现在宾客的面前,并真正专注于宾客在说什么,以便从他们的语音语调中听出情感线索,并且相应地附和与反应,平息宾客的愤怒,解决他们的诉求,解除他们的担忧。鼓励、积极、正面的语言如"根据您的情况,我的建议是……""我完全理解……"同时,远离负面语言,如"也许……""我不知道……""我不清楚……",这些都是危险的语言,可能会使我们永远失去宾客。

（四）换位思考，调整话风

1.善于换位思考

换位思考是处理人际关系的重要原则。我们观察问题时往往习惯从自己的角度出发,只考虑自己的利益、愿望或情绪,一厢情愿地想当然,因此,常常很难了解他人,很难和别人有效沟通。在现实工作与生活中,双方各执一理,争论不休的现象随处可见。事实上,只要站在客观的立场就会发现,冲突的双方几乎完全不理解对方,完全不互相体谅对方。要处理好与他人的人际关系,最需要做的就是改变从自我出发的单向思维，而要从对方的角度观察对方，替对方着想。酒店督导在与宾客的交流中，需要从宾客的角度，站在宾客的立场思考问题，才能理解宾客的诉求，满足宾客的合理要求，提高服务质量。

2.适时调整话风

酒店督导平时可以多研究并适应宾客谈话的风格，以方便与宾客沟通。如果宾客是一本正经地对我们说事情，酒店督导则必须认真地对待。如果宾客是随意发表看法，我们也可以轻松地非正式响应。口音差异是一个很有争议的问题，用宾客听得懂的语言沟通，谈话更容易被接受，同样，语音、语调和遣词造句也很重要，要慎重使用。

（五）善解人意，欣赏宾客

1.能够善解人意

酒店督导需给宾客以亲切、友善之感,除了要做"感情上的富有者",还需要"善解人意",能够在与宾客的交往中通过察言观色，正确判断宾客此时的处境和心情，并能根据宾客的实际需求，做出令宾客舒适的语言和行为反应。

2.懂得欣赏宾客

每个人都希望得到欣赏与鼓励，以此给人生活与奋斗的强大动力。我们善于欣赏宾客，就是给予宾客的最大善意，是一种做人的美德和智慧，也是最成熟的人格。懂得欣赏宾客，就是尊重和关爱宾客，学习宾客的长处。在酒店服务中，懂得赞美和欣赏宾客是赢得宾客认可的法宝。

（六）平等待人，反话正说

1.平等待客

平等待人是处理人际关系必须遵循的金科玉律。人是生而平等的，每个人的人格尊严都应该受到保护。古语讲"己所不欲，勿施于人"。无论是对消费高与低、生意大与小的宾客，都应以平等的态度对待，这是酒店督导应有的待客之道，也是现代社会中每个人不可或缺的基本素质。

2.委婉说"不"

将反话正说要讲究语言艺术，特别是掌握说"不"的艺术，要尽可能用"肯定"的语气去表示"否定"的含义。比如，用"您可以到那边去吸烟"，代替"您不能在这里吸烟"；"请稍等，您的房间马上就收拾好"，代替"对不起，您的房间还没有收拾好"。在必须说"不"的场合，也要多向宾客解释，避免用生硬冰冷的"不"字，一口回绝宾客的需求。

（七）投其所好，让"对"于客

1.投客人所好

对宾客需要投其所好，避其所忌。宾客有表现长处的愿意，要帮他展现；反之，如果宾客有不愿意让别人知道的短处，则要帮其遮盖或隐藏起来。比如，当宾客在酒店"出洋相"时，要尽量帮宾客遮盖或淡化，绝不能嘲笑宾客。

2.让"对"于客人

在对客服务中，有时我们需要否定自己，而不去否定宾客。在与宾客的沟通中出现障碍时，要善于首先否定自己，而不要去否定宾客。比如，我们应该说："如果我没有说清楚，我可以再说一遍。"而不说："如果您没有听清楚，我可以再说一遍。"

（八）乐于付出，首问负责

1.乐于帮助他人

稳定的人际关系是建立在相互帮助、相互关心的基础之上的。有付出才会有回报，收获总是与付出成正比。学着慷慨地对宾客付出，在宾客有困难、需要帮助时，伸出我们友好的双手，帮助宾客，今后会得到宾客真诚的回报，也会在酒店职场中赢得好人缘。

2.做好首问负责

首问负责即一站式服务，到酒店的宾客找到一名酒店人员就可以解决问题，使宾客感受到方便与简捷。当宾客找到我们协助处理问题时，不能以"我不负责""不了解此事"，甚至以无暇处理此事为由进行推诿。既然宾客已经找到我了，就应该先承接下来，然后协调内部资源进行解决，并及时将事情结果反馈给宾客。

（九）沟通反馈，坚守底线

1.主动沟通反馈

酒店督导应与宾客经常保持联系，主动沟通，重要节日送上问候；平时还需认真倾听宾客的需求及意见。对宾客提出的问题与要求，应及时处理，并将处理意见或进程在第一时间反馈给宾客，求得宾客的理解与支持。

2.坚守基本底线

在以下情况下，我们应该坚守原则，不放弃底线。

（1）宾客存在诈骗及恶性欠款的可能。

（2）宾客坚持要求的价格、付款条件、服务等损害了酒店的利益，而且将来的长期利益也无法弥补眼下的损失。

（3）宾客坚持要求酒店员工违背道德标准、法律风险，或违反基本财务纪律，等情况，作为一名酒店督导必须有职业操守，坚守底线。

头脑风暴

分组讨论：在与宾客沟通时还有哪些技巧？请举例说明。

> **应用分析**

规范的销售沟通

　　张娜是南京某饭店宴会预订部的秘书，她第一次接到一个大型宴会预订电话时，在记录了宴会日期、主办单位联系人情况、参加人数、宴会的类别和价格、宴会厅布置要求、菜单要求、酒水要求等基本情况后，就急忙带上预订单与合同书到客户单位去确认。办公室的老王叫住她说："你最好请对方发一个预订要求的传真过来，然后根据要求把宴会预订单、宴会厅的平面图和有关的详细情况反馈给对方，并要求对方第二次传真预订。有必要时，还要请客户亲自来饭店看一下场地和布局情况，然后填写宴会预订表格，签合同后再安排宴会计划。"

　　张娜按照老王所说的程序把信息反馈回去，几天后，她接到了客户的传真。果然，这一次对方对宴会厅的布置、参加人数等要求均比电话中详细了很多。双方在价格上又进行了一番商谈。为了发展客户，争取客源，饭店最终同意给客户让利。客户交纳了订金并在规定期限的合同上签字后，这个预订终于成功了。

（资料来源：节选、整理自邵雪伟.酒店沟通技巧[M].杭州：浙江大学出版社，2016.）

> **问题分析：**

1. 老王为什么要张娜请对方发一个预订要求的传真过来？
2. 通过这次预订，你认为张娜可以学到哪些沟通的程序与方法？

> **实训项目**

[实训名称]

有效沟通认知

[实训内容]

学生 3~6 人组成一个小组，并推举小组负责人。每个小组寻找一家在服务或管理等方面具有特色的酒店企业，现场观摩督导与员工沟通的方式方法。

[实训步骤]

1. 每个小组到本地一家特色酒店，选择 1~2 个部门，现场观摩该部门督导与员工沟通的具体做法。
2. 根据本章所学内容，分析该酒店企业部门员工有效沟通的现状与问题。
3. 每个小组制作汇报 PPT，在课堂上分享考察心得体会，并进行答辩。

[实训点评]

1. 每个小组提供某酒店员工有效沟通开展情况的分析报告。

2. 师生根据各小组的报告及表现给予评价打分，成绩纳入课程实训教学的考核之中。

第五章实训评分

>> **拓展作业**

第五章导学测评

参考资料

陈顺，綦恩周.酒店督导管理实务 [M].长沙：湖南人民出版社，2014.

姜玲.酒店业督导技能 [M].北京：旅游教育出版社，2018.

刘纯.饭店业督导原理 [M].天津：南开大学出版社，2005.

刘长英.现代饭店督导 [M].北京：企业管理出版社，2020.

刘晓琳.酒店实用沟通技巧 [M].北京：中国旅游出版社，2019.

钱志芳.礼仪与沟通 [M].北京：中国人民大学出版社，2022.

邵雪伟.酒店沟通技巧 [M].杭州：浙江大学出版社，2016.

王今朝.饭店督导管理 [M].北京：清华大学出版社，2018.

王凤生.做最成功的酒店职业经理人 [M].北京：中国旅游出版社，2017.

薛兵旺，周耀进.酒店督导管理 [M].武汉：华中科技大学出版社，2017.

叶萍.管理实务 [M].北京：高等教育出版社，2012.

第六章

决策管理

> **本章导言**

　　决策职能是在调查研究的基础上，对本企业或本部门的发展进行科学预测，选择方向，明确目标，拟定实现目标的基本途径、方法、程序，对工作中的重大问题确定对策的活动。

　　酒店决策可分为3种类型：战略性决策、制度性决策和业务性决策。战略性决策主要是确定酒店经营目标、经济指标、远景规划、市场定位和营销策略、重大要事组织架构安排和对重大事件进行处理或决策等，通常由董事长、总经理等高级管理者做出；制度性决策主要是制定部门任务分配计划、明确岗位职责、确定运行程序和制定规章制度等，通常由部门经理、职能经理等中级管理者做出；业务性决策主要是制定酒店运营过程中的业务性、操作性决策，通常由基层管理者中的主管和领班做出。

> **学习目标**

【知识目标】

　　1.知晓决策的内涵

　　2.知晓决策的方式与类型

　　3.知晓决策的一般程序

　　4.知晓解决工作问题和员工问题的流程

【能力目标】

　　1.学会利用网络收集酒店管理信息

　　2.能够主动探究酒店督导决策管理技能

　　3.能够讲述酒店督导决策的一般程序

　　4.能将理论学习与酒店现场管理相结合

【思政目标】

1. 养成科学管理决策的良好工作方式
2. 具有对工作精益求精的工匠精神
3. 具有探究并解决问题的开拓意识

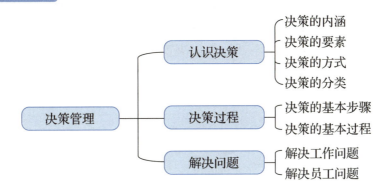

> **思维导图**

> **案例导引**

好店不怕巷子深

赵经理是一家连锁酒店门店经理，最近她接管了一家经营困难的酒店。开业 4 年，最高的出租率没超过 40%，酒店地处于宁波一个居民区旁，门前紧挨着高架桥，将门头、招牌、门庭都遮得严严实实。客人很难发现这里有一家酒店。大家管这家店叫"一线天"店。

接管酒店后，她发现房间硬件设施比较老旧、一半房间紧挨高架桥很吵、一半房间是暗房，前台留客意识不强。她首先快速出方案整改客房硬件和卫生，培训前台员工并带教。走访周边环境，了解潜在客源。随后在 APP 上修改酒店简介和地理位置信息、搜索关键词。

令她惊喜的是，不到一个月的时间，酒店竟然满房了。满房的次日，大区总和城区总一大早就来店里巡店，满脸惊喜又疑惑地看着她说："你是怎么做到的？"她信心满满地为领导介绍了自己的方法：首先，在 APP 上扩大了酒店的商圈信息，将附近 2.5 千米范围内的商圈全部添加在了酒店简介里；其次，设置阶梯门市价和促销价，增加增值服务项，赠送停车券、商务打印、矿泉水等；再次，利用"网络营销"的排名规则，使酒店排名靠前，订单量增加了，新顾客就越来越多；最后，再结合酒店内部的服务、卫生、硬件、早餐及多样化的服务改进措施，顾客口口相传，生意自然一天比一天好起来。

（资料来源：根据"首旅如家人"微信公众号相关资料整理。）

🔍 **问题思考:**

请结合案例,试分析赵经理做出决策的步骤及对应的方法。

第一节　认识决策

决策职能是管理者最基本的职能,是解决部门"干什么"和"怎样干"的问题,直接关系着领导的工作方向。因此,在日常的竞争环境中,管理者为了应对来自组织内外的机遇和威胁,需要不断地做出决策,必须从一系列备选方案中选择一种解决方法。

一、决策的内涵

(一)什么是决策

1.决策的定义

决策是指组织或个人为了实现某种目标,借助于一定的科学手段和方法,在两个或多个可行方案中,选择一个合理方案的分析和判断过程。决策的主体可以是组织也可以是个人。对于酒店,合理的决策就是对酒店企业和员工风险最小、利益最大的方案。

2.决策是管理的核心

制定决策是督导工作的核心,决策决定着组织的盛衰,关系组织的生死。在酒店,督导必须不断地决定什么时间该做什么(what)、谁来做(who)、怎样做(how)、什么时间做(when)和在什么地点做(where)等一系列问题。

为实现酒店的经营目标和员工自身的目标,督导需要更多地指导员工的行为、更频繁更迅速地做出决策。员工碰到问题时就会找督导,督导决定他们怎么做。员工不能或不愿按要求工作时,要决定是进行培训,激发他们的工作热情,还是用纪律来约束他们。督导经常一整天的工作内容就是一个接一个地做决策。

(二)决策内涵

1.决策要有明确目标

哲理故事

猎杀骆驼

确定目标是决策过程的第一步,也是决策的关键。决策所要解决的问题必须明确、具体、可量化,只有这样,才能够确保企业或者团队成员清楚自己的工作任务,明白努力的方向,确保能够始终朝着既定的目标前进。没有明确的目标,决策将是盲目的。

2.决策要有备选方案

决策的实质是选择行动方案的过程。如果只有一个备选方案,就不存在决策的问题。因而,要有两个或两个以上的方案,人们才能从中进行比较、选择,最后选择一个满意方案为行动方案。

3.决策方案需要实施

如果选择后的方案束之高阁，不付诸实施，这样的决策也等于没有决策。决策不仅是一个认识过程，也是一个行动的过程。

二、决策的要素

决策即人们为各种事件出主意、做决定的过程。现代管理学之父彼得·德鲁克提出了决策的五要素，即明确问题的性质、确定边界条件、制定正确的方案、兼顾执行、重视反馈。

决策的问题，按性质划分，一般有 4 类：一是经常性的问题；二是看似是偶然发生，实际上是经常性的问题；三是偶然性的特殊问题；四是首次出现的经常性问题。

决策的要素还应该与执行人员的工作能力相适应，如果人员的能力不达标，就会影响决策的结果。

决策是一个复杂的思维运作过程，包括信息搜集、信息加工、做出判断、得出结论等。

三、决策的方式

（一）科学决策

决策者列出决策的目标，进行调查研究，比较各种行动方案的优劣，选择最能达到目标的最佳方案。同时，科学论证需要一定的时间，适合于重大决策和高层决策。

（二）直觉决策

决策者依靠本能、直觉的反应，做出自己感觉正确的决策，这背后隐含有知识、经验和推理的智慧支持，富有创新精神、远见和抱负，但决策结果未必正确。

（三）难做决策

决策者思虑过多，犹豫不决；不断向他人讨教，就是下不了决策决心；不能及时决策，令员工沮丧。

（四）冲动决策

决策者凭一时冲动，即兴决策；既不看事实，也不凭直觉；决策正确率低，常常让人失望。

四、决策的分类

依据不同的划分标准，决策有不同的分类方式。决策类型不同，决策的技术和方法也不相同。

（一）按决策活动的层次划分

按决策活动的层次，可以分为战略决策、管理决策和作业决策，也可以称为高层决策、中层决策和督导决策，如表6-1所示。

表6-1　高层、中层和督导决策的比较

决策种类	高层决策	中层决策	督导决策
性质差别	非定型化决策多,定型化决策少	定型化决策多,非定型化决策少	基本为定型化决策
层次差别	战略性多	业务性多	执行性多
决策复杂程度	复杂	比较复杂	比较简单
决策定量化程度	大部分无定量化,具有风险性	大部分定量化,小部分无定量化	全部定量化
肯定程度	不完全肯定	肯定	非常肯定

（二）按照决策难易程度划分

按照决策难易程度可分为简单决策和重大决策。

1. 简单决策

简单决策是日常工作的一部分，决策比较简单容易，有过去的经验和方法做参考依据。例如员工工作任务分配、每周员工排班、员工请假或休假安排。

2. 重大决策

重大决策也属于复杂决策，决策可能会影响到他人，有很多因素需要考虑，决策错误会导致严重的后果。例如，酒店招聘、授权、推出新菜单、餐厅装修等。

（三）按照决策程序与时限程度划分

按照决策程序与时限程度可分为标准化决策和紧急决策。

1. 标准化决策

标准化决策一般有固定的做法、流程或者约定俗成的解决方法，主要针对反复出现的需要决策的情况。在酒店企业以标准化管理决策为主。

2. 紧急决策

紧急决策是针对突发事件，需要立即做出的决策。领导者需要具有迅速判断、思考并做出决定的能力。

（四）按照决策的参与人数划分

按照决策的参与人数可分为个体决策与群体决策。个体决策的决策者是单个人，群体决策的决策者可以是几个人、一群人，甚至扩大到整个组织的所有成员。两者的比较如表6-2所示。

表6-2　个体与群体决策的比较

项目	个体决策	群体决策
果断性	佳	差
责任明确	佳	差

项目	个体决策	群体决策
决策成本	低	佳
决策质量	一般	佳
连贯性	差	佳
可实施性	一般	佳
开放程度	差	佳

（五）按照决策权限划分

按照决策权限可分为有权决策和无权决策。

1.有权决策

根据企业的各项规章制度规定，决策者有权做出的决策为有权决策。例如，对违纪员工给予处分的决策。

2.无权决策

在没有决策权的时候不要采取任何决策，例如，餐厅经理对违规厨师无决策权。

 头脑风暴

分组讨论：你曾经做过哪些重要决策？请举例说明。

第二节　决策过程

决策是一个从提出问题到解决问题的过程，这一过程是由几个相关的阶段紧密组合而成的，一般决策的过程可分为几个基本步骤。

一、决策的基本步骤

理性的决策程序主要有以下 8 个步骤：提出要解决的问题、确定问题决策目标、收集问题信息资料、拟定多种解决方案、分析解决问题方案、选择最佳解决方案、实施最佳解决方案、评估决策方案成效，是一个科学的完整的动态过程，如图 6-1 所示。

微课视频

怎样才能做到
正确决策

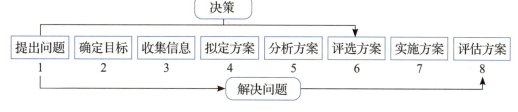

图6-1　决策的步骤

决策需要准确表明问题，确定决策的目标及明确希望决策产生的结果。问题表述越具体越清晰越好。

二、决策的基本过程

（一）提出要解决的问题

在决策之前，先要清楚地认识到问题，正确地界定问题是决策成功的前提，否则可能导致错误的决策，这样不仅无法解决问题，还可能产生新的问题。界定问题时通常要弄清以下几个问题。

（1）到底发生或者出现了什么问题？

（2）什么原因引起的问题？

（3）该问题是什么时候发生的？

（4）该问题已经带来了哪些后果？

（二）确定问题决策目标

目标是决策所要达到的预期效果和要求，是决策的方向。管理者确定了要解决的问题后，就要针对问题确定决策目标。决策目标确定后，可依据价值准则来对目标进行判定。

决策目标要根据所要解决问题的性质来确定，遵循 SMART 原则，力求做到目标必须是具体的（specific）、可以衡量（measurable），确实可以达到的（attainable）、可以证明和观察（realistic）、并有明确的截止期限要求（time-bound）。

（三）收集问题信息资料

在明确了需要解决的问题及决策目标后，酒店督导应根据决策的目标和需求，多方收集信息资料。收集的资料主要包括 5W2H，即何人（who）、何时（when）、何地（where）、何事（what）、为什么（why）、怎样做（how）、资源有多少（how much）等。分析这些信息之间存在怎样的一种内在关系。

（四）拟订多种解决方案

决策是一个选择过程。在决策之前，征集或拟订方案，要提出两个或两个以上的可行方案进行比较和选择，将各种可能实现预期目标的方案拟订和设计出来。备选方案既要有足够的数量，又要注意方案的质量。

（五）分析解决问题方案

对拟订的多个备选方案进行分析和评价，还需要分析方案是否可行，决策方案选择分析的具体方法有经验判断法、数学分析法和试验法 3 类。经验判断法主要依靠决策者的经验进行判断和选择；数学分析法是运用决策论的定量化方法进行方案选择；试验法是对一些特别的决策问题，如新方法的采用、新产品的试销、新工艺的试用所采取的一种方案选择方法，可视之为正式决策前的验证。评估合理方案的参考标准如表 6-3 所示。

表6-3　评估合理方案的参考标准

指标	评估内容
目标	是否符合
效果	是否最佳
成本	是否最小
收益	是否最大
风险	是否最低
短期	能否取得成效
长期	对长期利益的影响是正面还是负面
关联	对其他人、事、物是否有负面连锁反应

另外，在分析方案时特别要注意两点。

第一，分析方案应该着重于内容，而不是提出者。在分析方案的时候，一定要重点关注方案内容，不要管是谁提出来的，千万不要因为是高层管理者提出的方案就不去仔细分析，也不要因为是专家提出的方案就认为必然完美无缺。我们需要依据方案本身，而不是提出者的影响力来做出判断。在做决策的时候，我们不够理性的一个原因，就是受方案提出者身份或地位的影响，理性决策的时候是不能这样的，我们只需要关注方案本身。

第二，在分析方案的时候，要考量以下因素：如果这个方案是需要所有人去执行的话，那么考虑大多数人执行能力的方案比较容易获得成功；如果这个方案是要获得特定部门支持才能成功，那么突出部门支持的比较容易通过。所以评估方案好还是不好，一定要看这个方案拿来干什么用，需要获得什么人的支持。

（六）选择最佳解决方案

从备选方案中选出在现阶段、现有条件下最合理的、最满意的方案。因受到现有条件和资源的限制，这个最满意的方案并不一定是最优方案，只要能依据决策准则的要求实现预期目标，这样的决策就是合理的、满意的。

选择最佳解决方案，可以从以下几个角度进行分析。一是经济上，所需费用企业团队是否能够承受；二是可行性，解决问题所需的条件是否具备，还差哪些条件；三是可接受性，员工是否会接受解决问题的方式方法；四是目标，问题解决后，其结果是否能达到决策时的预设目标等，从多方面进行分析。

（七）实施最佳决策方案

在选择最佳解决方案之后，需要对决策方案进行实施。实施计划必须符合5W2H法则的要求，并按照PDCA循环法则切实落实执行，如表6-4所示。

表6-4　制订和落实行动计划的法则

5W2H法则		PDCA循环法则
what	做什么？	P(plan)：计划
why	为什么做？是否与长远目标和价值观一致？	
when	什么时候完成？	D(do)：执行
who	谁来做？还需要谁的帮助？	
where	在哪里做？那里的环境如何？	C(check)：检查
how	如何做？分几个步骤和阶段？	
how much	可以用多少资源？	A(action)：对结果进行修正行动

在实施方案的过程中，要将优选的方案传递给相关人员，逐层落实，按既定目标严格执行。执行过程中应做好以下工作。

（1）细化方案。制定具体实施细则，保证方案落实执行。

（2）讲解培训。具体执行前，对相关人员进行讲解和培训，确保决策方案的各项内容都被知晓。

（3）目标分解。运用目标分解法将决策目标进行层层分解，逐级落实，责任到人。

（4）跟踪执行。跟踪方案执行情况，随时了解方案的推进情况，及时调整。

（5）及时纠偏。对局部偏离方案的行为采取纠正措施，以保证既定目标实现。

实施决策方案是正确决策的关键步骤。将决策付诸实施主要是监测决策的实施进展情况；如果方案推进顺利则需要表扬做得好的员工；如果不顺利则要加强对员工工作的指导，并给予必要的资金、技术、人员等方面的支持；如果仍不顺利，则需要对方案进行分析判断，导入第六步"选择最佳解决方案"，进行方案再选择。

（八）评估决策方案成效

决策并不是一成不变的，应根据内外环境和条件的变化进行调整。在决策方案执行一段时间后，要对决策结果进行评价。要客观评价每种方案的优点和缺点分别是什么，可能造成的正反面结果是什么，这些选择方案是否符合既定的预期目标，是否有足够的资源与人力来实施要跟进。评估方案可以从多个方面进行分析和判断，并给予综合打分或评价，如表6-5所示。

表6-5　决策方案评估维度

项目	内容
可能性	方案的结果是否能够实现？
偶然性	方案的理由确定吗？是否有不确定性，或者偶然因素？
可行性	方案是否能够行得通？
风险性	方案实施后会带来什么风险？有哪些负面后果？

决策评估是评价决策正确与否，是否达到了预定目标。可以进行沙盘推演，并分析：如果重新做决策方案，还会选择这套方案吗？决策评估是对决策的正确与否进行论证的过程，这是提高督导决策水平的重要步骤，应及时了解决策正确的方面，分析决策存在问题的地方，以利于下次决策时的改进与提高。

头脑风暴

> 分组讨论：督导在做决策的过程还有哪些注意事项？请举例说明。

第三节　解决问题

在酒店管理中，做决策是督导的重要工作内容。计划和安排员工的工作、聘用或解雇员工、处理员工的问题、解决争端、对员工的要求做出决定、应付突发事件、调解纠纷，等等。通过做出这些大小不一的决策，酒店工作得以顺利开展，任务得以按时完成。而工作成效怎么样，很大程度上取决于督导的决策做得正确与否。

知识活页

督导每天需要
做的10件事

一、解决工作问题

（一）如何看待工作问题

酒店企业每天都与客人打交道，员工直接向宾客提供菜肴、客房、康乐等服务产品，而不同宾客的需求是不尽相同的，宾客每天都会对酒店的服务产品提出新要求，员工时刻都会面临新问题，遇到新挑战，但如果掌握了解决问题的方法与技巧，将问题看作是机遇，主动迎接挑战，就会使自己赢得成长锻炼的机会。现实中，酒店督导的大部分时间都是在解决工作问题中度过的，在解决问题中历练自己。

管理案例

上菜慢的问题
解决了

（二）工作问题产生的原因

一般来说，根据酒店企业实际，可以将工作问题归结为有限资源的制约、人员因素的影响及管理体制的原因3个方面。

1.受有限资源的制约

酒店受有限资源的制约而产生的问题主要有：酒店的餐厅场地受限接待不了大型宴会；设施设备过于陈旧，使用效果不好，而申请新的不批，旧的又总是要报修；又如制冰设备不好用，冰块供应不上；吸尘器噪声太大，在宾客休息时无法使用；还有要与其他部门合用一些设施设备，非常不方便；等等。

2.人员因素的影响

当前酒店业市场供大于求，员工需求量大，员工流动率高，多数酒店人手经常不足；由于人手不够，新招聘的员工来不及培训就上岗，服务质量受到影响，大打折扣，遭到宾客投诉；或者员工间出现矛盾，影响了工作和对客服务质量；又或者员工的个体差异较大，相互之间沟通存在问题等。

3. 管理体制的原因

有些酒店管理层对督导经理的支持力度不够，督导意见没有被采纳，想法不能实施；酒店管理层领导听不进员工的意见，导致员工有情绪；酒店管理层承诺的加薪，没有兑现，员工有怨言等。这些都会引起工作问题的产生，导致部分员工消极怠工，影响待客服务质量。

（三）集体解决工作问题法的利弊

解决工作问题的最好方法是"集体解决问题法"，也叫"参与式解决问题法"，在酒店中，集体解决问题法是一个非常行之有效的方法。

1. 集体解决问题法的优点

（1）获取更多决策信息。员工共同参与，出谋划策，督导能够获取更多与决策相关的信息。

（2）收集更好的解决方案。能够收集到更多、更好的解决方案。

（3）有利于做出正确的决策。人多出智慧，集体讨论，提出多种方案，更有利于做出正确的决策。

（4）员工乐意执行决策。员工参与了决策过程，通常更乐意执行决策。

（5）培养员工创新精神。增进员工之间参与有关决策问题的交流，便于在员工中倡导创新精神。

（6）便于决策具体落实。员工参与了有关决策问题的讨论，使决策能够得到大多数人的支持。

2. 集体解决问题法的弊端

（1）花费时间较多。集体解决问题，人多意见多，讨论问题花费时间比较长。

（2）问题价值不高。有时候为了一件小事情，让员工把手上的工作停下来，集合起来做一项小小的决策，是否值得。

（3）少数人把持会场。在一些部门，即使是集体解决问题，也经常被少数人控制会场，没有发挥大多数的智慧。

（4）听不到真实意见。在会议上，员工往往听从领导的意见，很少有不同见解。

（5）受职位和口才影响。在有些部门，集体讨论常常变成是看谁的职位高、口才好就听谁的。

（6）存在形式主义问题。有一些员工并非真心参与解决问题或提出有针对性意见，只是到会走走过场而已。

（7）并非最佳决策。最后，还会出现一种情况，集体赞成的决策并不是最佳决策，只是部门或团队成员"一边倒"的结果。

（四）集体解决工作问题法的步骤

1.集思广益提出问题

这是集体解决问题法的第一步，如何找出要解决的工作问题。确定讨论时间，让小组成员人人参与，可采用头脑风暴法，每个成员尽可能自由地发表自己的意见，提出在工作中遇到的并希望得到解决的各种工作问题。

2.优先解决首要问题

在此阶段，解决问题小组对集思广益后提出的问题进行讨论，找出首要解决的问题，并对团队成员所提出的所有问题，通过举手表决、投票或排序的方法，按重要和优先解决的顺序进行排序，确定优先解决的首要问题。

3.确定可行解决方案

这个阶段，督导对优先解决的首要问题进行说明，小组成员人人参与，献计献策，提出各种解决问题的方案，选择并制定最可行的解决方案。

4.执行最佳解决方案

好的决策方案只有落地执行才是关键。团队在执行最佳解决方案阶段，应不断地征集下属员工对方案的反馈意见，并根据意见对方案进行适当的修正和完善。

5.评估方案执行效果

本阶段需要对所执行的方案进行效果评估，也是收官之作。评估是否在按之前的决策方案执行，目标是否达成等。酒店督导可以从利润指标的完成情况、费用指标的执行情况、宾客平均消费水平的提高情况、经营收入的变动情况、餐具破损率等方面，对酒店经营情况进行评估；也可以从员工满意度、员工流动率情况、员工士气、员工出勤率等方面对员工情况进行评估；还可以从宾客满意度，宾客投诉率，宾客多次复购率，宾客表扬酒店及员工的次数等对客服务情况进行评估。

通过评估其是否达到了所要解决问题的目的；如没有达到之前的目的，再回过头来，重新进入到集体解决问题的第二步，再选取优先解决的首要问题。

总之，通过集体解决问题的方法解决工作问题是酒店管理中最常用的方法。在确定了最佳解决问题方案后，执行是关键，好的执行才能取得好效果，在执行过程中要对最佳方案及时进行调整。最后的效果要通过评估进行检测。

 头脑风暴

　　分组讨论：集体解决问题的方法还有哪些注意事项？请举例说明。

二、解决员工问题

（一）正确看待员工问题

酒店督导需要树立"每个问题都是一次机会"的意识。机会是促使我们改变现状，达成目标的外部条件，是促进我们发展和进步

知识活页

领导如何给下属安排工作

的机遇。解决员工问题即是促进酒店督导与员工沟通交流的机会。酒店企业的问题大多表现在员工自身的感情、期望、需求、激励等与人有关的事物上。在酒店中解决员工问题与解决工作问题的方式和方法是相通的，但"人"与"事"有着本质的不同，人存在个体差异，这就使得员工问题更需要酒店督导人员要科学地运用人际关系技能，并小心谨慎地去处理。只要把员工的问题解决好了，宾客的事酒店督导就可以少操心了。

（二）解决员工问题的结果

员工问题经常表现在员工与员工、员工与督导层的矛盾上。解决员工问题通常可能会有以下 4 种结果。具体如图 6-2 所示。

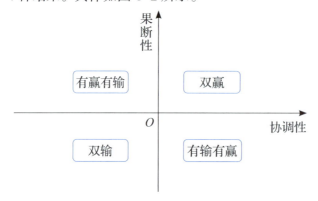

图 6-2　解决员工问题的结果

1.双赢

邀请员工参与解决问题，共同探讨，找到一种令双方都满意的解决方案，并从根本上解决了问题。这是皆大欢喜，也是最理想的结果。

2.有赢有输

即一方果断性占了上风，赢了；另一方不得不妥协，输了；但是问题并没有得到解决。

3.双输

即一方以让步换取另一方的进步；双方都受到损失，都输了；问题同样没有得到解决，后面还是会继续出现，或换一种方式出现。

4.有输有赢

酒店督导不表明自己的态度，不做决策，任凭员工采取措施；这样一来可能督导输了，员工或另一方赢了，结果便是酒店督导可能丢了工作和职位，而酒店则需要走马换将。

（三）双赢解决问题的方法

1.不同解决问题方式的结果

员工参与解决问题是酒店督导与员工双赢的一种解决问题的方法。督导解决员工问题的方式，取决于其领导艺术模式。督导决策与员工参与解决问题的过程，同样会出现 4 种结果，如图 6-3 所示。二是督导决策，员工执行，结果是有赢有输；三是回避问题的解决，绕过问题，不予解决，双输；四是由员工自己组织解决问题，督导不参与、不表态，有输有赢；一是共同参与解决问题，其结果是双赢。

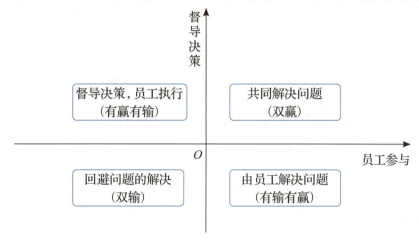

图6-3 督导决策与员工参与解决问题的结果

2. 双赢解决问题的程序

酒店督导与员工双赢解决问题的主要做法如下。

首先，确认问题事实情况。在一种开诚布公的和谐气氛中开始讨论问题。督导需要说明解决好问题对员工、对酒店、对客人及对督导本身的好处；同时要表示理解员工的需求和感受；在讨论中，督导不要被自己的情绪所左右；在讨论问题时只能是罗列事实，不要争论；还要就事论事，对事不对人。

其次，共同探讨解决方案。请求员工帮助找出解决的方案，罗列出所有可能的解决方案，直到再也列不出可行的方案为止。

再次，共同评选最佳方案。对所有的解决方案进行仔细对比评价；争取双方积极达成共识，选择双方都认可的最佳方案；同时得到员工或对方的执行承诺；承诺的形式可以是口头的，也可以是书面的，当然，以书面的形式最佳，便于保存。

最后，共同执行最佳方案。督导有必要向员工或对方表明自己在关注决策的执行情况，同时，需要监测并分析执行结果。

在最后阶段，督导需要评价自己解决问题的方法，分析是否有可以改进的地方，今后遇到类似问题，能够举一反三，解决得更好。

分组讨论：解决员工问题还有哪些方法？请举例说明。

> **应用分析**

督导管理者的日常工作

张颖是一家五星级酒店管家部的经理，虽然她接手新工作还不到半天，却已经做出了 7 项主要决策。

1. 决定参加下周举行的有关时间管理的为期一天的培训。

2. 在业绩奖励表格里将下属中的 6 人分出了业绩等级。

3. 批准了两名员工的休假请求。

4. 向楼层领班反映了一名客人提出的安排度假的请求。

5. 解决了一名领班和一名楼层清洁工的争执。

6. 选拔出一名员工在两周后她休假时接替自己的工作。

7. 要求给予下属必需的工作用品。

她的年轻助手问她："你一直都这么忙，还是因为今天是周一的早晨？"张颖回答道："这是一个督导管理者日常工作的一部分。"

（资料来源：节选、整理自陈顺，綦恩周.酒店督导管理实务[M].长沙：湖南人民出版社，2014.）

问题分析：

1. 张颖半天时间做了哪些方面的督导决策？

2. 你从张颖的事务决策中可以得到哪些启示？

> **实训项目**

[实训名称]

决策管理认知

[实训内容]

学生 3~6 人组成一个小组，并推举小组负责人。每个小组寻找一家在服务或管理等方面具有特色的酒店企业，现场观摩其决策管理的方式方法。

[实训步骤]

1. 每个小组到本地一家特色酒店，选择 1~2 个部门，现场观摩或访谈该部门督导决策管理的具体做法。

2. 根据本章所学内容，分析该酒店企业某个部门决策管理的现状与问题。

3. 每个小组制作汇报 PPT，在课堂上分享考察心得体会，并进行答辩。

[实训点评]

1. 每个小组提供某酒店某个部门督导决策管理工作情况的分析报告。

2. 师生根据各小组的报告及表现给予评价打分，成绩纳入课程实训教学的考核之中。

第六章实训评分

拓展作业

第六章导学测评

参考资料

陈顺，綦恩周. 酒店督导管理实务 [M]. 长沙：湖南人民出版社，2014.

姜玲. 酒店业督导技能 [M]. 北京：旅游教育出版社，2018.

刘纯. 饭店业督导原理 [M]. 天津：南开大学出版社，2005.

刘长英. 现代饭店督导 [M]. 北京：企业管理出版社，2020.

邵雪伟. 酒店沟通技巧 [M]. 杭州：浙江大学出版社，2016.

王今朝. 饭店督导管理 [M]. 北京：清华大学出版社，2018.

薛兵旺，周耀进. 酒店督导管理 [M]. 武汉：华中科技大学出版社，2017.

团队建设

小成功靠个人，大成功靠团队。一个人要靠一种精神力量生存和发展，因为他的理想、信念决定他的生存状态；一个组织需要靠若干个人的精神所凝聚而成的团队精神得以生存和长久发展。

酒店，本质上是一个相互联系的统一整体，是一个大的团队，涵盖很多的任务和工作，不是某一个人、某一个部门能独立完成的，而是整个团队共同协作的结果。一个有着高度竞争力的酒店，不仅需要有优秀的个人，更需要有强大的团队。唯有建立健全的团队，酒店才能在激烈的市场竞争中立于不败之地。

酒店管理目标与要求的实现有赖于各团队的配合与协作。如何利用激励手段充分调动员工的积极性、最大限度地挖掘员工的潜力，形成有效团队，是酒店督导管理所追求的目标。

【知识目标】

1. 知晓团队的内涵与类型
2. 知晓团队建设的基本内容
3. 知晓团队建设阶段特征与方法
4. 知晓酒店督导的团队领导角色

【能力目标】

1. 能够收集酒店行业团队建设的信息
2. 能够主动探究酒店团队精神培育的路径
3. 能够讲述酒店高效团队的特征与建设方法
4. 能够将理论学习与酒店岗位实践相结合

【思政目标】

1. 具有打造优秀团队的创新意识和执行力
2. 树立团结协作、攻坚克难的意识
3. 培养精诚合作、创新进取的意识

> **思维导图**

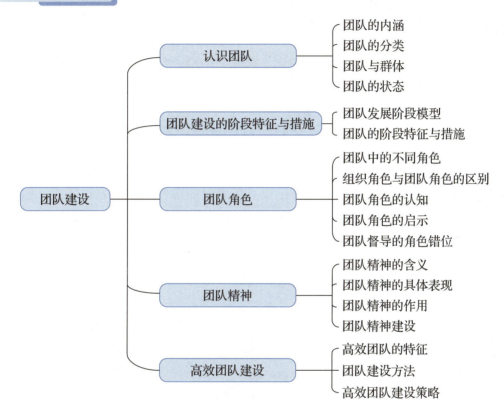

> **案例导引**

打造一支精锐酒店销售团队

苏经理是国内最早一批酒店收益管理经理，是有着 20 多年从业经历的资深酒店人。

2021 年，她所在的酒店集团委托她担任一家新酒店的市场营销部总监，当务之急是要创建一支精锐作战团队。酒店市场销售团队分为 3 个部分：销售、市场和收益管理。如何紧密协调三者之间的关系，使之配合无间，让部门工作顺畅开展，是需要思考的问题。

她需要做的，就是统筹团队战略方向，用她的亲和力和人性化管理，让团队力量拧成一股绳。同时，让每个员工都互相了解各自手头工作的方式与目的，充分给予员工信任、赋权于员工，让其发挥各自所长，最终殊途同归，以酒店利益最大化为导向而努力。

在推进酒店业务的同时，苏经理极度重视员工职业发展规划，鼓励员工多方面发展，实现自我价值。她定期开展收益管理相关概念的普及与应用，热切地希望这家酒店可以成为这些优秀酒店人梦想起飞的地方。

（资料来源：根据"香格里拉人才招聘"公众号相关资料整理。）

问题思考：

你认为苏经理在酒店团队建设方面，有哪些可借鉴之处？

第一节　认识团队

微课视频

什么是团队

团队对于个人素质有较高的要求，成员除了应具备必要的专业知识、业务技能外，还要具备较强的协作意识和合作能力。因此，团队成员需要不断地提高对团队的认识，学习专业知识，增强合作能力，发挥团队精神。

一、团队的内涵

（一）团队的含义

管理案例

大雁的启示

关于团队，每个人都会从不同角度给出一个理解。在英文中，团队是用"TEAM"表示。每个字母的代表单词如下。

T–together，意为：一起。

E–each other，意为：相互协作。

A–aim，意为：目标。

M–more，意为：更好。

由此可见，团队是由两个或两个以上的人组成的群体组织。该组织成员凭借自己的知识、经验和技能，按照特定的规则和方法相互作用、相互依赖、协作分工，实现组织共同的目标。

（二）团队的构成要素

哲理故事

三兄弟折筷子

1.目标

团队应该有一个既定的共同目标，目标是团队组建的基础，如果没有明确的目标，团队就没有存在的意义和价值。

2.人员

人是构成团队的核心要素。由两个或两个以上的人构成团队。团队每个成员扮演不同角色，每种角色都不可或缺。团队成员通过优势互补，分工协助实现团队组织的目标。

3. 定位

关于团队组织的定位，可以分为两层含义。第一，团队定位。指该团队在组织中处于什么位置、由谁选择和决定团队的成员、团队最终对谁负责、采取什么方式激励内部成员和团队之外的相关成员。第二，个体定位。指作为成员的个体在团队中扮演的角色，成员为了能够胜任团队中的角色，应该具备哪些技能和能力；团队领导需要思考如何制定规范和标准完成组织的任务。

4. 职权

职权是指团队中领导者的权力。团队领导者的权力大小与团队的发展阶段相关。一般在团队发展的初期，领导权相对比较集中；团队越成熟，领导者所拥有的权力越小；团队领导者职权的大小会因具体团队的目标和定位不同而有所不同，这取决于团队的规模、结构和业务类型等。

5. 计划

要想实现团队目标，团队还要有相应的计划和具体的行动方案。团队计划可分为不同的层级，有自下而上、层层汇报的计划；也有自上而下、不断细化的计划。不同层级管理者的工作重心不同，各层级管理者要做好自己的本职工作，并指导、协助下级做好计划的落实。团队只有在计划的指导下，才能够一步步地靠近团队的目标。团队目标的最终实现需要一系列具体的行动方案。

二、团队的分类

（一）按纵向分类

按纵向分类，通常可以分为正式团队与非正式团队两种类型。

1. 正式团队

正式团队是指为了实现工作目标和完成工作任务而建立的组织。有着明确的目的、工作程序和组织规则，存在着正式分工，具有固定的信息传递渠道。正式团队需经组织批准认可，是常设的群体，它有着明确的架构、职责与权力，承担着大量的重复性工作。通常情况下，正式团队不会轻易解散，而是逐步完善其功能，它是组织的主要单元。除非组织整体经营方针、管理策略等发生改变，正式团队才有可能被削弱或解散。

酒店企业基于工作的需要，设置有不同的部门和岗位，构建适合企业的组织结构，酒店的前厅部、餐饮部或客房部等部门都属于正式团队。

2. 非正式团队

非正式团队是因临时工作需要而聚合在一起的团队，如横向分类中的项目团队、应变团队、宣传团队、接待团队等都属于非正式团队。同时，非正式团队是一种关于人与社会的关系网络，它不是由法定的权力机构建立的，而是在人们的彼此交往中自发形成的。这种团队的形成可能源于暂时的兴趣爱好、利益关系、

经历背景、地缘关系等一致聚合。

非正式团队的积极作用在于满足员工心理需求，增进员工之间的了解和合作，柔性处理工作中出现的问题和纠纷等。但其消极作用表现在：会给员工造成无形的压力，压抑员工的创造性和个性；会导致情感重于原则；非正式的沟通往往会滋生谣言和是非；成员私交频繁，容易导致小团体主义。

综合分析，正式团队的与非正式团队的主要区别如表7-1所示。

表7-1　正式团队与非正式团队的区别

项目	正式团队	非正式团队
组织目标	以效率为目标,具体明确	以个体感情为纽带,自愿结合,自发组织
组织权力	具有正统性、合法性和稳定性	来自于组织内部成员授予
等级结构	一般具有层级式等级结构	只有自然形成的核心人物,无层级结构
信息沟通	依靠组织规章保障信息沟通	有不成文的行为准则,约束力不大
组织稳定性	比较严密,人员固定	易受偶然因素影响
组织权威性	具有强制性服从特点,有正统性、合法性和稳定性等特点	领导并不一定具有较高的地位与权力,因为能力较强,或经验较多,或善于体恤别人,具有现实影响力。

（二）按横向分类

团队按横向分类，即按类型划分，通常会分为高层管理团队、多功能团队、业务或项目团队、正式支援团队、应变团队5种类型，如表7-2所示。

表7-2　团队横向分类的5种类型

类型	特点	样例
高层管理团队	一般由首席执行官领导,主导酒店的总体经营方针、酒店和部门的日常工作管理等。成员需要有良好的市场反应能力、分析判断能力、前瞻性思维、规划能力及掌控能力	集团酒店董事会
多功能团队	一般由复合型人才组成,特别是在矩阵式管理的酒店中较为常见。主要用于在各种任务中排除障碍,交流思想,使各个独立的小团队良好地融合在一起,提高酒店的整体业绩	大型会议接待筹备团队
业务或项目团队	在酒店企业中负责实施一个长期项目或职能,管理一个单位并优化部门的整体业绩。通常是酒店为了实施某个项目从酒店正式组织中抽出部分人力临时组建而成,来共同负责这个项目的团队	项目扩建或设备改造团队
正式支援团队	为酒店企业提供支持、服务或后勤保障的团队	行政部、人事部、财务部等
应变团队	专为应对变化而组织起来的团队	应急管理团队

（三）按职能分类

按职能分类，团队可分为问题解决型团队、自我管理型团队和跨职能型团队。

1.问题解决型团队

该团队的工作重点在于解决实际问题，探寻问题产生的根源，寻找最佳解决方案，目的是提升组织绩效。这种类型的团队通常由来自相同部门的员工临时组建而成，共同讨论如何提高生产效率和产品质量，如何改善工作环境、工作流程和工作方法之类的问题。该团队注重培育良好的组织沟通环境和轻松的工作氛围，一般会定期组织交流研讨活动，员工畅所欲言，整理并提出解决方案。

2.自我管理型团队

该团队是指直接管理所在业务块的工作过程或部门的日常运作的员工群体，可以自主计划、解决管理和实际业务中出现的实际问题。这种类型的团队具有较高的自主性，要求有事前计划、支持及培训方案；可以根据工作的轻重缓急或优先顺序安排计划、调配人员或其他相关资料；自我管理型团队中包括拥有各种技能的员工，如有客户接待、财务核算、营销推广、售后服务、工程安装等技能的员工，消除了部门、职能和专业间的障碍或壁垒等；每位员工都对自己的工作结果负责，持续改进，及时反馈；通过交叉训练，使团队成员具备综合技能，能够胜任不同岗位的工作，可以承担和完成重大任务。

3.跨职能型团队

跨职能型团队是指由来自不同部门或工作领域的员工、专家组成的联合工作群体。该团队成员具备较强的专业知识和工作技能，他们只有分工不同，没有职位、等级的高低之分，团队成员之间彼此尊重、平等相待，能够最大限度地发挥员工的能力；团队内分工明确、权责清晰，成员充分沟通和交流，能够有效地解决组织的实际问题、协调较为复杂的工作任务等。此团队是一种有效的组织方式，它能使组织内部不同领域的员工交换信息，激发新的观点，有利于解决面临的问题，协调复杂的项目。

（四）按组建形式分类

按组建形式，团队可分为跨部门（组织）团队、虚拟型团队、学习型团队、跨文化团队。

1.跨部门（组织）团队

跨部门（组织）团队是由酒店与供应商之间、酒店与客户之间、酒店与同行之间为了实现共同的目标，共同组成的群体。这种团队体现"通才"特征，是一个各项职能齐全的团队。

2.虚拟型团队

虚拟型团队是在虚拟的环境下工作的团队。虚拟型团队是数字化时代下的一种新型团队形式。在该团队中，工作人员的组织模式是虚拟化的，一群具有共同理想、共同目标、共同利益的人，通过电话、网络、传真或者可视化图文进行沟通、讨论、协调，交换意见，从而完成事先拟定的工作任务。这种团队的运作方式合作化、功能特点专长化、存在方式离散化，可以实现组织资源和多元文化的最优整合，实现低成本、高效率，可以满足成员对高效工作和品质生活的需要。

3.学习型团队

学习型团队是通过学习进而形成的一种符合人性的、有机制的、扁平化的团队。这种团队具有较强目的性、认同感、引导性、开放性的知识共享特征。即鼓励与提高绩效相关的学习；认同学习是每个成员的权利，也是组织成功的必要条件；引导建立一种鼓励学习和学习成果转化的文化和机制；通过个体学习、团队学习、组织学习实现知识共享。

4.跨文化团队

跨文化团队是指拥有不同的国籍、民族、语言、价值观、礼节习俗、思维方式、专业技能、工作方式、生活方式、生活习惯等差异的人为了实现共同目标而组建的团队。跨文化团队的出现是伴随着经济全球化、酒店集团全球化发展应运而生的。这种团队的管理比较复杂，团队领导要知晓不同成员的文化差异，了解成员对团队的认识，关注团队内部的发展，做好协调与培训工作。

三、团队与群体

团队与群体不同，不是所有的群体都是团队。只有团队成员拥有共同的目标、相互合作、优势互补，为实现共同目标而努力的人才能组成团队。团队和群体之间有根本性的区别，归纳起来，主要体现在以下几个方面，如表7-3所示。

表7-3 团队与群体的区别

项目	团体	群体
领导方面	当团队发展到成熟阶段,团队无明确的领导,团队成员共享领导决策权	有明确的领导人
目标方面	有共同的目标	目标不明确,思想不统一
利益方面	利益共享,责任共担	个体间没有利益关系
协作方面	成员共同努力,产生积极协作与合作关系	协作程度为中等,有时成员会有消极情绪,有时会对立
责任方面	成员承担个人责任,并相互共同负责	个人负责
技能方面	把有不同知识、技能和经验的人结合在一起,形成角色互补,有效组合	成员的技能可能是不同的,也可能是相同的
绩效方面	集体绩效	个体绩效

头脑风暴

分组讨论：团队与群体还有哪些差别？请举例说明。

四、团队的状态

（一）伪团队

伪团队，是指一群人貌似在一起，但在实际工作时只单纯地干自己的活，仅与自己所在的部门联系，仅关心自己的责任，不积极与其他成员协作的群体。成员各自为政，组织一盘散沙。没有制定一个共同的目标体系，总体绩效仅仅是每个个体绩效的汇总。

知识活页

好团队与差团队的比较

（二）潜在团队

潜在团队是介于工作群体和真正团队之间的群体，团队成员已经认识到协作的重要，并确实有所行动，但缺乏明确的共同目标。如果有合适的领导者和恰当的管理，能够很快转变成真正的团队。

（三）优秀团队

优秀团队是一个表现出众、把团队成员的潜力发挥到极致的团队，团队的成员不仅对自己团队的成功负责，也关心其他人的成长和发展，这种团队经常能实现意想不到的目标。

由此可以看出，企业要组建工作团队，从工作群体成为工作团队，一定时期内可能还处在"伪团队""潜在团队"的状态，通过不断努力可能成为真正团队及优秀团队，如图7-1所示。

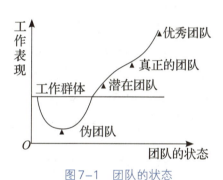

图7-1 团队的状态

第二节 团队建设的阶段特征与措施

团队的形成与发展有其自身规律，大致需要经历几个阶段，每个阶段又都有其显著的特征。

一、团队发展阶段模型

根据布鲁斯·塔克曼的团队发展阶段模型理论，可以辨识团队构建与发展的关键性因素，并对团队的历史发展给予解释。将团队发展分为5个阶段，即组建或形成阶段、震荡阶段、规范阶段、成熟阶段和解散阶段。每个阶段都不可逾越。团队在成长、迎接挑战、处理问题、拟订方案、制定规划、提出处置结果等系列活

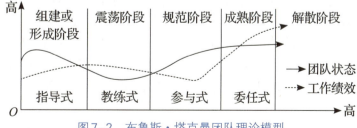

图7-2 布鲁斯·塔克曼团队理论模型

资料来源：王今朝.饭店督导管理[M].北京：清华大学出版社,2018.

动中必然要经过下列 5 个阶段，如图 7-2 所示。

二、团队的阶段特征与措施

（一）组建或形成阶段

在团队组建或形成阶段，团队成员的行为具有相当大的独立性，对酒店企业未来发展具有很高的期望，每位成员在团队中都表现得热切、投入；团队成员之间彬彬有礼、很亲切，有很好的团队合作意识；团队成员服从领导的工作安排，表现出对管理者权力的依赖；在这一阶段，团队成员相互之间并不了解，对工作不十分清楚，团队还没有达成共同的目标；在这一时期由于缺乏团队目标及活动的相关信息，有些团队成员还有可能表现出不稳定、忧虑的特征，工作能力较低。

在团队组建或形成阶段，团队领导需要花大量的时间和精力去组建和领导团队。团队领导必须明确团队的目标、监控工作的进程并协调与外部的关系，促进团队成员之间的信任。第一，要考虑团队的定位问题，形成团队的内部结构框架。第二，要为团队制定发展目标，确保团队成员达成共识。第三，制订团队培训计划，提升成员个人方面的能力。第四，制定团队的各项规则，建立与团队运作相适应的制度体系，约束团队成员行为。第五，要建立起团队与外界的初步联系，确立团队的权限。到这一阶段结束时，团队的每个成员都应该清楚本团队能够达到的愿景。

（二）震荡阶段

在这个阶段，团队成员会形成各种观念，每个人对于实现目标有自己的见解，团队成员产生分歧和冲突；成员面对达成团队目标后个人能得到的利益产生怀疑；成员感到自己原有的期望与现实的差距；表露出对于团队目标、期望、角色及责任的不满和挫折感；团队成员之间开始争夺职位和权力；领导者的威信开始下降；团队成员开始流失；团队中有"小团体"出现；矛盾会层出不穷，主要包括团队成员之间的矛盾、团队成员与团队领导的矛盾及团队规则与组织规则之间的矛盾，出现各种观念激烈竞争、碰撞的局面。

在此阶段，团队领导要和团队成员一起建立共同的目标；引导团队成员正确认识成员之间的差异，允许这种差异的存在，有意识地培养团队中的各种角色，提倡相互包容，进而解决冲突，提高团队的工作效率；确立和维护规则，制定明确的激励政策；对积极的现象及时给予表扬和肯定，对不利于团队建设的消极问题应给予及时的纠正；对于取得突出成绩的队员要尽可能为其争取荣誉，号召团队成员向榜样学习。团队领导要身先士卒，以身作则，为团队成员树立榜样；要密切注意团队情况，利用机会为每位队员解决实际工作中遇到的具体问题和冲突，抓住机会鼓舞团队士气，尽快提高团队成员的工作能力。

（三）规范阶段

在规范阶段，团队的规则、行为、方法、工具、价值等均已建立。在这个阶段，团队基本稳定；团队成员可以调适自己的行为，工作能力也开始显现出来，团队发展更加自然、流畅；团队领导主要精力是督促团队成员创造工作业绩；有意识地解决问题，实现组织和谐，提高团队效能。团队开始形成自己的身份识别，团队的冲突和派系开始出现；团队领导自身的缺点开始暴露出来。

团队领导应树立起个人的良好形象，培训团队成员良好的沟通方式，尽可能多地授权给团队成员，尽快消除团队目标中的"不谐之音"，学会激励团队成员，促进团队发展。

（四）成熟阶段

在成熟阶段，人际结构成为执行任务活动的工具，团队角色更为灵活和功能化，团队能量积聚于一体。团队成员对于任务层面的工作职责有清晰的理解，团队成员能够胜任自己的工作；即便在没有监督的情况下自己也能做出决策，随处可见"我能做"的积极工作态度；团队成员能为领导分担工作，开始合作，团队运作如一个整体，工作顺利；派系观念淡化甚至基本消除，没有任何冲突，不需要外部监督；团队成员对未来充满信心，团队表现出现巅峰状态。

在这个阶段，团队领导应与团队成员共同研究制定更高、更具挑战性的目标，使成员能够看到新的希望，能感到在这个团队中工作有奔头；团队领导要创造条件留住团队中的优秀员工，帮助员工制订个人发展计划，鼓励员工发展；对团队成员的工作成绩及时给予积极的肯定，并对下属的承诺及时兑现，使团队成员的个人价值得以体现；鼓励员工畅所欲言、各抒己见并保留不同的看法和意见，鼓励建设性冲突；需保持清醒的头脑，及时发现高产繁荣时期所蕴藏的潜在矛盾和问题，并严肃、认真对待所出现的矛盾和问题，给予及时解决。

（五）解散阶段

在解散阶段，团队任务完成，团队解散。在这个阶段，有些团队成员的个人发展速度超过团队发展速度；人心散乱、业绩下滑；团队的发展空间不大；团队成员认为自己的工作业绩得不到及时的肯定，团队成员有失落感；团队成员的动机水平下降，关于团队未来的不确定性开始回升；团队领导不再关心团队成员。

团队领导应该重新界定或制定一个新的团队目标，重新调整团队结构和工作程序，消除积弊，使团队进入到新的发展阶段。

 头脑风暴

分组讨论：团队建设的不同阶段还有哪些重要特征？请举例说明。

第三节 团队角色

任何团队都是由不同性格特质的成员组成的，每个人承担着不同的角色，各出一份力，共同为团队建设做出自己的贡献。

一、团队中的不同角色

团队角色是指个人在团队中某一职位上应该有的行为模式。在成功的团队中应当有9种角色，有些团队成员会扮演两种以上的角色。

马里谛斯·贝尔宾认为，每个团队的成员可分为3类、9种不同的角色，分别承担活动执行、创意发现与流程管理等活动。当团队中具备这9种角色时，团队活动才能运行良好。此理论有助于在建设团队时，确保每个职位的完整性，明确团队角色定位。

在团队中，每种角色未必由一人担任，可以一人分饰多角，必要时甚至可以进行角色转换。通过角色定位去规划和寻找团队成员，有利于团队的构成更加多元和科学，可以使团队成员各司其职、优势互补。团队中不同角色的优点和缺点如表7-4所示。

表7-4　团队中不同角色的优点与缺点

角色	优点	缺点
实干者	有组织能力、丰富的经验，崇尚努力，勤勤恳恳、吃苦耐劳，对工作有严格的要求，有很强的自我约束力，计划性强，对团队忠诚度高，为团队整体利益着想，很少考虑个人利益，喜欢用系统的方法解决问题	缺乏灵活性、对没有把握的事情没有太大的兴趣，缺乏激情和想象力，传统，甚至有点保守
协调者	能虚心听取外人的意见和建议，不带偏见，兼收并蓄，具有公正、客观的态度，有自控力、感召力，充满自信心	缺乏创造力和想象力、注重人际关系，容易忽略组织目标，冷静、成熟、客观
推进者	工作有激情、充满活力，勇于向落后、保守势力发出挑战，不满现状，向低效率挑战	比较容易冲动、易引起争端、易产生急躁情绪，瞧不起别人
创新者	才华横溢，有超常非凡想象力，具有智慧、丰富而渊博的知识，有高度的创造力，思路开阔，观念新颖，富有想象力	高高在上、盛气凌人、不拘礼节，不太注重细节，使人感到不好相处
信息者	喜爱交际，有广泛的人际关系，沟通能力强，对新事物敏感，有强烈的求知欲，外向、热情、好奇，反应灵敏，不断探索新事物，勇于迎接新的挑战	事过境迁，兴趣马上减弱、说话不太讲艺术，喜欢直来直去，直言不讳
监督者	极强的判断是非能力、分辨力，讲求实事求是，严肃、谨慎、理智	缺乏鼓动力、煽动力，缺乏激发其他成员活力的能力
凝聚者	喜欢社交，对环境和人有极强的适应能力，有以团队为导向的倾向，能促进团队成员相互合作，关心他人，处事灵活，合作性强，性情温和	在危机时常表现得优柔寡断、在团队中不能起到决定性作用
完美者	做事持之以恒，工作勤劳认真，理想主义者，追求尽善尽美，守秩序，尽职尽责	过于注重细节问题，不够洒脱，缺乏风度，事必躬亲，不愿授权
技术专家	工作诚心诚意、主动性强，甘心奉献，内向、满怀热情、专注尽职、专业性强，能自我激发，能为团队提供宝贵的知识和技能支持	在专门领域内为团队出力，心无旁骛，缺乏灵活性，偏注于本专业，容易忽略其他方面，对团队中的其他人和事缺乏兴趣

二、组织角色与团队角色的区别

（一）产生方式不同

组织角色是按照指挥链层层任命的。如董事会任命总经理，总经理聘用部门经理，部门经理招聘员工等；而团队角色是自发的，是自然形成的。

（二）领导地位不同

在组织机构中，按照指挥链形成由上到下的指挥系统，从而产生了职位上的高低，各个职位上的权力是不同的，都要遵守基本的组织原则；而团队里的各种角色是平等的，并不会因为你是领导，就拥有高于其他成员的权力。

（三）奖惩方式不同

组织中有一定的考核系统，有组织自身的绩效考评体系和与之对应的奖惩办法；团队角色之间的奖惩是团队给予个人的，不同角色之间的相互协作所产生的利益获得者是团队的所有成员，而不是具体的某一个人。归纳起来，组织角色与团队的差别主要表现在以下几个方面，如表 7-5 所示。

表7-5　组织角色与团队角色的差别

维度	组织角色	团队角色
职位描述	职位说明书	互相认识
产生方式	任命、聘任	自觉、自愿、自然
角色定位	组织强制	成员之间自觉约束和规范
奖励	表扬、晋级、晋升、加薪	团队绩效提高，从而奖励个人
惩罚	降级、惩戒	团队绩效下降，从而惩戒个人
实现方式	履行职位职责	充当合适的角色
地位	依组织中指挥链而定	平等

三、团队角色的认知

团队角色的认知包含两层含义：一是团队成员要认清自己在团队中所扮演的角色，二是认知别人在团队中扮演的角色。

（一）认清自己在团队中的角色

团队成员要清楚地知道，团队成员在团队中扮演什么样的角色并不是天生确定的；团队成员不像组织角色有具体的职位，有具体的规定。团队成员所扮演的角色是因你在团队中的表现和影响力而自然形成的，不是硬性规定的。因此，团队成员先要弄清自己在团队中扮演什么样的角色，扬长避短，充分发挥自己的长处。

（二）认知别人在团队中的角色

对于每一位团队成员来说，认知别人的角色很容易产生偏差。这种偏差主要表现在以下两个方面：一种是别人的角色和想象的完全不同，另一种是会发现他的团队角色和组织角色相差甚远。认知别人的团队角色时要学会发现别人的优点和长处，包容他们的短处。要想更好地认知别人在团队中的角色，就要多沟通与交流。作为团队的管理者，有必要对团队成员的角色定位进行深入的思考并帮助团队成员进行角色认知和定位，在此基础上实现组织角色的互补。

四、团队角色的启示

（一）每一种角色都很重要

团队成员在团队中扮演不同的角色，起着不同的作用，每一种角色都必不可少。协调者是团队中必不可少的，实干者在团队中起着非常重要的作用。同样，在一个团队中也不能缺少推进者、创新者、监督者、凝聚者、完善者。因此，团队中每一个角色都很重要。

（二）可以打造完美团队

一个人不可能具有不同角色的多种特征，所以一个人不可能承担团队中的全部角色。但是，团队可以通过不同角色的组合而达到完美。团队中的每一个角色都有其优点和不足，团队领导要善于用人之长，容人之短。

（三）尊重团队角色差异

人无完人，每个人都会有他的长处和短处，团队领导要尊重角色的差异，善于发挥每个人的长处，包容其短处。团队成员要能够用别人的长处来弥补自己能力的不足。

（四）合作弥补能力不足

管理案例

让QC小组来
解决问题

团队领导善于引导担任不同角色的团队成员之间进行合作，从而使团队做到超水平发挥，提高团队绩效。"没有人十全十美，也没有人一无是处"，只有合作才能弥补个体的不足，才能创造出"完美的团队"。

五、团队督导的角色错位

（一）作为下级的角色错位

督导要清楚地认识到，作为中基层管理者，处理问题时应当站在管理者的角度和立场上，坚守对上负责、对下负责、对客负责的原则。要获得上级的支持和认可，就要提高自身能力，而不仅仅是做员工的意见领袖和民意代表。

（二）作为领导的角色错位

作为部门或班组的头目，督导喜欢被称为"头""老大"，过分看重自己的能力，优越感强；自我感觉很好，认为自己在本部门比上级更有专业权威和个人威信，喜欢自己一个人说了算，不懂得也不重视发挥团队的智慧；工作中遇到与自己想法和做法不一致的地方擅自改动，违背酒店标准化工作要求或管理层级要求。

（三）作为管理者的角色错位

有些督导不知道如何扮演管理者的角色，当上级做了某项决定或对某个制度做了修改，督导只是上级的传声筒，对上级的指令只是上传下达，简单地把指令通知给员工。缺乏认真的思考，不去考虑该项决定或修改意见是否会遭到员工的抵制。也不去思考如果遭到员工抵制，作为督导应当如何处理，如何帮助员工领会上级的指令，如何有效落实上级的指令，等等。这就造就了督导没有真正发挥一个管理者的作用。

（四）作为平级的角色错位

督导作为平级，经常将其他部门与自己部门分开，甚至认为是竞争的关系。督导认为外部客户是衣食父母，而对内却没有这样的意识。督导常常认为自己的职责的价值最大，而忽略与其他部门之间的合作。酒店业务的综合性特征要求督导要协调好与其他部门之间的关系，争取得到其他部门的协助与支持。督导没有处理好与平级督导之间的关系，会导致工作受阻，顾客投诉。

头脑风暴

分组讨论：团队督导的角色错位还有哪些？请举例说明。

第四节　团队精神

团队是由员工和管理层组成的一个共同体，团队也可以理解为团结起来的队伍。酒店是一个依靠众多基层服务人员及少数管理者有机协同构成的劳动密集型集体，要把酒店很好地经营下去，不仅要有优质的对客服务，还要有一个凝聚力强、士气高涨的管理团队。

微课视频

什么是团队精神

一、团队精神的含义

所谓团队精神，简单地说就是大局意识、服务意识和协作精神的集中体现。它是团队成员为了团队的利益与目标而相互协作和共同努力的意愿。团队精神的基础是尊重个人的兴趣和成就，核心是协同合作，最高境界是全体成员具有向心力、凝聚力，反映的是个体利益和整体利益的统一，进而保证组织的高效率运转。

团队精神的形成并不是要求团队成员牺牲自我，抑制个性，相反，需要成员挥洒个性、发挥特长，共同完成工作任务。而明确的协作意愿和协作方式则会产生真正的内心动力。团队精神是组织文化的一部分，高效的管理可以通过优化的组织形态将每个人安排至合适的岗位，充分发挥集体的潜能。

二、团队精神的具体表现

一个团队是否具有团队精神，可以从以下几个方面去考察。

（一）成员具有团队意识

团队成员具有团队归属感，认同其他成员是自己的伙伴和朋友，由衷地把自己的命运与团队的前途联系在一起。不仅如此，团队成员对所在团队无限忠诚，绝不允许任何对团队的发展和利益有所损害的事情发生，极具团队荣誉感，为团队的发展而骄傲，为团队面临的困境而忧虑。

（二）成员具有贡献意识

具有团队精神的团队成员对团队事务能够全心全意地投入，愿意为团队目标贡献自己的力量，为了团队的成功，不计较个人得失。对待团队事务尽心尽力，把团队的事视为自己的事，工作主动，积极参与，认真勤勉。

（三）成员具有合作意识

具有团队精神的团队气氛和谐，成员将彼此视为家人，相互依存、同舟共济、荣辱与共、肝胆相照。团队成员能够相互尊重，彼此包容对方的独特性和差异性；在出现过失时，能够存大义容小过，互敬互重，礼貌谦逊，以诚相待，彼此信任。

团队成员在工作上相互协作、共同提高，在生活上彼此关怀、互帮互助。团队成员在互动过程中，逐渐形成了一系列的行为规范；一方面他们和谐相处，使团队充满凝聚力；另一方面他们又相互促进，共同提高。为了团队的成功，他们常能提醒或指出队友的缺点，有时会进行激烈的争论，辩明道理，加强沟通与协作，促进团队整体绩效的提高。

三、团队精神的作用

（一）目标功能

培养良好的团队精神能够使成员齐心协力，拧成一股绳，朝着一个目标努力。对团队成员而言，团队的目标就是自己的努力方向，团队将整体目标顺势分解成各个小目标，在每个成员身上得到落实。

（二）凝聚功能

物以类聚，人以群分。良好的团队精神是一面旗帜，它召唤着所有认同该团队的人，自愿聚集在一起，为实现企业和个人的目标而奋斗。团队通过对成员群体意识的长期培养，使成员形成良好的习惯、信仰、兴趣等文化心理，思想沟通顺畅，引导人们产生共同的使命感、归属感和认同感，从而逐渐形成和强化团队精神，产生强大的凝聚力。

（三）激励功能

一个具有团队精神的团队，能使成员显示出高涨的士气，积极的主动性，由此逐渐形成强烈的集体意识、共同的价值观、团队成员团结友爱，会自愿地将自己的聪明才智贡献给所在的团队。

（四）控制功能

团队成员的个体行为需要控制，群体行为也需要协调。团队精神所产生的控制功能是通过团队内部形成一种观念的力量、氛围的影响，去约束规范、控制成员的个体行为。这种控制不是自上而下的强制力量，而是由硬性控制向软性控制的内化；由控制成员的行为转向控制成员的意识，由控制成员的短期行为转向对其价值观和长期目标的控制。因此，这种控制更为持久，更有意义，更深入人心。

（五）推动功能

在团队精神的作用下，团队成员产生了互相关心、互相帮助的互助行为，显示出关心团队的主人翁意识、责任意识，并自觉地维护团队的集体荣誉，会以团队声誉为重约束自己的行为，从而使团队精神成为团队全面发展的动力。

四、团队精神建设

企业拥有了团队精神就具备了核心竞争力和重要的战略优势，能在一定程度上弥补资金、技术等方面的不足。培养企业的团队精神可以从以下几个方面入手。

（一）建立团队明确的发展目标

由于团队成员所处位置差异，看问题的角度不同，成员的工作目标和期望值会有很大的区别。团队领导者要知晓成员的心态，理解成员的需求，帮助成员树立共同的奋斗目标，使团队形成合力。为此，团队领导需要开展以下几个方面工作。

第一，设置科学合理的目标。经过科学论证，团队的目标越清晰，方案越明确，成员越愿意参与，团队目标越能够达成。

管理案例

失败的沟通会议

第二，告知团队的发展目标。团队领导利用机会将企业的战略规划、经营理念、发展目标、发展计划等告知所有成员，融入每个成员的头脑中，使之成为团队成员的共识，从而调动员工的工作积极性和主动性。

第三，团队与个人形成共识。对目标进行分解，使每个部门和每个员工都知道自己应承担的责任和应该做出的贡献，使每个部门和员工的工作与团队的总体目标相一致，紧密结合。

第四，为成员提供发展机会。团队需制订并落实成员的薪资福利增长计划和职位升迁方案，让成员觉得自己在团队大有作为。这可以使成员看到希望，产生向目标奋进的动力。

（二）培育共同的团队价值观

团队共同的价值观是成员协作互助的基础，会影响到团队成员对团队根本目标的价值判断。培育共同的企业团队价值观，需要加强企业团队文化建设，强化酒店企业的经营理念，将价值观真正体现在企业的各项制度和管理实践之中。

（三）建立系统的管理制度

团队需建立一整套科学的制度，使管理工作和员工的行为能够制度化、规范化、程序化，是生产经营活动协调有序、高效运行的重要保证；没有规范的制度和程序，就会导致生产无序和管理混乱，就不能打造井然有序、纪律严明、凝聚力强的团队。

（四）创建公平公正的机制

团队领导要想激发每位成员的工作积极性和创造力，就需要营造公开、公平、公正的氛围,创建公平公正的管理机制,保证团队成员得到客观、公平、公正的待遇。规避搞远近亲疏、区别对待、培养亲信、扶植小圈子势力、刻意制造矛盾、挑起内斗等问题,这些不良做法会导致团队人心涣散,凝聚力锐减,失去战斗力。

(五)构建良好的沟通渠道

团队畅通的沟通渠道,频繁的信息交流,能够促进员工的沟通协作,团队工作才容易出成效,目标才能顺利实现。对此,企业可以从以下几个方面努力。

一是经常组织员工座谈会,用意见箱收集员工对企业的看法和建议。

二是组织文化活动,让员工与督导管理者进行感情上的沟通。

三是部门之间构建沟通协调的平台和机制,加强问题处理方面的交流和协调。

四是建立多样的沟通方式。除了会议沟通,还可通过内部通信设备、酒店网站、公告栏,以及微信、钉钉、QQ等工作群进行沟通。

(六)营造互信的人际关系

成员之间相互信任是合作的基础和前提,能够促进沟通和协调,加强团队合作。只有建立了信任感,员工才能够认同企业,把企业当成自己的家,将企业当作个人发展的舞台。团队要发挥集体协作精神,需要营造一种彼此信任、友爱互助、互相理解、互相学习、共同进步的和谐氛围,使团队成员遇事不会感到孤立无援,成员会以更大的信心投入团队工作中去。

(七)引导全员参与管理

团队全体成员主动积极地参与管理,会产生强大的向心力,全体成员不仅贡献劳动,而且贡献智慧,还可以直接为企业发展出谋划策。

(八)增强领导者影响力

团队领导者由于其地位和责任而被赋予一定的权力,但仅凭权力发号施令和以权压人是不能形成凝聚力的,领导者应依靠个人威望和影响力令人信服,这样的领导者才会产生魅力和吸引力。领导者个人威望的来源,一是源自领导者的人格、品德和思想修养;二是源自领导者的知识、经验、胆略、才干和能力;三是源自领导者能否严于律己、率先示范、以身作则,能否公正待人、与员工同甘共苦等多方面。

(九)尊重成就团队成员

把尊重每一个成员作为团队经营的最高宗旨。当成员被肯定、赏识、信任时,就会用最大努力去完成自己的工作,忠诚于事业,献身于事业。团队领导要认真研究每一个成员的才能、专长、潜力和志向,帮助成员设计职业生涯规划,并用其所长;同时,要不断提高团队成员的素质,开发他们的潜能。

💡 **头脑风暴**

分组讨论:培养企业的团队精神还有哪些途径?请举例说明。

第五节 高效团队建设

在酒店餐饮行业流行着一句话：一个菜细分一个市场，一个团队创造一个市场。高效团队的重要性可见一斑，从中也能感受到高效团队的作用。

一、高效团队的特征

知识活页

打造优秀团队须
远离8大负能量

高效的团队应该对要达到的目标有清楚的理解，并坚信这一目标包含重大的价值。成员之间相互信任，能够有效授权，分工协作，沟通良好，团队成员能够共享内外资源，能够得到认可和赞美，成员士气高昂，具有高度的民主氛围和团队凝聚力等特征，如表7-6所示。

表7-6 高效团队的特征

项目	内容
团队目标清晰	团队对要达到的目标有清楚的理解，并坚信这一目标包含重大的意义和价值。成员能够把个人目标升华到群体目标，愿意为团队目标做出承诺
成员相互信任	团队成员具有正直、能力、一贯、忠实、开放的素质，正直程度和能力水平是判断一个人是否值得依赖的两个关键的特征，团队成员之间相互信任
能够有效授权	团队领导在授权时将合理的规则、程序和限制同时交给成员；成员有渠道获得必要的技能和资源，能知道该怎样在指定的范围内做事
合理分工协作	团队成员各司其职、合理分工、相互协作、技能互补、齐心协力，从而保障团队目标的实现
拥有良好沟通	成员能够公开且诚实地表达自己的想法，成员会表示温情、了解与接受，相互间的关系融洽；成员能够积极主动地聆听别人的意见；不同的意见和观点会受到重视
内外资源共享	在内部，团队拥有适当的培训、一套易于理解的用以评估员工总体绩效的测量系统，以及一个起支持作用的人力资源系统，能够支持并强化成员行为以取得高绩效水平；在外部，管理层能够给团队提供完成工作所必需的各种资源，在团队内实现资源共享
认可和赞美	团队的成就得到所有成员的认可，团队的贡献受到组织的重视和认可；从个人到团队都受到认可，团队士气高涨
成员士气高昂	每个成员都乐于作为团队中的一员，有信心，且士气高；成员对于自己的工作都引以为荣，有满足感，团队的向心力强，有生气
恰当的领导	团队领导者担任教练和后盾的角色，对团队提供指导和支持，但并不试图去控制团队；能够为团队和成员指明前进的方向，带领团队成员共同努力；消除团队成员间的上下级工作关系，无职位等级高低之分，相互尊重，具有高度的民主氛围和团队凝聚力

二、团队建设方法

团队建设方法有目标导向法、人际导向法、任务导向法、角色界定法、共识导向法等，如表7-7所示。

表7-7 团队建设方法

名称	释义	优点	缺点
目标导向法	通过设定团队共同目标，为成员指明努力的方向；成员为了实现组织和个人成长双重目标而努力工作	容易操作，领导制定并让成员明确团队目标，成员就会去努力达成目标；成员在完成目标中出现问题时会积极主动地与团队领导讨论，商讨解决的办法，更容易激发员工与管理者之间良好的沟通；团队领导掌握工作进度，成员就不需要经常向领导请示汇报，领导可向成员授权；对于成员的业绩评价标准比较客观、公正	受到利益驱使，容易使员工把工作重心放在短期目标上；目标大多数是为普通员工制定的，容易忽略酒店企业的长期发展目标
人际导向法	团队成员之间以诚实的方式交往，彼此了解和信任，增进感情，相互看作"自己人"，人际关系朋友化，从而达到建设团队的目的	有利于领导及成员之间搞好关系，有利于成员之间的沟通，成员容易产生归属感，便于成员之间资源共享	将人际关系看作领导的事情，将过多的时间和精力用于人际关系，使得团队建设的成本增加；过于朋友化的团队成员关系，容易丧失团队工作目标
任务导向法	要求团队成员把团队任务看作最重要的事情，强调每位成员对团队任务所做的贡献	更关注成员所拥有的技能和能力，注重成员能力的培养和技能的提高，能够提高团队的生产效率	只关注成员业绩对整体的贡献，不关注成员是如何完成该任务的，忽略成员完成任务的手段和过程；个别成员为了单纯追逐业绩会不择手段，容易导致团队风气败坏
角色界定法	通过明确界定团队成员的角色和整体规范来建立团队的基本框架；勾勒出多种角色模式和群体过程，使员工清醒地认识到个人所做贡献的类型	能够使团队中的每个成员清楚地认识到个人在团队中的位置、承担的职责和扮演的角色，团队中具有不同的团队角色；团队成员角色分明，分工明确，使得团队领导可进行有效的授权	建设团队需要的周期长、费用高；掌握不好自觉、自愿、自然的原则，可能会出现对角色的硬性摊派，反而使团队建设受到阻碍

名称	释义	优点	缺点
共识导向法	所有成员都要拥有团队的价值观。在工作中,着力于培养相同的团队价值观,以统一的方式指导每个团队成员的行为	有利于团队领导及团队成员之间良好的沟通;有利于团队成员之间资源共享、信息共享、智慧共享;能够顺利实现团队目标	需花费太多的时间和精力、成本较高,可能会造成团队的分裂

三、高效团队建设策略

(一)设定共同目标

高效的团队需要制定一个大家共同追求的有价值的目标,团队的目标必须与组织发展目标保持一致,并为团队成员指引方向。目标设定要符合SMART原则,即目标应该是具体、可测量、可实现、值得依赖和有时间要求的。团队领导者应该清楚地知道为什么要组建这个团队、团队最终要实现什么目标、目标应如何实现,为了实现目标需要哪种类型的人、如何挑选人,这个团队会维持多久等问题。

在实际运作过程中,团队必须将组织目标层层分解。分为总体目标、部门分目标和个人小目标,酒店企业发展的长期目标、中期目标和短期目标;个人目标是团队目标的体现,团队目标是个人目标的根本,要让团队成员为之而努力。团队领导要为团队成员做好未来的职业规划,要为下属描绘出未来的前景,让团队成员心中有目标,行动有方向。团队中的成员要相互支持、相互配合、通力协作、共同努力,从而实现团队的目标。

(二)有效配置人员

一个高效的团队是由不同角色的人共同组成的,有创造者、探索者、评价者、推动者、控制者、支持者、联络者、信息员等。一个高效的团队在于有效地配置人员,人尽其才,产出最大效能。人员配置既包括挑选优秀的团队领导,也包括挑选性格、能力各异的团队成员。一个团队的领导应是一个品学兼优的典范,可以成为组织的精神领袖,可以引领团队克服困难,是不断迎接挑战的战士。团队成员之间应当技能和性格互补、能力互补。一个团队,一定要有不同能力的人才组合在一起,才能更有力量。

(三)做好任务分析

团队领导者要深入开展任务分析工作,明确要实现的目标及时间期限,所要完成的工作任务,所需具备的知识、技术、能力和经验,以及团队运作中所要遵守的规范、原则、流程、标准及完成任务后的绩效考核标准。还必须根据工作属性及要求合理地进行团队内角色的分配,以保证让合适的人做合适的事。要进行合理的团队分工。团队领导还需学会授权,不应干预具体工作,尽量给团队成员更多的权限去完成任务，让每个人各负其责。只有因人而异，各尽所能，团队才能产生"1+1＞2"的效果。

（四）制定绩效评估体系

团队应根据实际情况制定适合的绩效评估和激励政策。评估团队整体绩效并实行团队激励，才能使成员自觉地认同团队目标，协调相互的利益，形成相互依赖的关系，提升团队整体绩效。建立有效的激励机制，一是要体现评估的公平公正性；二是要建立包括精神与物质的处罚和奖励相结合的制度。对先进事迹和优秀人物应该表扬，对不良现象和行为应该惩罚和批评，使成员树立正确的是非观、人生观和价值观。激励涉及工资、奖励、福利待遇、晋升等方面，通过建立有效的激励机制，形成荣辱与共、休戚相关的命运共同体。

（五）保持有效沟通

团队要强化沟通意识，成员相互间出现问题时，要多向对方求证，避免用主观判断去推测他人的行为；构建多样化的沟通平台，包括正式沟通和非正式沟通。讲究沟通技巧，学会恰当地利用语气、表情及肢体语言明确表达自己的真实意图；注意沟通方式，针对不同性格、不同年龄的成员采用不同的沟通方式，多采用容易被对方接受的沟通方式。

（六）引导成员参与管理

只有每名成员都关心团队的成长，心往一处想，劲儿往一处使，团队才能发展壮大，才能成为优秀的团队。要吸引成员参与团队管理活动，使成员成为团队建设的真正主人，成员要积极贡献智慧，主动为团队发展出谋划策，众人拾柴火焰高，从而形成强大的向心力。

（七）开发团队成员潜能

团队的领导者要开发每名成员的潜能，要了解每个员工的才能、志向、潜能、专长，使成员明确人生的目标和意义，引导大家去实现人生理想、人生价值。当每个成员的成长与团队命运紧密联系在一起时，这个团队才会坚不可摧，团队精神才能得到最大限度的发挥。

（八）提高团队领导能力

团队的领导者需灵活运用领导方式与领导风格。应了解不同的领导方式和领导风格的优点与不足，熟练掌握不同阶段应采用的领导风格，进而影响团队成员潜能的发挥，提升团队的绩效。团队的领导者应随着团队的发展变化，适时改变领导方式，以适应新情况。团队领导者还应根据实际情况，因地制宜、有的放矢地运用领导风格去指挥、训练、支持、授权、激励员工，并在各种风格之间根据员工的实际情况自由地进行转换，这样才能充分发挥出卓越的领导力。团队领导者需以身作则，以行动树立榜样、赢得威信，引导成员效仿；积极倾听员工的抱怨，并加以开导，注重亲情化管理。

分组讨论：高效团队建设策略还有哪些途径？请举例说明。

▶ 应用分析

关系亲密的小伙伴

某职业院校有四位学生同时在一家酒店的同一个部门上班，同住一间酒店的集体宿舍，他们关系亲密。一次，酒店定于当天晚上召开全体职工大会，四位青年为听一场难得的音乐会分别请假，对于这件事情酒店管理者产生了两种不同意见。一种意见认为酒店要组建良好的员工团队，要制止这种"小团体"的发展，应严肃处理这四人；另一种意见认为他们的交往不算反常，不能扣"小团体"的帽子，部门经理应通过适当方式对他们进行教育。

（资料来源：节选、整理自薛兵旺，周耀进.酒店督导管理[M].武汉：华中科技大学出版社，2017.）

📢 问题分析：

1. 对此事的分析，你赞同哪种观点？请说明原因。
2. 如果你是该部门的经理，会怎样处理此事？

▶ 实训项目

[实训名称]

团队建设认知

[实训内容]

学生 3~6 人组成一个小组，并推举小组负责人。每个小组寻找一家在服务或管理等方面具有特色的酒店企业，现场观摩其团队建设的方式方法。

[实训步骤]

1. 每个小组到本地一家特色酒店，选择 1~2 个部门，现场观摩该部门团队建设的具体做法。

2. 根据本章所学内容，分析该酒店企业部门团队建设工作的现状与问题。

3. 每个小组制作汇报 PPT，在课堂上分享考察心得体会，并进行答辩。

[实训点评]

1. 每个小组提供某酒店员工团队建设工作开展情况的分析报告。

2. 师生根据各小组的报告及表现给予评价打分，成绩纳入课程实训教学的考核之中。

第七章实训评分

> **拓展作业**

第七章导学测评

参考资料

陈顺，綦恩周.酒店督导管理实务 [M].长沙：湖南人民出版社，2014.

姜玲.酒店业督导技能 [M].北京：旅游教育出版社，2018.

李国茹，杨春梅.饭店督导管理 [M].北京：中国人民大学出版社，2014.

刘纯.饭店业督导原理 [M].天津：南开大学出版社，2005.

栗书河.饭店督导管理 [M].北京：旅游教育出版社，2015.

王今朝.饭店督导管理 [M].北京：清华大学出版社，2018.

王凤生.做最成功的酒店职业经理人 [M].北京：中国旅游出版社，2017.

薛兵旺，周耀进.酒店督导管理 [M].武汉：华中科技大学出版社，2017.

余杰奇，徐斐.督导管店、巡店、实地教练技术 [M].北京：企业管理出版社，2016.

杨环焕，卫圆杰，金仁重.餐饮服务与督导 [M].北京：中国人民大学出版社，2017.

叶萍.管理实务 [M].北京：高等教育出版社，2012.

员工管理篇

第八章

招聘与培训

　　酒店行业是劳动密集型的现代服务业。目前，酒店企业普遍存在招工难、留人难的现象。人力资源管理是酒店企业经营管理的核心。所谓人力资源管理是指通过人力资源管理活动对酒店内外相关人力资源进行有效运用，满足酒店当前及未来发展的需要，以实现酒店组织目标和个人目标的一系列管理活动。

　　督导作为酒店中基层管理者，负责一个部门或班组的日常事务，有必要掌握工作分析、人力资源预测、员工招聘、培训、评估、辅导及激励等技巧，优化组合班组所需要的各类人力资源，建立一支高素质的员工队伍，维持和提高班组的工作效率，使酒店在竞争中保持相对优势，保证酒店企业目标的达成，员工个人目标的实现。

【知识目标】

1. 知晓酒店人员需求的能力标准
2. 知晓酒店员工招聘的原则、流程与方式
3. 知晓酒店培训的基本内容
4. 知晓酒店培训的准备要求

【能力目标】

1. 学会利用网络媒体收集酒店招聘与培训信息
2. 能够分析不同招聘方式的利弊
3. 能够学会面试筛选的方法
4. 能够有效组织培训考核工作
5. 能将理论学习与酒店招聘与培训实践相结合

【思政目标】

1. 具有爱才、育才、引才、用才的人才观
2. 具有勤勉尽责的劳动精神
3. 树立创新实践、锐意进取的意识

> **思维导图**

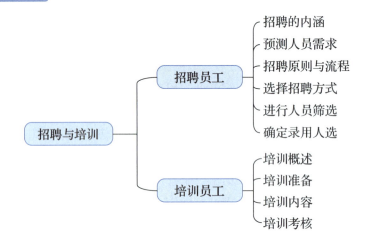

> **案例导引**

酒店招聘需要真实的职位预览信息

在一些酒店的招聘实践中，经常出现招聘者为了尽快把企业急需招聘的空缺职位推广出去，向应聘者提供不真实的信息，或提出无法兑现的承诺的现象。应聘者进入企业后发现企业的宣传名不副实，就会直接影响了他们的工作绩效，造成员工工作满意度和企业忠诚感的下降，从而导致员工流失率上升。

酒店企业需要给应聘者真实、准确、完整的有关职位的信息，让他们了解企业和工作的真实情况及真正需要，才能产生员工需要与企业需要匹配的良好结果。这样一来，应聘者在做出评价和决定时可以有更多的理性思考和心理准备，有助于他们在工作初期，一旦发现企业或工作环境中的不尽如人意之处，不会产生过强的负面反应。

真实职位预览能够让应聘者进行自我筛选，如果他们了解了企业真实情况后，认为不满意，可以在选择加入企业之前"自动放弃"。这比起那些因招聘信息的不真实而最终导致员工工作绩效低下，或进入后不久就流失等情况，无论对企业还是对个人都有好处。

（资料来源：节选、整理自魏洁文，姜国华.酒店人力资源管理实务 [M].北京：中国人民大学出版社，2021.）

问题思考：

结合案例，分析酒店业招聘存在哪些问题？

第一节　招聘员工

酒店招聘是选择合格人才的过程，酒店企业的竞争归根结底是人才的竞争，作为酒店的人才——员工，其素质的高低直接影响酒店服务质量和管理水平，因此，招聘合格员工就成为酒店人力资源管理者最基本、最重要的工作任务之一。

一、招聘的内涵

（一）招聘的含义

招聘是指企业为了经营运转和岗位工作的需要，根据自身的人力资源规划和职位空缺填补计划，运用适当的渠道和方法寻找并获取合适人员的过程。招聘一般由主体、载体及对象 3 个要素构成，主体就是用人者，载体是信息的传播体与招聘方式，对象则是符合条件的候选人，三者缺一不可。

（二）酒店招聘

1. 酒店招聘的含义

酒店招聘是指酒店组织根据人力资源规划和工作分析的要求，从酒店内部和外部寻找、吸引并鼓励符合要求的人，到本酒店任职和工作的过程。酒店员工招聘是酒店人力资源开发、利用与管理的重要工作。

2. 酒店招聘的两个阶段

酒店员工招聘可以分为招募和甄选两个阶段。

（1）招募阶段。招募阶段是通过各种途径从社会上及本酒店中寻找可供选用的人力资源的过程，目的是吸引潜在的工作候选人，使其对酒店相关职位产生兴趣并前来应聘。

（2）甄选阶段。甄选阶段也叫人员选拔录用阶段，是指通过运用一定的工具和手段，对照酒店的用人标准和招聘职位的要求，对已经招募到的求职者进行鉴别、考查和评估，从而挑选出酒店所需要的、适合的候选人，并吸纳其为酒店成员的过程。

3. 招聘工作要点

招聘工作是酒店吸纳人才、合理使用人才、实施人才培养战略的基础。成功而有效的招聘工作需要关注 5 个方面的要点，如表 8-1 所示。

表8-1 招聘工作5R

英文	中文	要求说明
right time	恰当时间	在适当的时间完成招聘工作,及时补充酒店所需要的员工
right source	恰当来源	通过适当的渠道来寻求目标员工,不同的职位对员工的要求是不同的,要在与空缺职位匹配程度较高的目标群体中进行招聘
right cost	恰当成本	在保证招聘质量的前提下,以最低的成本、最少的费用完成招聘工作
right people	恰当人选	吸引最合适的人员参加酒店的应聘,包括数量和质量两个方面的要求
right information	恰当信息	在招聘之前把空缺职位的工作职责内容、任职资格要求,以及酒店的相关情况做出全面而实事求是的描述,有助于应聘者在充分了解信息的基础上,做出准确的判断和选择

4.酒店招聘工作主体

通过招聘工作,可以找到合格应聘者补充到目前或未来的工作岗位上。在员工招聘这一工作上,酒店人力资源部门和督导共同担负着重要职责。一方面,人力资源部作为二线部门,有责任为处于一线的督导提供支持,帮助督导挑选最合格的人才;另一方面,督导要积极配合人力资源部门,招聘选择合适员工的工作。

二、预测人员需求

(一)预测岗位人员需求

知识活页

什么是工作
分析

酒店人力资源部门会同督导通过人员需求分析,预测各种岗位所需员工的人数和类型。这种预测首先考虑到该岗位现有的员工人数,再确定将来岗位需要增加的人数和类型。岗位人员需求预测主要依靠酒店经营业绩及劳动法规等其他因素做出判断分析。通过分析,确定计划期内需要招聘的员工人数。

酒店员工招聘要根据工作说明书和工作规范要求,招聘合适的员工。如某酒店集团分别从知识架构、核心技能和个人素质3个方面总结归纳出酒店所需要的人员素质要求,如表8-2所示。

表8-2 某酒店集团员工应具备的能力标准

知识架构	核心技能	个人素质
1.了解服务行业	1.英语沟通交流的能力	1.自信与自尊
2.了解服务行业的职业发展路径	2.优质客户服务的能力	2.开放性思维
3.掌握一定的酒店英语词汇	3.处理问题的能力	3.个人仪容仪表
4.与客人之间能够用英语进行简单对话	4.决策的能力	4.服务客户的热情与追求
5.了解客户服务的基本原则	5.领导的能力	5.乐观积极的态度
6.理解客人的文化差异	6.团队合作能力	6.耐心
7.熟悉前台基本操作		7.团队合作
8.熟悉餐饮基本操作		8.自我概念与自我认识

续表

知识架构	核心技能	个人素质
9.了解西餐烹饪 10.了解客房基本操作 11.了解酒店人员及卫生基本规章制度		9.情商 10.压力管理能力 11.追求自我实现与发展

（二）疏解岗位人员需求

解决酒店人员不足的问题，除了对外招聘，还可以通过以下方式解决。

一是现有人员加班。针对阶段性、临时性工作任务，通过现有人员适当加班解决问题，不必招聘新员工。二是重新设计工作。对酒店工作分工及流程不合理的地方进行再设计，人手不足的问题也会迎刃而解。

三、招聘原则与流程

（一）招聘原则

1.因事择人

酒店依据各部门的用工申报，制订招聘计划。无论是招多了人，还是招错了人，都会给酒店带来很大的负面影响。除了人力成本、低效率、犯错误等看得见的损失之外，可能导致人浮于事，在无形中对企业文化造成不良影响，降低酒店的整体效率。

2.公开操作

酒店招聘信息、招聘方法应公之于众，并且公开进行。这样实施，一方面可将录用工作置于公开监督之下，以防止不正之风；另一方面可以吸引大量的应聘者，有利于招到合适的人才。

3.平等竞争

酒店对所有应聘者应一视同仁，不得人为制造各种不平等的限制。要通过考核、竞争选择人才。这样既可以选出真正优秀的人才，又可以激励其他人员积极向上。

4.用人所长

酒店在招聘中，需要考虑有关人员的专长，量才使用，做到人尽其才，这对于应聘者和酒店都非常重要。

（二）招聘流程

在酒店招聘流程中，招聘的依据是人力资源计划和职务说明书。人力资源计划决定了招聘的时间、人数和岗位等，职务说明书则发布了招聘人员的要求。据此就可以制订出具体的招聘计划，从而指导招聘工作和员工招聘流程，如图8-1所示。

行业来风

酒店求职人员登记表

图8-1　酒店员工招聘流程

四、选择招聘方式

（一）招聘方式比较

在预测人员需求后，需要确定招聘方式。招聘方式包括酒店内部招聘和酒店外部招聘两类。这两种招聘方式各有其优缺点，如表8-3所示。在具体运用过程中，酒店需要根据实际情况选择合适的渠道。

表 8-3　内部招聘和外部招聘对比

招聘渠道	优点	缺点
内部招聘	1.酒店与员工相互比较了解,选择准确性高 2.熟悉组织情况,员工适应更快 3.从内部招聘,特别是晋升,可以鼓舞员工士气,激励性强,有利于保持酒店内部的稳定 4.员工熟悉酒店文化、规章制度及工作要求,无须过多培训,减少培训费用 5.直接招聘可以节省招聘费用,招聘费用较低	1.可选员工来源少,难以保证招聘质量 2.容易造成"近亲繁殖" 3.可能会因操作不公等造成内部矛盾
外部招聘	1.招聘人员来源广、余地大,有利于招聘高质量人才 2.避免"近亲繁殖",给酒店带来新思想、新观念、新方法,有利于组织创新 3.可减少因内部晋升带来的冲突 4.扩大酒店影响,对酒店对外宣传有积极作用	1.招聘范围广,申请人员数量多,筛选难度与风险加大 2.员工适应时间长,进入角色慢 3.广告宣传成本高 4.降低员工积极性 5.招聘及入职时间长

（二）内部招聘

内部招聘，是指在酒店内部公布员工空缺岗位情况，并从在职员工中选拔人员填补空缺的一种方式。

常用的内部招聘方法有以下3种。

1.布告法

布告法也称张榜法，内部招聘是对非管理层的职位最常用的方法。酒店人力资源部在员工经常出入的场所张贴空缺岗位一览表，列出详细的员工应聘此岗位所需要的素质及工作要求，给出报名方式和期限，吸引员工应聘。

2.推荐法

推荐法是由本酒店员工根据单位和职位的需要，推荐其熟悉的合适人员，供用人部门或人力资源部门进行选择和考核。被推荐人通过试用期后，可适当地给予推荐人某种奖励。因为推荐人对用人部门与被推荐者都比较了解，也使组织容易了解被推荐者，成功概率较大。

3.档案法

酒店人力资源部都有员工的档案，从中可以了解员工的各种信息，帮助寻找合适的人员补充空缺职位。尤其是采用人力资源管理信息系统（human resource management information system, HRMIS）的酒店，可以便捷、迅速地进行挑选。档案法只限于了解员工的客观或实际信息，如员工的职位、学历、技能、培训经历、绩效等，而对工作需要的主观信息，如人际沟通技能、分析判断能力等难以确认。

（三）外部招聘

当酒店处于创业时期、快速发展时期或需要特殊人才时，仅有内部招聘是不够的，必须借助外部人力资源市场招聘重要人才。酒店督导常用的外部招聘方法如下。

1.广告招聘

通过广告招聘酒店需要的人才是目前最为普遍的招聘方式之一。酒店一般可以在当地报纸、电视台、广播电台、酒店官网等发布招聘广告，内容包括工作岗位、所需资格、如何应聘等。

2.中介招聘

随着我国人才流动的日益频繁，各地人才交流中心、职业介绍所、劳动力就业市场等就业服务机构应运而生。这些机构定期或不定期地举行人才交流会，让供需双方面对面地进行商谈，增进彼此了解，缩短了招聘与应聘时间，提高了工作效率。

3.校园招聘

校园招聘已成为酒店行业的主要招聘渠道。校园招聘是招募初级专业人员及管理人员的一个最重要来源。校园招聘的显著好处是酒店能够找到相当数量的较高素质的合格员工。不足之处则是在校学生缺乏实际工作经历，对工作和职位的期望值高，一旦录用后，容易产生较高的流失率。一些酒店为降低酒店人力成本和解决员工流失率较高的问题，将招聘工作前移，与学校签订合作协议，进行现代学徒制、订单班等产学研合作，向学生提供见习岗位。

4.网络招聘

网络招聘是酒店通过网络渠道获得应聘人员的资料，从而选拔合格员工的方式。这是一种新兴的招聘渠道。网络招聘的优点是：方便快捷，费用便宜，节省人力物力，不受时间空间限制。其缺点是适合普通岗位招聘，对高层次人才招聘不太适合。酒店可用两种方式进行网络招聘：一是在酒店网站上建立一个招聘小程序，获取求职者资料，并进行筛选；二是在公共招聘网站进行招聘。

五、进行人员筛选

（一）安排面试

1.面试过程

面试前，酒店人力资源部招聘经理要认真查看员工应聘简历表。应聘表上的员工教育背景、工作经历、性格爱好及其他个人资料可为面试提供依据，也可据此准备面试问题。同时准备好所需的面试场地和面试资料等。

行业来风

面试情况记录表

面试中，面试官宜使用开放式问题，并坚持二八原则，即花20%的时间于用提问，用80%的时间来聆听；面试中避免偏见与光环效应，不要根据应聘者的几个优缺点就给出片面评价；逐个做好记录，并在面试之后加以整理。

面试后，酒店督导需在应聘简历表相应的空格内填上自己的意见，并及时将面试结果通报给人力资源部。

2.面试操作注意事项

（1）排除外界干扰。面试成功的首要条件是尽可能排除各种外界干扰，最好是选择一个相对安静、不受干扰的场所进行面试。

（2）创建轻松环境。提前布置合适的面试环境，尽量使应聘者能够放松下来，自然地交流。保持专注地倾听，获取应聘者更多有价值的信息。

（3）使用统一标准。对于基层一线工种的应聘者，最好使用预先设计好的统一模式，采用统一标准，便于相互比较，择优录用。

（4）防止以偏概全。督导要以岗位需求为评判标准，尽量减少主观偏见。在面试最初的几分钟里，很容易因应聘者的一两个特点而形成先入为主的印象，不管这种印象是好是差，都不够客观。一般情况下，应聘者在面试将要结束时会松弛下来，在不经意间还原一个真实的自我。督导要利用好最后几分钟，修正自己之前对应聘者的印象。

（5）坚持实事求是。督导在介绍酒店环境和工作情况时，要开诚布公，如实回答。在谈到工作时间和时段、加班时间、各种待遇等关键问题时，要坦率相告，避免给今后的实际工作带来麻烦。

头脑风暴

分组讨论：督导对应聘者进行面试时还有哪些注意事项？请举例说明。

（二）测试

测试有时是在面试前进行的，用以淘汰一些应聘者；有时是在面试后进行的，目的是为难分伯仲的应聘者增加一些客观评估的依据。测试的种类包括：笔试、技能测试、体能测试、心理测试和体格检查等。

1. 现场笔试

一般适用于文职应聘者，如部门秘书、文员。常见的有中文水平测试、外语水平测试。

应聘人员业务技能
考核登记表

2. 技能测试

一般适用于衡量应聘者某种特定工作或技能的能力，适用于技能性要求较强的岗位应聘者，如厨师、客房清扫员、打字员、电工等，例如检查切配菜的速度、做菜的品质，检查客房清扫的质量，打字的速度、强电弱电修理等。

3. 体能测试

一般适用于需要较大体能要求的应聘者，如保安、康乐教练等。

4. 心理测试

一般适用于了解应聘者的心理健康程度和高层管理人员的个性，如抗压能力、诚实与正直等。

5. 体格检查

适用于所有员工，通常是在正式录用后才进行的测试，酒店业员工要符合酒店业健康标准与卫生要求。

头脑风暴

分组讨论：对应聘者测试还有哪些方式？请举例说明。

（三）资料核实

资料核实工作比较费工费时费力，但又很有必要。很多酒店企业由人力资源部的招聘专员来完成这项工作，督导起辅助作用。资料核实包括以下步骤。

1. 核实资料的真实性

核实就业日期、工作岗位、薪水情况，核实身份证、学历证书及培训证书资料的真伪等。

2. 调查以前工作表现

设法与应聘者以前的工作单位取得联系，通过前任上司进行调查了解。

3. 电话咨询证明核实

通过电话采访，咨询应聘者以前相关的证明人，电话内容要加以记录，并放入应聘人资料中。

六、确定录用人选

在对应聘者进行面试、测试及资料核实后，需选择最适合招聘岗位的应聘者，由酒店人力资源部下聘书并完成最后的聘用手续。

在确定最终人选时，要从能力和意愿两个角度综合考虑。弄清

员工录用通知书

楚应聘者能做什么、想做什么？能力角度包括应聘者的专业知识，过去的工作经验和受教育程度；意愿角度是应聘者从事工作的意向、愿望和态度，即要确定应聘者不仅要在技术上有能力完成这项工作，还要愿意从事这项工作。两个角度缺一不可。确定人选的具体步骤如下。

（1）听取人力资源部意见：面试过程最好请人力资源部派人参加，难以决断时请教人力资源部招聘经理的意见。

行业来风

员工到岗通知书

（2）规定一个恰当试用期：申明试用期满之前的聘用是暂时的，以进一步考核新员工工作表现。

（3）在试用期内做出决定：请不适合的新员工在试用期离开，重新开始新的招聘与面试工作，继续寻找适合的人。

（4）签订正式的聘用合同：试用期满后，由人力资源部与新员工签订正式劳动合同，由人力资源部给新员工办理入职手续。

第二节　培训员工

酒店企业人力资源部在招聘之后，对员工进行培训是留住员工、提高酒店服务质量的必要保证，否则只能陷于"不停招聘"的窘境，而当前很多酒店总是以"降低成本"为由，忽略或者轻视对员工的培训。酒店业竞争的本质是高素质人才的竞争，在竞争中取胜的唯一法宝是你比对手更会学习，学得更快。只有强化酒店的培训实效，才能获得符合酒店岗位需要的人才。

一、培训概述

（一）培训的含义

培训是指酒店企业在将企业发展目标和员工个人发展目标相结合的基础上，有计划地组织员工从事学习和训练，提高员工的知识与技能，改善员工的工作态度，激发员工的服务意识与创新意识，使员工能胜任本职工作的人力资源管理活动。

酒店企业组织培训的目的已从适应组织当前需要，转变为满足组织发展及员工成长两个需要相结合；培训理念已从一次性的职前培训拓展为继续教育、终身教育和在职培训；培训内容已从传授知识和训练技能转向更新知识、更新理念和提高能力；培训方法也越来越灵活多样，越来越现代化，培训形式也采用线下面授实操与线上自学答疑相统一的方式。

（二）培训需求分析

酒店培训活动开展之前，人力资源部和部门督导需要从培训层次、培训对象和培训阶段3个方面做培训需求分析，如表8-4所示。

表 8-4　酒店培训需求分析

培训需求	分类	内容说明
培训层次	组织层次	从酒店发展战略、企业文化、管理制度、年度培训规划等方面分析员工培训的必要性
	岗位层次	从职位分析和人力资源需求角度,确定员工的培训需求
	个人层次	从员工所应掌握的知识、技能和工作态度角度,确定员工的培训需求
培训对象	入职培训	酒店层面和部门层面
	在职培训	新知识、新技能、新方法、新工艺、新流程、新理念、新问题等
培训阶段	当前与未来	从员工业绩、能力要求和问题分析等方面入手,确定当前的培训需求;运用职业发展前瞻性分析法,结合酒店发展战略,确定未来员工的培训需求

(三)培训的目的

1.全面认识酒店,快速进入工作角色

培训可以使新员工对酒店历史、酒店文化、发展情况、规章制度等有一个全方位的了解;让新员工理解并接受酒店的价值观,遵守酒店的行为规范,树立符合酒店要求的价值观念和行为模式,坚定自己的职业选择,培养良好的工作心态,熟悉酒店的岗位职责、工作任务和工作目标,掌握工作要领、工作程序和工作方法,尽快进入岗位角色。

2.提高服务能力,加强员工之间沟通

培训可以提高新员工的素质,从而使酒店的产品品质与服务水平得到保证,提升新员工解决问题的能力和员工整体素质及业务水平,强化酒店竞争优势;可以加强新老员工之间、新员工之间的沟通,减少新员工初入酒店时的紧张情绪,满足新员工进入新群体的心理需要;可以使员工增强对酒店的归属感和责任感,培养主人翁意识,增加酒店自身的凝聚力;可以让员工对各部门工作加深认识,协调各部门间的关系,从而改善员工关系。

3.改善工作方法,减少设备维修开支

培训可以让新员工熟悉工作内容,减少工作失误,避免事故发生,提高工作质量;员工熟悉操作规范,能够按照正常规则操作各种设施设备,意外事故的发生率可大大降低。

4.激发求知欲望,提高员工队伍士气

培训可以激发员工的创造性,发掘员工知识更新、能力更新的潜力,满足员工实现自我价值的需要;也可以使员工学习更多专业知识,掌握服务技巧,对工作更加熟悉,增强员工的自信心,队伍士气更加高涨。

5.改善人才结构,减轻管理人员负担

培训为酒店培养和储备人才,塑造优秀酒店文化,创建学习型酒店,为酒店的可持续发展提供保障；员工经过培训后，对自己的工作更加熟练，工作水平随之提高，因此，督导在监督指导方面能相应地减轻负担；培训能够提高员工的劳动生产率，减少时间浪费，从而提高时间的使用率。

（四）培训的益处

酒店业的经理们越来越认识到员工和培训的重要性，员工是帮助酒店经理成功的要素，培训是让员工成长起来的渠道，培训有益于员工、酒店经理的工作，也有益于宾客和酒店企业的发展，如表8-5所示。

表8-5　酒店培训的益处

培训益处	具体说明
对员工的益处	1.帮助员工更有效地工作 2.增强工作自信心 3.减少紧张与压力 4.提高团队士气 5.提高对企业的满意度 6.提高劳动生产率 7.避免不培训被淘汰的情况 8.增强未来求职竞争力和学习竞争力
对督导的益处	1.减轻对员工管理的压力 2.经过培训的员工能够独立工作 3.员工能及时发现问题、处理问题，并将问题消灭在萌芽状态 4.员工流动率降低 5.团队凝聚力增强 6.更加受到员工的尊敬 7.领导工作更加得心应手
对宾客的益处	1.享受优质的产品 2.享受优质的服务 3.感到物有所值 4.获得愉快的经历 5.增加对企业和品牌的信任度 6.增加对企业品牌的忠诚度
对酒店的益处	1.提高员工整体素质和劳动生产率 2.减少成本支出 3.树立良好的社会形象 4.增加员工队伍的稳定性 5.吸引潜在员工与宾客 6.提升企业的竞争力 7.收到培训投资的回报

资料来源：整理自姜玲.酒店业督导技能[M].北京：旅游教育出版社，2018.

分组讨论：培训还有哪些益处？请举例说明。

二、培训准备

（一）培训准备工作

1.培训师资

培训师资水平的高低是酒店培训工作质量好坏的一个重要因素，酒店除需配备专职人员作为培训师外，大部分培训教师可由各部门经理或经验丰富的管理人员兼任，也可外请专业老师作为培训师。培训能否获得成功，在很大程度上取决于培训老师的素质与能力。

2.培训时间

培训时间要充分考虑学员可否出席，如果需参与的学员有20%及以上的学员不能出席，培训师就要考虑此次培训时间安排是否合理，是否需要调整时间，原则上培训需安排在客情相对较为清淡时。

3.培训场地

培训地点的选择，要注意选择环境良好、通风和光线好且较为安静的地方。

4.设施设备

准备好培训所需的设施设备。培训师要充分运用如白板、投影仪、水笔、道具等工具器材。

5.培训资料

在培训开始前，培训师需提前备课，准备好培训教材、讲义、笔记本、书写笔等资料，培训评估表等。

（二）培训体系建设

1.制订培训计划

每年年末，酒店需开展年度培训需求调查，根据酒店年度工作目标，制订酒店年度、季度及月度培训计划，通过各项培训达到酒店各项生产经营目标和提高企业的管理水平。

2.跟进培训实施

酒店或部门组织的培训，酒店培训经理需做好日常的抽查，加强对培训过程的监管。

3.建立评估制度

在每次培训课程结束时，酒店需做好培训课程的评估，包括学员满意度评估、学员掌握情况评估等。评估形式可多样化，如通过问卷形式、学员考核成绩及客户满意度等方面来评估培训效果。

4.培训档案整理

培训完成时，需做好培训归档工作，包括学员签到表、培训评估及培训资料等。

三、培训内容

（一）新进员工培训

1.新员工入职培训

知识活页

酒店主要培训课程与培训内容

一般情况下，酒店人力资源部门根据员工基础与酒店情况，会安排 3~5 天的入职培训，课程设置方面需充分考虑酒店需求，如可考虑设置公共文化课程、专业课程特色课程。公共课程包括企业文化、规章制度、行为规范、应急逃生等；专业课程包括服务礼仪、有声微笑问候、餐厅摆台、客房铺床等；在培训期间，可考虑增设 1~2 次特色课程，增加员工对培训的兴趣，如插花、陶艺制作等。

2.新员工岗前培训

入职培训后，新员工分配到部门，部门需组织好岗前培训，针对新员工对酒店或对岗位的了解情况，制订新员工岗前培训计划。为了体现酒店对新员工的入职关爱，酒店可为每位新员工岗配备一名"师傅"，实现新员工入职培训标准的统一性和规范性，带领新员工融入酒店工作的氛围。

从新员工到成为正式员工，新员工有 1~3 个月的试用期，在这期间，酒店人力资源部要对新员工业务技能学习进程进行跟进，并安排 1~3 次入职评估，不合格者需安排回炉培训。

（二）员工在职培训

1.在职培训的目的

酒店在职员工培训是指为改善员工的工作表现，酒店或部门开展的业务技能、服务意识、行为态度等方面的培训。开展在职员工培训目的有以下 4 个方面。

（1）增强员工的归属感和待客意识。酒店开展在职员工培训，可以帮助员工学到新理念、新知识、新技能、新工艺等，接触最先进的工作方法，提高效率，增加个人收入，帮助员工建立良好的归属感，提高员工的主人翁待客意识。

（2）促进部门员工之间的双向沟通。通过酒店培训可以帮助员工了解更多其他部门的工作，帮助各部门员工学会换位思考，站在对方的立场，为他人着想，更好地配合其他部门员工的工作，让各部门之间的沟通、协调、合作更加顺利。

（3）提高员工综合素质和服务效率。酒店员工的服务质量好坏直接影响着顾客对于酒店的印象，服务质量越高，越有利于酒店员工的可持续发展。酒店强化员工知识与技能的培训，可以帮助酒店员工提高服务意识，增强团队的凝聚力，提高员工积极性，提高服务效率。

（4）提升市场竞争优势和服务质量。酒店通过思想、知识、技能上的专业培训，帮助酒店在职员工提升个人服务能力，提升服务质量，减少顾客流失率，从根本上增强了酒店的竞争优势。

2.在职培训的内容

（1）酒店及部门培训。一般情况下，酒店每位员工每月在职培训不少于4课时，包含两方面内容：一是酒店层面组织的培训，内容主要涉及行为意识、服务意识、安全知识等公共类课程；二是部门或班组组织的培训，内容以专业知识与技能的培训为主。

（2）管理能力培训。酒店层面除了开展公共课程培训外，针对基层管理人员的能力提升，酒店也可邀请中高层管理人员或外请专业老师开展管理类方面的培训，通过经验分享或管理技能的传授，提升基层管理人员的管理能力。

3.在职培训的方法

（1）师徒结对制。即由经验丰富的师傅带一名或几名新员工，其主要培训过程如表8-6所示。

表8-6　师徒结对制培训方法

英文	中文	操作释义
tell you	告诉你	告诉你做什么、如何做
show you	做给你看	示范给你看，教你怎么做
follow me	跟我学	你跟着做，让你试着去模仿做
check you	纠正你	检查你所做的，并纠正你的错误

（2）员工发展会议。在这类发展研讨会上，主要讨论每个员工的工作特点及其应该如何提高个人工作绩效。

（3）个别指导法。酒店新员工上岗时一般都会有某种陌生与局促感。要让新员工感到自己就是酒店的一员，较好的办法就是安排老员工或师傅给予个别指导。

（4）操作示范法。由部门老员工或师傅给新员工示范，教会操作流程及注意事项。酒店的前厅接待、问询、入住、收银等服务，餐厅服务技能如托盘、斟酒、铺台布、摆台、上菜、分菜、餐巾折花、酒吧调酒，客房服务技能如铺床、卫生清扫等操作实务，都可使用操作示范法进行专项培训。

4.在职培训的评估

在培训将要结束时，一般需要对受训者进行学习效果评定。作为督导，虽然评估培训的结果并不是其正式的工作职责，但大多数培训师都会尽力检测员工是否学到了知识和技巧。评估可以采用问卷调查、理论考试、实操检测、学习总结等方式进行。

（三）员工晋升培训

1.培训的目的

企业通过晋升培训，一方面可以调动员工的积极性，激励员工的职业发展；另一方面也为企业培养员工共同的价值观，增强企业的凝聚力，培养后备管理及技术骨干员工，留住优秀人才。

2.培训形式与内容

在此我们以浙江开元酒店管理集团晋升培训体系为例，进行分析。开元酒店管理集团人才培养体系为3+1人才培养模式，即未来之星、中层接班人、后备高管培训加管理培训生的形式。

（1）未来之星。开元酒店需为选拔的未来之星，制定系统的公共课程、专业课程及实践培养计划，并进行落实；培养周期为一年，内容分为酒店公共管理课程培训及部门管理实战培养两方面。

（2）中层接班人。中层接班人培养是为开元酒店输送中层管理人员而制定的人才培养模式，通过酒店推荐及集团选拔、集团与酒店共同培养的形式，帮助学员提升个人业务素质、能力及岗位胜任力。培养包括公共管理提升类课程和专业业务课程（各模块理论学习、业务培训、实践训练）两大部分。

（3）后备高管。后备高管是开元酒店集团"3+1"人才培养体系中的高阶人才培养项目，培养周期为两年，以培养储备总经理为目标。后备高管的培养将遵循严进严出的规则，采用"行动学习"的方式，培养"技术骨干型"后备高管，以项目制的培养方式对后备高管进行培养，要求后备高管参与到酒店业务审计及接管/筹建酒店学习中去，带着问题通过实践去验证或寻求解决方案，从而在相关专业知识和岗位技能上快速提升。在培养酒店及导师的选择上也会进行挑选，以确保培养实施的有效性。

（4）管理培训生。旨在挖掘热爱酒店事业、具有一定发展潜质的优秀毕业生，集中集团优势资源，通过专业化、个性化培养方案，通过5年左右的周期将其培养为酒店中高级管理人才或技术专家。由酒店人力资源部组织本酒店年度管培生的职业生涯规划、培训、实践及评估考核等各培养环节。

四、培训考核

培训效果的考核需要结合培训内容与培训方式，有针对性地选择考核方式。

（一）学习评估

培训学习评估主要测量受训者经过培训学习后对所学知识、原理、步骤、方式、方法等的理解与掌握程度。可通过提问法、角色扮演法、笔试考试、面试检测、演讲展示、模拟训练、心得报告来评价培训效果。

（二）行为评估

培训行为评估主要关注受训人员行为改变的程度，很多培训效果并不能及时显现，因此，对知识、技能的应用，以及行为和业绩的评价需要工作一段时间后进行，可采用行为观察、访谈、问卷调查、360度考核、绩效评估、任务评价等方法进行评价。

（三）结果评估

培训结果评估主要通过一段时间的酒店业绩来考察培训效果，如工作质量是否提高、费用是否节约、利润是否增长等。工作态度与职业品德方面的评估具体由人事部门和用人单位进行评价，以用人单位评价为主。实际操作考核主要由酒店人力资源部门，组织相关专业技术人员，与用人单位领导组成评委组进行评价。

分组讨论：培训效果考核还有哪些方式？请举例说明。

> 应用分析

酒店新员工培训四部曲

好的培训方式能够帮助新员工正确、客观地认识企业，进而留住他们的心。某酒店借鉴知名大企业的四部曲培训法，对新进员工进行培训。

第一部：让员工把心态端平放稳。

主要是消除新员工的顾虑——现实与预期不符的顾虑。酒店首先会肯定待遇和条件，然后举行新老员工见面会，让老员工讲述在酒店的亲身经历，使员工尽快客观地了解酒店。同时，人事部及其他部门的领导面对面地与新员工交谈，解答新员工心中的疑问，不回避酒店存在的问题，并鼓励他们发现、提出问题，与员工就职业发展规划、升迁机制、生活方面等问题进行沟通。

第二部：让员工把心里话说出来。

酒店给新员工每人都发了"合理化建议卡"，对于员工的合理化建议，酒店会立即采纳并实行，对提出人还有一定的物质和精神奖励。而对不适用的建议也给予积极回应，让员工知道自己的想法已经被考虑过，他们会有被尊重的感觉，更敢于说出自己的心里话。

第三部：让员工把归属感"养"起来。

"酒店就是要创造感动！"在酒店每时每刻都在产生感动，领导对新员工的关心真正到了无微不至的地步。军训时，人事部的员工会把他们的水杯一个个盛满酸梅汤，让他们一休息就能喝到；领导专门从外地赶回来和新员工共度中秋节；酒店领导对员工的祝愿中有这么一条——"希望你们早日走出单身宿舍"（找到对象）。酒店还为新员工统一过生日，每个人都会得到一个温馨的小蛋糕和一份精致的礼物。酒店总经理特意抽出半天时间和新进员工共聚一堂，沟通交流，让他们找到"回家"的感觉。

第四部：让员工把职业心树起来。

　　酒店对新员工的培训除了开始的导入培训，还有其他一系列的培训。酒店花费近半年的时间来全面培训新员工，目的是让员工真正成为酒店人。

　　（资料来源：节选、整理自游富相.酒店人力资源管理 [M].杭州：浙江大学出版社，2018.）

🔍 **问题分析**：

　　1. 你认为酒店入职培训的目的是什么？

　　2. 你认为该酒店的入职培训有何特色？还有哪些好的建议？

> **实训项目**

[实训名称]

员工招聘与培训认知

[实训内容]

学生 3~6 人组成一个小组，并推举小组负责人。每个小组寻找一家在服务或管理等方面具有特色的酒店企业，了解员工招聘或培训的方式方法。

[实训步骤]

1. 每个小组到本地一家特色酒店的人力资源部，现场观摩或访谈该酒店员工招聘或培训的流程、方法等内容。

2. 根据本章所学内容，分析该酒店企业员工招聘或培训工作的优缺点。

3. 每个小组制作汇报 PPT，在课堂上分享考察心得体会，并进行答辩。

[实训点评]

1. 每个小组提供某酒店员工招聘或培训工作开展情况的分析报告。

2. 师生根据各小组的报告及表现给予评价打分，成绩纳入课程实训教学的考核之中。

第八章实训评分

> **拓展作业**

第八章导学测评

参考资料

陈顺，綦恩周. 酒店督导管理实务 [M]. 长沙：湖南人民出版社，2014.

傅生生，李文芳. 酒店管理 [M]. 上海：上海交通大学出版社，2018.

姜玲. 酒店业督导技能 [M]. 北京：旅游教育出版社，2018.

刘纯. 酒店业督导原理 [M]. 天津：南开大学出版社，2005.

刘长英. 现代酒店督导 [M]. 北京：企业管理出版社，2020.

邵雪伟. 酒店沟通技巧 [M]. 杭州：浙江大学出版社，2016.

王今朝. 酒店督导管理 [M]. 北京：清华大学出版社，2018.

王凤生. 做最成功的酒店职业经理人 [M]. 北京：中国旅游出版社，2017.

魏洁文，姜国华. 酒店人力资源管理实务 [M]. 北京：中国人民大学出版社，2021.

薛兵旺，周耀进. 酒店督导管理 [M]. 武汉：华中科技大学出版社，2017.

叶萍. 管理实务 [M]. 北京：高等教育出版社，2012.

游富相. 酒店人力资源管理 [M]. 杭州：浙江大学出版社，2018.

张雪丽. 饭店服务质量管理 [M]. 北京：清华大学出版社，2020.

有效激励

激励，通常是和动机连在一起的，是引起需要、激发动机、指导成员的行为，是有效实现组织目标的心理过程。通俗地说，激励就是调动员工的工作积极性，最大限度挖掘人的潜力。一切个人内心要争取的需求，如欲望、需要、动力等，都构成对人的激励。

有效的激励会点燃员工的激情，促使员工的工作动机更加强烈，从而产生超越自我和他人的欲望，并将潜在的巨大内驱力释放出来，为酒店企业的远景目标奉献自己的热情。

> 学习目标

【知识目标】

1. 知晓激励的基本含义
2. 知晓激励的功能与类型
3. 知晓激励的原则
4. 知晓激励的基本理论

【能力目标】

1. 学会利用媒体收集激励管理案例
2. 能够主动探究学习激励理论
3. 能够分析酒店员工的激励需要
4. 能将理论学习与酒店现场管理实践相结合

【思政目标】

1. 具有在酒店行业实现职业发展的信心
2. 树立奋斗进取、乐于奉献的精神
3. 培养诚实守信、精益求精的意识

> **思维导图**

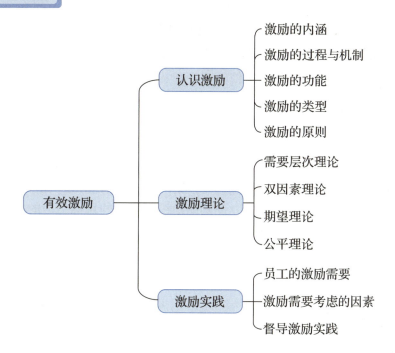

> **案例导引**

员工离职率越来越高

西安 A 酒店的管理人员认为：销售岗位员工必须一视同仁，所有人需要完成同样的销售任务，否则就要扣掉部分奖金，员工的抵触心理日益增强；而酒店管理和服务人员的绩效则又不像销售人员那样量化，酒店基层员工工资几乎是定薪，大部分由基本工资、岗位工资和津贴补贴组成，这就意味着员工个人收益和酒店效益及对酒店的贡献无关，由此导致一些表现优秀的员工，因为工资"被平均"而感到不公平，最终导致离职。

除此之外，该酒店人事部门在薪酬的制定方面受人为因素影响较大，较为随意，没有合理的严格的标准或制度进行支撑。这使得同一岗位的员工、同一时期的员工薪酬待遇有着很大的差别，员工自然也就感到待遇不公平。这是员工流失最为直接的原因。

（资料来源：节选、整理自谢军梅.西安 XLD 酒店基层员工流失问题与对策研究 [D].西安：西安电子科技大学，2019.）

🔍 **问题思考：**

你认为 A 酒店的激励制度存在什么问题？应该如何改进？

第一节　认识激励

激励或励志，是管理过程中不可或缺的环节和活动。有效的激励可以成为组织发展的动力保证，实现组织目标。激励以组织成员的需要为基点，以需求理论为指导。激励可分为物质激励和精神激励、外在激励和内在激励等不同类型。

一、激励的内涵

（一）激励的含义

激励是指管理者针对组织及其个人的需要，采用外部诱因进行刺激，运用一定的行为规范和惩罚性措施等各种有效手段，激发人的热情，调动人的积极性、主动性，使之发挥创造精神和潜能，使其向组织所期望的目标努力的过程。

激发人的积极性、主动性是一种内部心理过程，这种心理过程一般不能被他人直接观察到，只能从行为表现和工作绩效进行衡量和判断。

（二）激励的要素

1.激励方向

激励方向是指激励的针对性，即针对什么样的内容来实施激励，它对激励效果有显著影响。激励员工的因素可以是物质上的利诱，也可是精神上的鼓励，在实际工作中表现为多种形式。

2.激励时机

激励时机是指对激励对象施以刺激的时间，应根据员工的具体需要而定，在员工最需要的时候进行激励，其效果最好。

3.激励频率

激励频率是指在一定时期内对激励对象施以刺激的次数。激励的次数要恰如其分，过多过少都达不到应有的效果。

4.激励程度

激励程度是指对激励对象施以刺激的程度。激励手段越符合员工的需要，刺激程度就越大。

二、激励的过程与机制

西方行为科学家对个体行为的研究有一个基本的激励理论。激励理论是管理心理学的范畴。激励理论是指通过特定的方法与管理体系，将员工对组织及工作的承诺最大化的过程。激励理论是关于如何满足人的各种需要、调动人的积极性的原则和方法的概括总结。激励理论把个体行为的发生过程总结成如下模式：需要—心理紧张—动机—行为—目的—需要满足/消除紧张—新的需要。

激励的过程首先要有人产生某种行为的根源（需要），当大脑在接受这种刺激的时候，便产生了一系列活动（心理紧张—动机—行为）。激励的过程表明员工的需要，使员工产生了动机，行为是动机的表现和结果。当人产生需要而未得到满足时，会产生一种心理上的紧张不安，当遇到能够满足需要的条件时，即可以达到目标的条件时，这种紧张不安的心理就会转化为动机，并且在动机的推动下，向目标前进。目标达到以后，需要得到了满足，紧张不安的心理状态就会消除。人的欲望所起的作用又会产生新的需要，引发新的动机和行为，这是一个循环。反之，如果目标没有得到满足，这时，不同的人在不同的环境条件下，可能会采取积极或消极的态度，主动撤退或者找其他需要进行替代。激励的过程如图9-1所示。

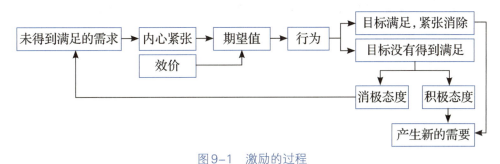

图9-1 激励的过程

资料来源：王今朝.酒店督导管理[M].北京：清华大学出版社，2018.

三、激励的功能

（一）激励对员工的作用

1.减少员工的离职率

酒店员工的离职成为困扰企业发展的难题之一。行为学家通过调查和研究发现，对一种个体行为的激励会导致或消除某种群体行为的产生。激励员工可以保持和谐稳定的劳动关系，这也成为减少员工离职、降低部门离职率的一个重要手段。

2.增强酒店的凝聚力

激励是形成凝聚力的一种基本方式。激励员工可以使人们认识、理解、认同、接受组织目标，使之成为酒店员工的共同信念，进而转化为酒店员工的工作动机，推动员工为实现酒店目标而努力工作，贡献智慧。

3.提高酒店的经营绩效

酒店员工希望自己的能力得以施展，工作业绩得到认可；希望在一个公平公正的环境中竞争；希望工作、生活富有意义。激励可以使员工认识到在实现组织最大效益的同时，也可以为自己带来利益，从而可以将员工的个人目标与组织目标相统一，员工的工作积极性得到激发，酒店的经营绩效也得到稳步提高。

4.有利于开发员工潜力

研究发现，在缺乏激励的环境中，人的潜力只能发挥20%~30%，如果员工受到激励，变消极为积极，充分发挥其技能，人的能力可发挥80%~90%。可见积极的激励，可以开发人力资源的潜能，保持积极的工作状态，从而提高工作的有效性。

（二）激励对组织的作用

要使组织利益和个人利益达成一致，酒店需要有一个清晰的组织目标体系，来引导个人努力的方向。实践表明，通过有效激励，可以把有才能的人吸引到组织中来，充分发挥其才能，并长期为该组织工作，增强组织凝聚力和战斗力，实现组织目标。

四、激励的类型

不同的激励类型对行为过程产生不同程度的影响，所以激励类型的选择是做好激励工作的一项先决条件。

（一）物质激励与精神激励

1.物质激励

物质激励是组织激励员工最基本的手段，它以货币和实物形式对员工的良好行为给予奖励或对员工不良行为进行处罚。物质利益是人们从事一切社会活动的最基本动因。物质激励就是通过满足或限制个人物质利益的需求，来激发员工的积极性和创造性。常见的物质激励形式有薪酬、奖品、奖金、津贴、福利，以及休假、疗养、旅游等正激励，还有诸如罚款、降薪等负激励。物质激励很重要但也存在着边际效益递减、短时性、不经济性、恶性循环等缺陷。事实上人类不但有物质上的需要，更有精神方面的需要。

2.精神激励

知识活页

酒店17种精神激励法

精神激励主要作用于人的心理、满足人的精神需要。它从精神上对员工进行鼓励或处罚，从而激发其工作积极性。在现代管理中，精神激励是必不可少的，组织管理不能"见物不见人"，精神激励不仅可以弥补物质激励的不足，而且可以成为长期起作用的力量，它能激发员工的工作热情，满足员工自我发展需要，提高工作效率，具有物质激励不可替代的作用。随着人们物质生活水平的不断提高，人们对精神与情感的需求越来越迫切。比如，期望得到爱、尊重、认可、赞美、理解等。精神激励主要有目标、工作、参与、培训、尊重、授权、关心、文化、组织等方法。

（二）正激励与负激励

1.正激励

正激励是指对激励对象的行为符合组织的需要时，通过肯定、承认、赞扬、奖赏、信任等具有正面意义的奖赏方式来鼓励这种行为，以达到持续和发扬这种行为目的的激励艺术。

2.负激励

负激励是指对激励对象的行为不符合组织的需要时，通过否定、约束、冷落、批评、惩罚、制裁等具有负面意义的方式来抑制这种行为，以达到减少或消除这种行为的目的的激励艺术。

正激励和负激励作为两种相辅相成的激励类型，它们是从不同的侧面对人的行为起强化作用。不同之处在于二者的取向相反。正激励起正强化的作用，是对行为的肯定；负激励起负强化的作用，是对行为的否定。正激励与负激励都是必要而行之有效的，因为这两种方式的激励效果不仅会直接作用于个人，而且会间接地影响周围的个体与群体。通过树立正面的榜样和反面的典型，扶正祛邪，形成一种良好的风范，就会产生无形的正面行为规范，能够使整个群体的行为导向更积极，更富有生气，最终使企业管理日臻完善。

（三）内激励与外激励

1.内激励

内激励是指由内酬引发的、源自工作人员内心的激励。内酬是指工作任务本身的刺激，即在工作进行过程中所获得"乐在其中"的满足感，它与工作任务是同步的。追求成长、锻炼自己、获得认可、自我实现、乐在其中等内酬所引发的内激励，会产生一种持久性的作用。

2.外激励

外激励是指由外酬引发的、与工作任务本身无直接关系的激励。如提高工资、增加奖金、提升职务等。外酬是指工作任务完成之后或在工作场所以外所获得的满足感，它与工作任务不是同步的，由外酬引发的外激励也是难以持久的。

外激励任何时候都是必不可少的，但是管理只有在内激励上去努力，才能从根本上调动员工的积极性，而单靠外激励是不全面的。所以只有将物质激励与精神激励、人的自然需要与社会需要结合起来，才能取得最大的激励效果。

五、激励的原则

（一）按需激励

个体之间是有差异的，员工的需求是因人而异、因时而异的，只有满足员工最迫切的需要，激励的效价才会高。因此，只有不断了解员工的需求层次、结构及其变化，才能有针对性地采取激励方式，才能有效地激励员工。

（二）客观公平公正

有效的激励必须以科学的评价体系为保证，包括对绩效评估体系和对激励手段有效性的评价。客观公正的绩效评价是对员工努力工作的肯定，是对员工进行奖惩的依据。以员工绩效为依据，对员工进行奖惩，才能起到激励员工的目的。公平性既包括外部公平性，也包括内部公平性。要公平对待取得相同业绩的员工，公平处罚犯错误的员工。激励措施要适当，奖惩要公平。

（三）物质与精神结合

物质和精神二者缺一不可，相互补充。片面地强调物质激励，则很难满足员工高层次的需求；一味地强调精神激励，缺少物质刺激，则不能有效地调动员工的工作积极性和主动性。

（四）正负激励相结合

管理者对员工的激励行为不仅会影响员工的日后行为，还会间接地影响周围其他人。正激励是组织所倡导的，鼓励员工效仿的；负激励是组织所摒弃的，阻止员工效仿的。应以正激励为主，以负激励为辅。

（五）时效性激励

激励员工要把握好时机，激励越及时，越有利于激发员工的热情，提高其工作主动性和积极性，挖掘员工潜能。超前的激励可能会使员工感到无足轻重；迟来的激励可能会让员工觉得多此一举，使激励失去意义，不能发挥激励的作用。

（六）适度性激励

激励的频率和程度要适度。激励频率与激励效果之间并不完全是简单的正比关系，只有对具体情况进行综合分析，才能确定恰当的激励频率。能否恰当地掌握激励程度，直接影响激励作用的发挥。激励员工时要把握好频率和程度。

（七）完整性激励

在激励制度实施一段时间后，要组织专业人员及时对激励的过程和结果进行全面的分析、评价和反馈，把好的制度保留下来，摒弃不好的制度或对其加以修改。要通过不断的反馈、修正、完善，使激励制度发挥更好的效果。

头脑风暴

分组讨论：对员工进行激励时还有哪些方法？请举例说明。

第二节　激励理论

激励理论是关于如何满足人的各种需要、调动人的积极性的原则和方法的概括总结。激励的目的在于激发人的正确行为，调动人的积极性和创造性，充分发挥人的能动效应，做出最大成绩。从 20 世纪 20 年代起，一些学者认为工作效率和劳动效率与职工的工作态度有直接关系，而工作态度则取决于需要的满足程度和激励因素，因此提出了许多激励理论。

一、需要层次理论

（一）需要层次理论的内涵

知识活页

激励理论

美国著名社会心理学家亚伯拉罕·哈罗德·马斯洛（以下简称马斯洛）在 1943 年提出了需要层次理论，他把人类纷繁复杂的需要由低到高分为生理需要、安全需要、社交需要、尊重需要、自我实现需要等 5 个层次，如图 9-2 所示。

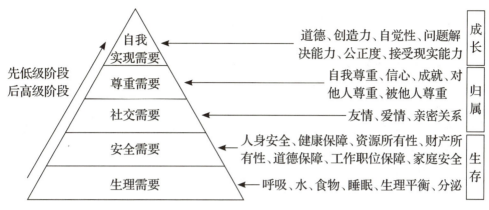

图9-2　马斯洛的需要层次理论

1.生理需要

生理需要是指维持人类生存所必需的身体需要，包括食物、水、住所和睡眠及其他方面的生理需要。马斯洛认为"人是永远有需要的动物"，在一切需要之中生理需要是最优先的。如果一个人为生理需要所控制，那么其他需要均会被推到次要地位。

2.安全需要

生理需要满足以后即产生安全需要。安全需要即是保证身心免受伤害的需要。安全需要可以是意识的，也可是潜意识的。安全需要包括许多方面：心理安全，希望解脱监督的威胁，避免不公正的待遇等；劳动安全，希望工作安全、不出事故，环境无害等；职业安全，如希望免于天灾、战争、动乱、破产等；经济安全，希望医疗、养老、意外事故有保障。这种需要得不到满足，人就会感到威胁与恐惧。

3.社交需要

社交需要包含感情、归属、被接纳、友谊、关爱等方面的需要，是个人要求与他人建立情感联系，如结交朋友，追求爱情的需要。爱的需要包括给予他人的爱和接受他人的爱。这种爱体现在相互信任、相互理解和相互支持上。社交需要与个人性格、个人经历、生活区域、生活习惯、民族、风俗、宗教信仰等都有关系，这种需要是难以觉察、无法度量的。

4.尊重需要

尊重需要包括内在的尊重，如自尊心、自主权、成就感等需要，以及外在的尊重，如地位、认同、关注、受重视等需要。人的归属感一旦得到满足，就会要求自觉和受到别人的尊重。当这种需要得到满足时会使人体验到自己的力量和价值，反之则会使人产生自卑和失去自信心。

5.自我实现需要

自我实现需要包含个人成长与发展、发挥个人潜能、实现个人理想的需要。这是一种追求个人能力极限的内驱力。能最大限度地发挥自己的潜能，不断完善自己，完成与自己能力相称的一切事情，是人类最高层次的需要。有这种需要的人一般表现在两个方面：一是胜任感，力图控制事物或环境，而不是等事物被动地发生与发展；二是成就感，工作的乐趣在于成果和成功，需要知道自己工作的结果，成功后的喜悦要远比其他任何报酬都重要。

（二）需要层次理论的应用

1. 需要分高低两级

生理的需要和安全的需要被称为低级需要，而社交的需要、尊重的需要与自我实现的需要被称为高级需要。低级需要主要是从外部使人得到满足，如借助于工资收入满足生理需要，借助于法律制度满足安全需要等。高级需要则是从内部使人得到满足，而且一个人对尊重和自我实现的需要，是永远不会感到完全满足的。高层次的需要比低层次的需要更有价值，人的需要结构是动态的、发展变化的。因此，通过满足员工的高层次需要来调动其生产积极性，具有更稳定、更持久的力量。

2. 需要会发生转移

当一种需要得到满足后，另一种更高层次的需要就会占据主导地位。从激励的角度看，没有一种需要会得到完全满足，但只要其得到部分的满足，个体就会转向追求其他方面的需要了。事实上，社会中的大多数人在正常的情况下，他们的每种基本需要都只是部分地得到了满足。

3. 需要有多种特征

（1）需要的多样性，是指一个人在不同时期可有多种不同的需要，即使在同一时期，也可能存在着好几种程度不同、作用不同的需要。

（2）需要的层次性，需要应是相对排列，而不是绝对地由低到高排列的，需要的层次应该由其迫切性来决定。对于不同的人在不同时期，感受到最强烈的需要类型是不一样的。因此，有多少种类型的需要，就有多少种层次不同的需要结构。

（3）需要的潜在性，这是决定需要是否迫切的原因之一。人的一生中可能存在多种需要，而且许多是以潜在的形式存在的。只是到了一定时刻，由于客观环境和主观条件发生了变化，人们才发现或感觉到这些需要。

（4）需要的可变性，是指根据需要的迫切性不同，需要的层次结构是可以改变的。

在认识到了需要的类型及其特征的基础上，企业的领导者如果希望激励某人，就必须了解此人目前所处的需要层次，然后着重满足这一层次或在此层次之上的需要。

二、双因素理论

激励因素—保健因素理论是美国的行为科学家弗雷德里克·赫茨伯格（以下简称赫茨伯格）提出的，又称双因素理论，该理论是他最主要的成就。

（一）双因素理论的内涵

20世纪50年代末期，赫茨伯格和他的助手们在美国匹兹堡地区对200名工程师、会计师进行了调查访问。结果发现，使员工感到满意的都是属于工作本身或工作内容方面的；使员工感到不满的，都是属于工作环境或工作关系方面的。他将前者叫作激励因素，将后者叫作保健因素，如图9-3所示。

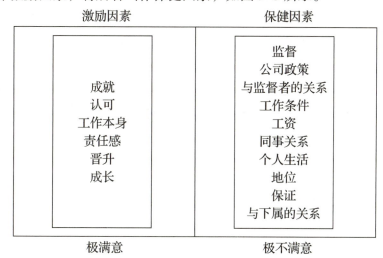

图9-3　赫茨伯格双因素理论

1. 激励因素

赫茨伯格认为那些能带来积极态度、满意和激励作用的因素就叫作"激励因素"，这是能满足个人自我实现需要的因素，包括成就、赏识、挑战性的工作、增加的工作责任，以及成长和发展的机会。如果这些因素具备了，就能对人们产生更大的激励。

2. 保健因素

保健因素包括公司政策、管理措施、监督、人际关系、物质工作条件、工资、福利等。当这些因素恶化到人们认为可以接受的水平以下时，就会产生对工作的不满意。但是，当人们认为这些因素很好时，它只是消除了不满意，并不会导致积极的态度，这就形成了某种中性状态。

（二）双因素理论的应用

1. 直接满足

直接满足又称为工作任务以内的满足，是一个人通过工作所获得的满足，是通过工作本身和工作过程中人与人的关系得到的。它能使员工学习到新的知识和技能，产生兴趣和热情，使员工具有光荣感、责任心和成就感。可以使员工受到内在激励，产生极大的工作积极性。管理者应充分重视这种激励方法。这种激励措施虽然所需的时间较长，但是员工的积极性一经激励起来，不仅可以提高生产效率，而且使员工能够持久的工作热情，应该充分注意运用这种方法。

2.间接满足

间接满足又称为工作任务以外的满足，它不是从工作本身获得的，而是在工作以后获得的。例如，晋升、授衔、嘉奖，或物质报酬和福利等，其中福利方面，如工资、奖金，提供食堂、托儿所、员工学校、俱乐部等，都属于间接满足。间接满足虽然也与员工所承担的工作有一定的联系，但它毕竟不是直接的，因而在调动员工积极性方面往往有一定的局限性，常常会使员工感到与工作本身关系不大而满不在乎。研究者认为，这种满足虽然也能够显著地提高工作效率，但不容易持久，有时处理不好还会发生反作用。

3.注重激励因素

在实际工作中，要调动和维持员工的积极性，首先要注意保健因素，以防止不满情绪的产生。但更重要的是要注意工作的安排、量才使用、个人成长与能力提升等，注意对人进行精神鼓励，给予表扬和认可，注意给人以成长、发展、晋升的机会去激发员工的工作热情，努力工作，创造奋发向上的局面，因为只有激励因素才会增加员工的工作满意感。

三、期望理论

美国心理学家和行为科学家维克多·弗鲁姆于1964年在其名著《工作与激励》中提出了期望理论。

（一）期望理论的内涵

期望理论认为，人总是渴求满足一定的需要并设法达到一定的目标。这个目标在尚未实现时，表现为一种期望，这时目标反过来对个人的动机又是一种激发的力量，而这个激发力量的大小，取决于目标价值（效价）和期望概率（期望值）的乘积。

$$激励效用（M）＝效价（V）\times 期望值（E）$$

M表示激励效用，是指调动一个人的积极性，激发人内部潜力的强度。

V表示效价，是指达到目标对于满足个人需要的价值。同一目标，由于各个人所处的环境不同，需求不同，其需要的目标价值也就不同。同一个目标对每一个人可能有3种效价：正、零、负。如果个人喜欢其可得的结果，则为正效价；如果个人漠视其结果，则为零值；如果不喜欢其可得的结果，则为负效价。效价越高，激励力量就越大。

E表示期望值，是人们根据过去经验判断自己达到某种目标，或满足需要的可能性大小，即能够达到目标的主观概率。

这个公式说明：假如一个人把某种目标的价值看得很大，估计能实现的概率也很高，那么这个目标激发动机的力量越强烈。

期望理论认为，期望的东西不等于现实，期望与现实之间一般有3种可能性，即期望小于现实，期望大于现实，期望等于现实。这3种情况对人的积极性的影响是不同的。

1.期望小于现实

即实际结果大于期望值。在正强化的情况下（如奖励、提职、提薪等），当现实大于期望值的时候，有助于提高人们的积极性，在这种情况下，能够增强信心，增加激发力量。而在负强化的情况下，如惩罚、灾害、祸患等，期望值大于现实，就会使人感到失望，因而产生消极情绪。

2.期望大于现实

即实际结果小于期望值。在正强化的情况下，便会产生挫折感，对激发力量产生削弱作用。如果在负强化的情况下，期望值大于现实，则会有利于调动人们的积极性，因为这时人们做了最坏的打算和准备，而结果却比预想的好很多，这自然对人的积极性是一个很大的激发。

3.期望等于现实

即人们的期望变为现实，所谓期望的结果，是人们预料之中的事。在这种情况下，一般地说，也有助于提高人的积极性。如果从此以后，没有继续给以激励，积极性则只能维持在期望值的水平上。

在实际生活中，每个目标的效价与期望常呈现负相关。难度大、成功率低的目标既有重大的社会意义，又能满足个体的成就需要，具有高效价；而成功率很高的目标则会由于缺乏挑战性，做起来索然无味，而导致总效价降低。因此，设计与选择适当的外在目标，使其既给人以成功的希望又使人感到值得，为此而奋斗就成了激励过程中的关键问题。

（二）期望理论的应用

1.努力与绩效的联系

员工感觉到通过一定程度的努力而达到工作绩效的可能性。如果个人主观认为通过自己的努力达到预期目标的概率较高，就会有信心，就可能激发出很强的工作热情；如果员工认为再怎么努力目标都不可能达到，就会失去内在的动力，导致工作消极。但能否达到预期的目标，不仅仅取决于个人的努力，还同时受到员工的能力和上司提供的支持的影响。

2.绩效与奖赏的联系

即员工对于达到一定工作绩效后，对可获得理想的奖赏结果的信任程度。如当员工达到这一绩效水平后，会得到相应的奖赏，这种奖励既可包括提高工资、多发奖金等物质奖励，也包括表扬、自我成就感、同事的信赖、提高个人威望等精神奖励，还包括得到晋升等物质与精神兼而有之的奖励。如果员工认为取得绩效后能够得到合理的奖励，就可能产生工作热情，否则就可能没有积极性。

3.奖赏与个人目标的联系

即工作完成后，员工所获得的潜在结果或奖赏对他的重要性程度。如这一奖赏能否满足个人的目标？吸引力有多大？由于人们各方面的差异，他们的需要的内容和程度都可能不同。因而，对于不同的人，采用同一种奖励能满足需要的程度不同，能激发出来的工作动力也就不同。

4.对管理者的启示

激励过程的期望理论对酒店督导的启示是，管理人员如果处理好了以上3种关系，便可有效地提高下属的工作积极性。例如，在处理努力与绩效关系方面，管理者可以在员工招聘时选择有能力完成工作的人，或向员工提供适当的培训；在他们工作时，向他们提供足够的支持。在处理绩效与奖励的关系方面，管理者应尽量做到以工作表现来分配各种报酬，并向员工清楚解释分配各种报酬的原则和方法，而关键的是奖励要公平。在处理奖励与满足需要的关系方面，管理者应了解各员工不同的需要，尽量向员工提供他们认为重要的回报。

四、公平理论

公平理论是美国心理学家约翰·斯塔希·亚当斯在1965年首先提出来的，也称为社会比较理论。这种理论的基础在于，员工不是在真空中工作的，他们总是在进行比较，比较的结果对于他们在工作中的努力程度有影响。

（一）公平理论的内涵

1.研究的核心内容

公平理论是研究工资报酬分配的合理性、公平性对职工工作积极性影响的理论。提出人们会通过横向和纵向两个方面的比较，判断其所获报酬的公平性。

2.人们会相互比较

公平理论的主要观点认为，人们总是要将自己所做的贡献和所得的报酬，与一个和自己条件相当的人的贡献与报酬进行比较，在比较的基础上，感受自己是否享受公平的待遇。如果一个人的内心感受是公平的，其工作积极性即激励水平就高；反之，激励水平就低。

3.付出与收获平衡

公平理论认为，在职业流动性很高的社会中，一个组织若要吸引现有职工继续留在本组织中，或者吸引更多的人加入本组织，至少必须做到贡献（个人付出的努力或投入）与诱因（个人所得的报酬或奖励）相平衡；但人们在缺乏评价其得到的报酬和付出的努力是否相当的客观标准的情况下，经常是将其付出和所得的比率与他人的付出和所得的比率做比较，以此衡量其得到的报酬是否公平。

4.个人会高估自己

由于人们借以做比较的标准是由个人选定的，所以对公平与否的感觉实际上只是一种主观判断。人们在做公平比较时，通常出现的一个情况是，个人会过高地估计自己所付出的投入和他人所得到的报酬，这样个人就更容易感到不公平和不满足。

（二）公平理论的应用

公平理论告诉酒店督导人员，工作任务及公司的管理制度都有可能对公平性产生影响。这种作用对只是起维持组织稳定性的管理人员来说，是不容易觉察到的。员工对工资提出增加的要求，说明组织对他至少还有一定的吸引力，但当员工的离职率普遍上升时，说明员工对企业已经产生了强烈的不公平感，这需要引起管理人员的高度重视，因为它意味着除了组织的激励措施不当以外，更重要的是，企业的现行管理制度有缺陷。主管人员的主要职责就是运用各种方法和手段，使下属员工处于拥有公平感的心理状态。

 头脑风暴

分组讨论：对有些公司在发放工资奖金时采取保密的"发红包"的方式（实际很难能保密），以避免员工在相互比较中产生不公平感，有哪些看法？可以怎样调整？

第三节　激励实践

在现代酒店企业里，一般每个员工都有其比较偏重的追求目标，有的追求成就，有的追求职位，而有人却追求融洽的关系与真诚的友谊。作为管理者，应设法了解员工各种不同的需求，以便为他们创造条件，激励他们实现更高的目标。

微课视频

怎样激励员工

一、员工的激励需要

（一）有趣的工作

热爱工作是做好一项工作的前提，许多员工把这一点排在许多要素的前列。"工作的报酬就是工作本身！"管理者需要为员工创造工作的意义和价值。员工体会到工作的内在价值与意义，才会真正为了这份工作而积极努力，发挥自己的最大力量。

（二）公平的报酬

报酬是一种有效的刺激物，无论管理者多么高明，都必须以物质力量为后盾，稳定的工资及福利收入是员工工作动力的永久源泉。大多数员工都希望他们工作能得到公平的回报，即同样的工作获得相同的报酬。

（三）酒店的赏识

员工谋求酒店的承认和同事的认可，希望自己出色的工作被酒店"大家庭"所接受。如果得不到这些，他们的士气就会低落，工作效率就会降低。他们不仅需要自己归属于员工群体，而且还需要归属于酒店整体，是酒店整体的一部分。所有的员工都希望得到酒店的赏识，感到自己是酒店的主人，而不仅仅是劳动力。

（四）正面的回馈

酒店管理者认可下属的努力，不但可以提高工作效率和士气，同时可以有效地建立其信心，提高员工的忠诚度，激励他们接受更大的挑战。管理者有责任对下属的工作给予正面的回馈，以加强他们的自信。为了充分调动员工的积极性，必须使他们相信自己的努力会使工作富有成效。

（五）开放的管理

一个酒店要想快速发展，就必须将酒店经营理念和发展目标明确化，将酒店发展目标转化为员工的使命。员工越了解酒店目标，使命感越强，酒店的向心力越大。下属非常希望管理者和他们所服务的酒店都是开放的，能不断提供给他们与工作有关的酒店的重大信息。

（六）必要的培训

不肯花钱培训员工成才的酒店，不可能成为有前途的优秀酒店。支持员工参加职业培训，如岗位培训或酒店付费的各种学习班、研讨会等，有助于降低工作压力，提高员工的创造力。

（七）升迁的机会

多数员工都希望在工作中有晋升的机会，没有前途的工作会使员工产生不满，最终可能导致离职。酒店必须腾出位子，为提拔优秀员工创造条件，并使工作有保障。

（八）更大的权力

酒店发展要靠员工的努力，管理者要把员工看得比自己伟大，充分信任他们，放权给他们，才能使员工养成独立工作的能力。授权不仅是封官任命，管理者在向下属分派工作时，也要授予他们权力，否则就不算授权。管理者要帮被授权者消除心理障碍，让他们觉得自己是在"独挑大梁"，肩负着一项完整的职责。

二、激励需要考虑的因素

把激励理论运用到工作中去，有许多的制约因素。酒店督导在运用激励理论时要考虑各种现实的因素。

（一）工作性质

酒店很多工种及工作比较沉闷、缺乏挑战性，重复性强；有些工作量和工作内容无法控制，取决于客情状况。

（二）公司政策及管理理念

激励要与公司的预算、成本控制目标一致；公司还有各项其他规定，即使是修改工作流程也要经过一定的程序；公司管理层的管理风格与领导艺术决定了督导能做什么，不能做什么。

（三）职责、职权及可支配资源

激励方式受到工作权限的限制和制约，手中可支配的资源有限，督导任何大的变动都要经过直属上级的批准。

（四）所管理的员工

员工有各种不同的工作动机，如有为了工作而工作的员工，他们的兴趣不在工作上；也有事事等督导拿主意的员工，什么事都依赖督导做决策。因此，所管理的员工类型不同，激励方式也不同。

 **头脑风暴**

> 分组讨论：酒店督导在激励员工时，还需要考虑哪些因素？请举例说明。

三、督导激励实践

尽管没有一套可以每家照搬套用的万能激励理论，但是酒店督导们在实际工作中也总结出了一些行之有效的激励方法——先了解员工的需求，再满足员工的需求，奖励员工，创造良好的工作环境和以身作则。

（一）了解员工

了解员工是激励员工的起点。用询问、观察与问卷的形式了解员工，每个人的工作目的、兴趣与目标不同，其内在动力也不同，有效激励的方法也应该不同。

1.了解员工的工作目的

员工的工作目的各不相同，如有人喜欢与人打交道的工作；有人为了赚钱养家生活；有人因在学校学的是酒店管理和数字化运营专业而选择在酒店工作；有人因为在高档酒店工作有自豪感；有人为了寻求将来的发展机会而进入酒店工作，也有人谈不上喜欢，先干着看，再寻找机会。

2.了解员工的工作兴趣

员工的工作兴趣也各不相同，如有对自己的工作感兴趣，真心喜欢的；有对工作有时感兴趣，遇到困难时会失望的；有对本职岗位不感兴趣，但对另外某岗位的工作有兴趣的；有对所了解的工作都不感兴趣，不喜欢的；等等。

3.了解员工的工作目标

员工的工作目标也各不相同，如有人觉得有份工作，能过得去就行的；有人希望提升到管理岗位，成为经理；有人觉得不出错就行的；有人希望学到新东西，掌握新技能的；有人注重培养自己的能力，为将来的发展做准备的；有人只是需要这段经历；等等。

（二）满足员工的需求

1.员工的需求层次

满足员工的需求首先确定员工所处的需求层次，了解他们的基本需求、安全需求、社交需求、尊重需求与自我需求实现需求，需求层次有时是交叉而非绝然分开的，应根据员工的需求层次设计员工的激励方案。

2.员工的安全需求

处于安全层次的员工表现出不安、犹豫不决和小心翼翼，因此，应为处于安全层次的员工提供安全的工作环境，保护、帮助、肯定并表扬员工，避免指责、恐吓的语言与行为。

3.员工的社交需求

让员工感到被接受、被认可，看重员工的工作；让员工有归属感，鼓励团队合作；与员工就其工作及其与其相关的事宜进行沟通；建立团队或解决问题小组。

4.员工的尊重与自我实现需求

建立一种互相尊重的氛围，让员工有表现的机会；尊重员工，尤其在客人面前；创造尊重员工的环境，让员工工作在一群值得尊重的人群之中；让员工感受到来自客人、上司、工作单位对员工劳动价值的尊重；尊重员工追求自我价值。

（三）奖励员工

1.表扬员工

想要员工如何表现就表扬他的做法，受到表扬的员工感到被接受、被认可，表扬员工也会让自己心情愉悦。

（1）表扬事、表扬人

①表扬员工所做之事，例如"这面镜子擦得很干净，这种擦镜子的方法我喜欢"。

②表扬员工本人，例如"刘颖这种雷厉风行的作风值得我们大家向她学习"。

（2）表扬员工要具体

①针对具体工作，例如"用吸尘器把这个角落清理干净需要技术，你做得很棒"。

②希望员工持续表现的行为，例如"今天的妆非常好，笑容也美"。

③对客服务符合规范，例如"张先生对你的服务给出很高的评价，我们都应该向你学习呢"。

④工作任务达标。例如"在规定的时间内上菜，服务也很规范，非常好"。

2.赞美员工

职场技巧

酒店激励员工
的14个方法

（1）赞美是职业习惯

赞美他人是酒店督导的一种高尚的职业习惯。赞美他人包括员工、客人、同事、朋友及家人，随时随地的赞美，愉悦他人也快乐了自己，激励了员工也激励了自己。

（2）创造赞美的氛围

督导可以创造一种赞美的氛围，员工在赞美氛围中会受到影响与激励。

①赞美客人，例如"王先生好帅哦""李小姐真漂亮""小朋友太可爱了"。

②赞美员工，例如"沈娜是我们的微笑天使""张立是我们摆台最好的服务员""刘倩的对客服务技能最棒了"。

③赞美事物，例如"今天的天气真好""这场雨下得太及时了""这是我见过的最好的宴会布置"。

3.感谢员工

（1）学会感谢是美德

表扬、赞美与感谢是实际工作中酒店督导激励员工最常用也是最有效的方式。感谢员工既能激励员工更好地工作，也能平衡督导的心态，保持一个和蔼可亲的形象。学会感谢感恩是酒店经理人的美德，感谢客人、感谢员工、感谢这份工作让自己衣食无忧，随时随地的感谢是酒店经理美好的内在修养的外在表现，感谢一切美好的东西，而自己也在感谢中感受到快乐和成长。

（2）用感谢激励员工

①感谢员工为自己所做的任何事情，例如"谢谢你的报表""请把报纸给我，谢谢""请跟我来，谢谢"。

②感谢员工工作达标，例如"感谢你按时完成这项任务""这份报表终于完成了，谢谢你""你做到了，太好了，谢谢"。

③感谢员工的对客服务，例如"谢谢你对宋先生夫妇用餐的周到服务""快收拾完下班吧，辛苦了，谢谢你"。

④感谢员工团队合作，例如"谢谢你帮助小王上菜""你这样做让李娜很高兴，谢谢你"。

（四）创造良好的工作环境

1.让工作场所安全适宜

应努力创造一个安全的工作场所，没有危险和事故，适宜工作，设备运转正常，员工相互关照，工资福利有竞争力，企业规定合理，管理理念新。

2.让工作富有挑战性

让合适的人做合适的工作，交叉培训员工，使员工一专多能。

3.让员工对工作感兴趣

让员工做自己喜欢做的工作，喜欢与人打交道，充实员工的工作内容。

（五）以身作则

1.为员工树立良好榜样

员工模仿经理做事，经理处事的表现，员工会模仿，经理的不佳表现员工也会模仿。

2.表现自己最好的一面

要求员工做到自己应首先做到，坚守自己的诺言，坚守职业道德，忠诚于自己的工作单位与上司，员工会效仿你对客服的态度，员工会效仿你的工作。应控制好自己的情绪，避免对客服务不周，避免发牢骚、抱怨。

3.对员工抱有最好的期望

期望员工做得好并鼓励他们，他们就会做得更好，厌恶和恶意批评，只能换来员工的憎恨或不满，对酒店工作没有好处。

头脑风暴

分组讨论：酒店督导以身作则做好榜样，还有哪些方式？请举例说明。

▶ 应用分析

赞美是人际交往的"润滑剂"

因工作关系，某酒店营销部年轻的职员张倩经常需要与一些企业高层人士打交道，自然少不了几次三番的电话联系，让她烦恼的是，这些人似乎没有不忙的，一接电话，他们急匆匆的语气让她的语速也急促起来，未等她把话说完，对方早已经不耐烦。可是她发现同事李姐打起电话来却从容不迫，笑声朗朗，就像和熟人说话一样，偶尔还会听到一两句"您的声音真好听""贵公司是国内有影响的企业""我也注意到这个问题，但没您想得这么深"，不用说，她负责联络的人士十有八九都能配合。

（资料来源：根据宁波开元名都大酒店管理案例整理。）

问题分析

1. 你认为李姐负责联络的客户比较成功的原因是什么？
2. 你认为张倩可以从李姐身上学习到哪些客户沟通技巧？

▶ 实训项目

[实训名称]

激励技能认知

[实训内容]

学生 3~6 人组成一个小组，并推举小组负责人。每个小组寻找一家在服务或管理等方面具有特色的酒店企业，现场观摩其督导激励技能的方式方法。

[实训步骤]

1. 每个小组到本地一家特色酒店的某个或几个部门，现场观摩督导激励技能的方法与技巧。

2. 根据本章所学内容，分析该酒店企业督导激励技能运用的优缺点。

3. 每个小组制作汇报 PPT，在课堂上分享考察心得体会，并进行答辩。

[实训点评]

1. 每个小组提供某酒店现场督导激励员工技能的利弊的分析报告。

2. 师生根据各小组的报告及表现给予评价打分，成绩纳入课程实训教学的考核之中。

第九章实训评分

拓展作业

第九章导学测评

参考资料

陈顺，綦恩周. 酒店督导管理实务 [M]. 长沙：湖南人民出版社，2014.

黄昕，赵莉敏. 酒店督导管理实务 [M]. 武汉：华中科技大学出版社，2022.

姜玲. 酒店业督导技能 [M]. 北京：旅游教育出版社，2018.

刘纯. 酒店业督导原理 [M]. 天津：南开大学出版社，2005.

刘长英. 现代酒店督导 [M]. 北京：企业管理出版社，2020.

邵雪伟. 酒店沟通技巧 [M]. 杭州：浙江大学出版社，2016.

王今朝. 酒店督导管理 [M]. 北京：清华大学出版社，2018.

王凤生. 做最成功的酒店职业经理人 [M]. 北京：中国旅游出版社，2017.

薛兵旺，周耀进. 酒店督导管理 [M]. 武汉：华中科技大学出版社，2017.

谢军梅. 西安 XLD 酒店基层员工流失问题与对策研究 [D]. 西安：西安电子科技大学，2019.

叶萍. 管理实务 [M]. 北京：高等教育出版社，2012.

第十章

现场督导

> **本章导言**

现场督导在生产型企业又被称为现场管理。"现场管理"一词最早起源于日本，是指在生产现场中对人员、机器、材料、方法等生产要素进行有效的管理。后来逐步形成了著名的"5S"管理，即清理、整理、清洁、维持、素养。它对塑造企业形象、降低成本、准时交货、安全生产、高度标准化、创造令人愉悦的工作现场和改善现场环境起到了巨大的作用，成为引领工厂管理的潮流。

与纯生产型企业相比，酒店业最为突出的特点是生产、服务和消费同步，客人直接介入其中。酒店现场管理的核心就是以客人为中心，通过管理人员的现场督导，保证各项服务内容能够按规定的标准和服务程序落到实处，使各类运营要素处于最佳状态，客人受到高度的关注。

> **学习目标**

【知识目标】

1. 知晓现场督导、问题、班前会的含义
2. 知晓现场督导的重要性、内容与关键点
3. 知晓酒店督导缺少问题意识的原因
4. 知晓酒店督导组织召开班前会的益处

【能力目标】

1. 学会利用媒体收集现场督导的管理案例
2. 能够学习发现问题的方法，培养解决问题的能力
3. 能够策划、组织、主持现场班前会
4. 能将理论学习与酒店现场管理实践相结合

【思政目标】

1. 培养劳动精神、劳模精神、工匠精神和勤俭节约意识

2. 具有遵纪守法、诚信经营的法规意识

3. 树立强烈的服务质量意识

> **思维导图**

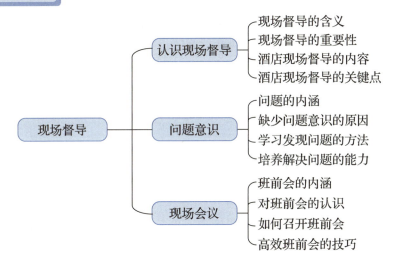

> **案例导引**

菜肴不够吃

　　一天晚上，一家开业不久的酒店某餐厅来了一批客人，共有六位成年人和两个小孩。客人看过菜单后，因对该酒店的菜肴、点心了解不多，便向餐厅服务员小徐询问，小徐当即主动热情地帮客人点菜、配菜，并说"一定让你们满意"。然后，小徐便替客人点了一组菜肴和点心。客人用餐结束时，向餐厅张经理提出投诉。他们认为餐厅服务员代点的菜肴分量不足，葱姜梭子蟹（1只）等菜肴，一人一块都不够，结果是菜肴价格不低，却没能吃饱。餐厅经理张先生立刻向客人道歉，婉转地向客人解释小徐为他们所点的菜肴的原料价格，消除了客人对价格的疑虑；接着对菜肴数量、分量等也做了详尽的说明，并向客人表示餐厅可向客人赠送两份蛋炒饭和一个水果拼盘，客人表示接受。

　　（资料来源：节选、整理自张雪丽.饭店服务质量管理 [M].北京：清华大学出版社，2019.）

🔍 **问题思考：**

　　酒店餐厅服务员小徐的服务存在哪些问题？请你对张经理的处理方式进行评价。

第一节　认识现场督导

酒店督导人员的重要工作职责是熟悉现场管理流程、方法与技巧，关注和加强现场管理。立足于现场、管理好现场、服务于现场，督导人员才能在第一时间为宾客、下属员工提供服务。

一、现场督导的含义

酒店现场督导是指酒店部门经理、主管、领班等酒店中基层管理人员对酒店的资源通过以监督指导为主的一系列管理职能进行现场管理的活动和过程。

现场督导是酒店督导层在日常工作中一种非常有效的技能。督导层可以了解到更丰富、更直接的员工工作问题，并及时了解所属员工的工作困境。特别是在关键时刻、关键点发生问题时，现场督导人员需要挺身而出。现场督导本质上是一种管理方法或管理技术。

二、现场督导的重要性

现场督导需要用科学的管理制度、标准和方法对服务现场各生产要素进行合理有效的计划、组织、协调、控制和检测，使其处于良好的结合状态，达到优质、高效、低耗、均衡、安全、文明生产的目的。其中生产要素包括人（服务人员和管理人员）、机（服务设备、服务工具、服务器具）、料（原材料）、法（服务方法）、环（环境）、信（信息）等，现场督导是对服务第一线的综合管理，是服务管理的重要内容。现场督导的重要性主要体现在以下几个方面。

（一）减少资料浪费

通过酒店督导人员的现场督导，能够优化生产现场效益，减少水、电、气及其他原材料等方面的资源消耗；减少服务现场的产品浪费，节省人力资源成本，节省支出。

（二）增强员工信心

酒店督导人员在现场督导过程中，可以通过现场表扬、赞美等手段肯定员工做得比较好的方面，激发员工的工作积极性，增强一线员工的自信心。

（三）提高工作效率

酒店督导人员在现场督导的重要内容之一是观察现场，分析现状，发现问题，提出解决问题方案并落实整改，从而改善或提高工作效率。

（四）更加尊重宾客

酒店服务工作具有的特殊性，一方面是因为酒店员工的服务工作多数是直接展示在宾客面前的，客人可以直接观察到员工的生产与服务过程；另一方面，宾客可以对酒店的生产和服务进行评价，且评价具有很大的主观性。酒店督导人员在服务现场可以满足宾客被重视、被尊重的需要。

（五）化解宾客投诉

酒店督导人员在现场督导，可以预防或及时处理生产和服务过程中的问题，提高酒店服务质量，减少宾客投诉。

分组讨论：现场督导还有哪些重要意义？请举例说明。

三、酒店现场督导的内容

（一）按酒店营业时间段划分

酒店在不同营业时间段，督导的工作内容与检查重点各有不同，如表10-1所示。

表10-1　酒店不同营业时间段的督导内容

项目	内容
宾客到达前	检查管理制度、服务流程，检查重点岗位、关键点及可能的失误点
服务过程中	检查环境氛围、卫生质量、服务规范、出品质量，协调人员，联系客人，对关键岗位及时补位
宾客离店后	处于营业低峰或交接班时段，容易出现忽视宾客需求、卫生不洁、环境嘈杂等问题，需重点关注

（二）按工作内容的类别划分

督导需根据酒店人员、设备、物料、卫生、出品、服务等不同内容，进行分类并做好检查指导工作，如表10-2所示。

表10-2　酒店不同类别的督导内容

项目	内容
人员督导	根据不同的工作情况，调整人员数量，检查员工的劳动纪律、仪容仪表，观察员工的精神状态，检查员工的操作技能，评估员工的工作效率，激发员工的积极性等
设备督导	检查各种服务设备是否正常运行，例如，温度、气味、光线等，检查安全隐患（用电、用气、设备等），核实设备的维修、保养是否按计划进行
物料督导	根据每日不同的状况，检查员工是否准备充足的服务用具、原材料等；服务中随时关注材料的使用状况，并做出相应的调整
卫生督导	需时刻关注重点区域的卫生状况，及时检查服务中受影响较大的区域
出品督导	关注酒店的有形产品和无形产品。有形产品如餐饮部出品的菜肴是否符合质量标准？上菜速度如何？是否有台位需要催菜？是否有客人要加菜、加酒水？又如客房部的房间清扫、物品配备是否到位？无形产品如酒店环境氛围、员工服务礼仪如何？客人进餐时的感受如何？
服务督导	时刻关注宾客反应，立即行动；关注各岗位的工作状况，是否在按服务规范和质量标准操作；观察各工作岗位之间、各班次之间的工作衔接情况

（三）按现场管理的侧重点划分

1.清除酒店安全隐患

督导需要定期检查，防止酒店的水、电、气、通风等出现问题，确保服务正常进行。及时调整不安全、不合格的服务用具、客人用品，防止服务受到干扰。

2.把控服务现场状态

对酒店服务现场，督导人员要眼观六路、耳听八方，清楚员工的精神状态，及时做好服务人员调整，防止服务脱节，避免顾此失彼。

3.把控宾客的舒适度

舒适度是现代酒店人性化程度的基本要求，也是体现酒店服务境界的重要标准。因此，酒店现场管理的重要内容就是把握好舒适度，确保宾客得到舒适安逸的感受和体验。

4.掌握服务规范情况

督促服务人员应严格执行服务规范和标准，防止错误行为的产生；检查服务规范的合理性和可操作性，适时调整规范和标准；清除不合理因素，及时调整不合适的物品用具，防止和处理各类服务干扰因素，确保服务的正常进行。

5.主动征求宾客意见

征求宾客意见，一般有两种方式：一是直询式，即现场直接征询客人的消费感受和意见；二是表单式，即请客人在固定的表单上简述自己对酒店服务的感受和满意度。

6.了解客人消费需求

督导需现场观察客人的消费状态，及时了解客人的消费需求变化，适时调整服务工作的人员、工具、设备等内容，提高宾客满意度，增加复购率。

7.用心服务一线员工

酒店督导要视员工为内部顾客，要清楚地意识到，只有照顾好了员工，员工才会服务好宾客。服务员工就要为员工营造良好的工作环境，了解员工的需求，掌握服务员工的方式和方法。

职场技能

面对找茬客人，
要立于不败之地

8.及时处理突发事件

突发事件在酒店时有发生，现场督导的一项重要任务就是当突发事件发生时，要第一时间亲临现场，做好沟通和处理工作，将危机消灭在萌芽状态，将损失降低到最小。

四、酒店现场督导的关键点

在酒店现场督导过程中，寻找酒店现场督导的关键点和中心环节是督导的核心，主要包括下面几个方面。

（一）服务的真实瞬间

在服务过程中，酒店督导人员如何才能寻找到服务的关键部位呢？酒店督导人员可以通过对酒店服务的真实瞬间的了解，把握服务整体环节。

真实瞬间，是站在宾客的角度，从宾客对酒店的每一次接触和体验看酒店员工的服务关键点。这是一个员工服务与宾客感受的互动过程，是员工服务与宾客感受的每一个关键点的综合表现。

宾客从预订酒店到入住登记再到离店，对酒店的接触、体验、感受，以及酒店各岗位员工在每一个服务关键点给宾客留下印象的关键时刻，如表10-3所示。

表10-3 酒店宾客感受到的真实瞬间

真实瞬间	酒店员工服务关键点	酒店宾客体验及感受
预订	铃响三声接听电话 问候宾客 获取并称呼宾客的姓名 结束预订并向宾客致谢 与宾客说"再见"	职业化 感到亲切 感到受尊敬，预感服务出色 感到受欢迎 可能会再次预订
接站	举牌 称呼客人姓名 帮助拿行李	在需要帮助时得到帮助 感受到尊贵的待遇 预感服务的优质
到酒店门前	清洁的环境 友好的问候	舒适 感到亲切、受欢迎
停车	标志清晰 环境整洁	有条理、有良好的管理 管理有序
进入大堂	友好的问候 洁净的环境	感到亲切、受欢迎 管理有序
前台接待	友好的问候 微笑与热情	感到亲切、受欢迎 职业化、管理有序
电梯	洁净 清洁无痕	公共卫生管理有方 酒店管理到位
走廊	洁净、敞亮 无异味	有一个好管家 管理上注意细节
进入房间	房号清晰 门锁方便	轻松 有一个好心情
卧室	洁净 清新	放心 满意
卫生间	清新 敞亮	满意 心情舒畅
叫醒服务	准时 温馨提示	放心 感到温暖、亲切
客用品借用	方便 及时	管理到位 为宾客着想 表示感谢

续表

真实瞬间	酒店员工服务关键点	酒店宾客体验及感受
客用电话	方便 接转顺利	能够顺利打出并接进电话 保持一个良好的心境
沐浴	沐浴喷头有压力 洁净	感到舒适、放松 缓解紧张情绪,有好心情
早餐	服务周到 菜肴可口	对早餐感到满意 为一天的良好开端高兴
前台咨询	方便快捷 亲切友好	得到满意的答复 办事顺利、心情舒畅
商务中心	业务熟练 态度亲切友好	受到热情的接待与服务 对服务感到满意
客账	准确清晰 快捷	很高兴地拿到账单且没有误差 对服务感到满意
离店	欢迎宾客再来 为宾客预订或叫车	希望再次回来 把酒店推荐给亲戚朋友

资料来源:姜玲.酒店业督导技能[M].北京:旅游教育出版社,2018.

行业来风

VIP接待关键时间
到位检查表

除了以上的关键时刻外,在客人集中的区域、宾客遇到问题或投诉时、当服务出现意外时,或在重大接待的前后等,也应是督导人员关注的时刻。

(二)宾客的敏感触点

宾客在接受服务的过程中,会有多个敏感触点。不同宾客的敏感触点是不同的,如在消费客房产品过程中,有的宾客注重客房产品的舒适程度,也有注重客房产品的清洁或安全性。在督导工作的过程中,要时刻注意每位宾客在消费过程中对酒店产品不同的需要,只有这样,才能增加宾客满意度。

(三)服务的薄弱环节

酒店督导关注了服务过程的关键时刻、宾客的敏感触点,同时还要关注服务过程的薄弱环节。一方面是来自人员,如酒店的实习生,由于刚刚上岗工作,不熟悉环境、不熟悉业务等原因造成的;另外一方面是来自时间,如餐厅上菜时间的控制、客房清洁房间的时间控制、洗衣房加急清洗的衣物等。这些服务都带有明显的时间痕迹,督导人员要特别关注,保证以高效率地完成对客服务,为宾客提供"满意+惊喜"的服务。

头脑风暴

分组讨论:酒店对客服务的关键时刻还有哪些?请举例说明。

第二节　问题意识

我国近现代著名教育家陶行知先生曾说："创造始于问题，有了问题才会思考，有了思考，才有解决问题的方法，才有找到独立思路的可能。"对于酒店督导而言，要改变现状，提高效益，首先要有问题意识，由于发现了问题，才会去思考，才会去学习，才会去探索改变，才有可能找到解决问题的新方法，创造出新的业绩。

一、问题的内涵

（一）问题的含义

问题是指应有的状态和现状之间的差距。应有状态包括计划、指令、标准、法令、想法等。在现实中，只要有问题，就证明一定存在差距，就有改变的机会，提升的空间。

职场技能

"五常"管理法

（二）问题的分类

1.问题的来源

从酒店现场管理的角度分析，问题主要来源于人、机器、原料、制度、方法、流程和环境等方面。

2.问题的类型

根据问题是否被发现可分为：救火类发生型、发现型和预测类发掘型。

（1）救火类发生型问题。该问题是看得见、可检测、可观察、已经发生的问题。这类问题必须马上处理，比如设备故障、工作差错、顾客投诉等。

（2）发现型问题。这类问题在于需寻找不足以便做得更好。这类问题表面上看不出来，隐藏比较深，不是很明显，或者看起来微不足道，但一旦爆发会比救火类发生型问题严重，通常可以用"不"字来形容，如"不理想""不全面""不满意"。

（3）预测类发掘型问题。该问题是创新的问题、未来应该如何改变提高的问题，这类问题需要我们提高标准或改变现状，要求我们追求卓越，做到最好。

酒店督导对于已经出现和尚未出现的问题，可以采用不同的管理方式。通过及时发现、及时处置来消除引发问题原因，寻求方案解决已经出现的问题；通过预测、预知、计划及规范化操作等进行事先管理，预防问题发生。

二、缺少问题意识的原因

（一）责任心不足

督导能够发现问题的前提是要对工作本身有比较深入的了解，在工作中抱有怀疑的态度，按基本的方法对工作的流程、规范进行分析。很多时候，不是督导没有看到问题，而是不愿承认问题，便会视而不见。这是督导责任心不足导致的。不管一个人能力多强，缺乏责任心，不可能把工作做好、做到位。督导具有责任心，会主动承担责任，敢于面对问题，便会积极地寻找解决办法。

（二）视觉疲劳

视觉疲劳也是缺少发现问题的重要表现。督导每天接触大量的人和事，时间久了会产生视觉疲劳。造成视觉疲劳的原因主要有以下几个方面：一是主观心理。遇到问题时不是从主观上查找原因，而是不停地强调客观原因，推脱责任。二是从众心理。"大家都这样，我们也应该这样"，从而把问题合理化。三是敷衍心理。每天发生的事情太多，督导认为没有必要凡事太苛求，得过且过。四是侥幸心理。遇事能拖就拖，能躲就躲，多一事不如少一事，存在这样的假设心理，问题就会继续存在。有了这样的想法，督导就会产生从众心理，不能及时发现问题。

（三）缺少方法

能否发现问题，怎么才能发现问题？督导人员需要掌握一些发现问题的方法和技巧，这需要用一种科学的方法和思路去及时发现问题并进行补救。督导人员缺少发现问题的方法，结果是不能发现问题，或者错过发现问题的时机。督导人员发现的问题越少，纠正的就越少，那问题发生得也就越多。

三、学习发现问题的方法

（一）十点分析法

十点分析法是将工作中常见的问题加以整理，按问题的本质和相似性归纳成10 个类别，便于人们查找问题，寻求解决方案。问题的种类如表 10-4 所示。

表 10-4　工作中常见的问题

序号	问题种类	具体问题
1	困扰的事	
2	困难的事	
3	危险的事	
4	不理解的事	
5	不顺利的事	
6	有差异的事	
7	挨骂的事	
8	别人提醒的事情	
9	被其他部门批评的事	
10	比其他部门效率低的事	

（二）"不"字分析法

"不"字分析法是先举出"不"字开头的词句，如"不满意""不理想""不亲切"然后以行动用语展开，找出确切主题。比如"前台接待宾客的用语不够亲切"，我们将"不亲切"和"接待宾客的用语"衔接起来，就能找到问题。

（三）管理标准与现状比较法

管理标准与现状比较法是将指导工作中设定的标准和现在的状况进行比较，查看是否存有差距。如果有差距，说明存在的问题，再分析原因。

（四）工作目的明确化检讨法

工作目的明确化检讨法是回到工作的原点，将工作的目的、意义、重点、流程等重新加以检验修正。此法对预测类发掘型问题的预防很有帮助。

（五）过程实施检查法

过程实施检查法是将既定流程加以实施，在实施中查找问题，予以修正。有时候工作落实的过程就是问题解决的过程。应注重计划、组织、实施、检查、总结等环节中存在的问题，每个环节都要做实做细，严格要求，这样才能把实现目标的过程作为解决问题的过程。

（六）薄弱环节查找法

薄弱环节是酒店中最容易出事故的环节，也是问题最多、矛盾最多的环节，对此，督导要心中有数。从人、物和事的过程中查找薄弱环节。例如，酒店菜肴质量问题，硬件老化、隔音效果差的问题，员工态度、环境氛围方面的问题。通过问题管理，使弱项变强项，这样酒店才能整体发展。

（七）关键环节查找法

在接待服务中，如关键环节出了问题，则会使整个酒店形象受损。比如，搞大型宴会，最容易出问题的环节要事先摸排；重要接待时，规定对客服务的特殊要求等。这些关键环节督导们都应该提前做好周密安排。

（八）结合点查找法

酒店服务是流程化进行的，每个过程环环相扣，需要多部门合作或多员工配合。一旦在协调、控制上存在偏差，相交的结合点很容易出问题。比如客房部和工程部对客房工程问题的处理，销售部和餐饮部对预订部分的安排，员工上下班中的工作交接等，都容易出现问题。

（九）管理末端检查法

管理末端是指发生在某些细节或隐蔽之处，容易被管理者忽视的地方。这些地方一般距离中心较远，管理辐射不容易到达，这些地方容易发生问题。

头脑风暴

分组讨论：督导发现问题的方法还有哪些？请举例说明。

四、培养解决问题的能力

（一）培养敏锐的观察力

督导要想具有敏锐的观察力，平时就需要有较强的责任感，一丝不苟的工作态度，不断学习，广蓄知识，拓宽视野，积累解决问题的经验，才能不断提高专业而敏锐的观察能力。

（二）善于查找薄弱环节

督导要从人、物和事（过程）中查找薄弱环节。

1.在人身上找薄弱环节

督导要特别关注容易出问题的人，要知道哪些员工不能胜任哪些工作，哪些员工做哪些工作会比较麻烦，哪些员工做哪些工作可能达不到预期的目的等。

2.在物（建筑、设备）上找薄弱环节

督导要清楚地知道酒店建筑的哪些地方是死角，如什么地方是卫生死角、什么地方是安全死角、什么地方是薄弱环节等。知道每个设备的薄弱点在哪儿，哪些设备是陈旧的，哪些设备需要维修，没有维修的应注意什么。

3.在重大活动中找薄弱环节

督导要知道在日常工作或者重大活动中，可能在哪个环节最容易出现问题、哪个环节可以暂时不管、出现了问题应如何解决、解决的程序是什么、结果向谁汇报。

（三）高度关注管理末端

管理末端反映出来的不仅是局部问题，有时还是根本问题。如果不给予足够的关注，就会直接影响整体；督导人员如果不能把末端反映的问题在刚刚萌芽的时候解决掉，问题就会越来越大，会由量的积累发生质的变化。督导要多走动、多查看、多询问、多交谈。充分接触末端，发现酒店管理和服务中存在的实际问题，并及时采取针对性的措施予以解决。

（四）提高解决问题的能力

当问题发生时，督导要亲临现场，了解事情缘由，检查有关物件，当场采取措施予以解决，对容易反复出现的问题，采用制度化管理，以防问题再次发生。

第三节　现场会议

督导作为酒店中基层管理者，不仅自己经常参加各种各样的酒店会议，有时还需要亲自策划组织或主持部门及班组的会议，所以掌握会议管理的技巧是十分必要的。

一、班前会的内涵

班前会是指酒店督导利用每天上班前 10 分钟左右的时间，在工作场地，将部门或班组员工集合在一起，进行交流信息、安排工作、激励员工的一种管理方式。

班前会是部门或班组一天工作的开始，当天的工作怎样事前策划、合理安排、分工合作和提升员工士气等至关重要。酒店督导好比酒店部门的兵头将尾，想要成为一名优秀的管理者，开好班前会是达到此境界的先决条件。

微课视频

怎样召开班前会

二、对班前会的认识

（一）对班前会的误解

对班前会的认识误区，主要有以下几点，如表 10-5 所示。

表 10-5　员工班前会的认识误区

项目	内容
例行清点人数	班前会就是清点人数而已，部门或班组就那些人，谁来了，谁有没有来，一看就知道了，没必要开班前会
指示到位就行	将上级的指示，在群里发一下，传达到了就行，没必要再开班前会
与己关联不大	会上领导讲那么多事，训那么多的话，基本上与我无关，浪费时间
可群里发通知	部门如有事情，在工作群里发一下就行了，没有必要兴师动众开会
事情讲不清楚	有时开会时间这么短，事情没有说清楚，员工还是不明白
开会浪费时间	利用开班前会的时间，大家可以多做很多准备工作了

（二）开班前会的好处

在酒店现实管理中，班前会是最实用最有效率的会议。班前会的作用绝不仅仅是起到对员工的提示和收心的作用，而是对当前部门班组工作的全面布置和思想动员，当班的服务效率如何，与班前会的效果密切相关。因此，班前会主要有如下好处。

1.养成遵守店规的习惯

认真筹备和按时参加班前会，能使班组成员逐步纠正一些上班迟到、工作不认真、行事马虎的不良行为，养成遵守酒店规章制度的好习惯。

2.培养员工的沟通能力

班前会是一个很好的"说教"场所，利用每天的班前会寓员工教育于彼此交流之中，可以提高员工的语言表达能力和人际沟通能力。

3.正式渠道传递信息

班前会是一个及时交流、传递信息和保持良好沟通的机会。基层员工长期工作在生产服务的第一线，对酒店的管理信息知晓渠道单一，了解较少，班前会则是向员工传递酒店信息的正式渠道，也是重要平台。

4.培养员工的工作习惯

酒店督导利用班前会持之以恒地教育员工，培养员工良好的工作习惯，将逐步形成积极向上的班组工作风气，为酒店专业人才培养提供良好的示范。

5.提高班组工作效率

班前会是一个部门班组系统交流的机会，主要回顾昨天或者上一班次的主要问题，布置今天或当班的主要工作任务。督导应充分利用班前会的机会，把事前

策划好的工作，结合实际情况，向班组成员布置工作内容，交代工作重点，并指导如何做到位，以此提高班组整体的工作效率。

6.有利于团队精神建设

班组成员养成开班前会的好习惯，员工能进一步明白和确认自己的当班任务，对于完成工作任务、做好班组员工之间的协调配合、加强部门或班组的团队建设等都有非常重要的意义。

三、如何召开班前会

作为酒店督导，要当好一名合格的部门或班组管理者，精心组织并成功地开好班前会是必须具备的基本技能。那怎样开好班前会呢？可从以下几方面入手。

（一）员工轮流主持

让员工轮流参与主持班组班前会，是给予员工总结经验、表达意见和建议的机会，也是培养员工的沟通技巧和表达能力的平台，这是班组民主管理的有效途径，有利于提高员工的参与意识、集体观念，增强班组的凝聚力。在操作时，由班组当次值日员与大家分享个人的工作经验、心得体会、自我反省、工作建议等。要求做到主题明确、表达完整，至少要分享1~2分钟，避免来"一句话分享"就仓促了事，草草应付了事。

（二）提振员工精神

部门督导可以根据酒店要求，发出号令、集合人员。报数点名之后，由值日员工领唱店歌，或领读酒店经营理念，服务誓言。督导也可以根据部门阶段性的工作重点，设计相关的内容，由值日员领读。如在疫情过后，生产旺季到来，酒店抓服务品质时，朗读"服务品质从我做起"的管理格言，这样可以逐步形成部门全员抓质量的良好气氛，同时也提升了员工的精气神，为接下来的工作做好铺垫，加油鼓劲。

（三）做好工作总结

由班前会主持者请出督导讲话。督导首先要对前一天或上次的工作进行总结。具体可以从以下几个方面进行，如表10-6所示。

表10-6　班前会工作总结

项目	内容	事例说明
工作任务	上次班组是否有未完成的工作任务	
达成目标	上次班组是否达到任务目标	
异常情况	上次班组是否有工作上的异常情况	
现场变化	上次班组的工作现场有哪些变化	
反思警示	分析上述情形带来的反思与警示	

在进行总结时，要避免诸如"大家都干得很好""大家都很给力""非常不错"之类大而空的表达，要尽可能地具体到时间、场地、人物、事件，有依据地进行表扬或批评。

（四）布置工作任务

部门督导安排当日的工作任务是班前会的重点内容，包括当日的接待计划、工作目标、任务分配、人员调配等。布置任务时要条理清晰，内容明确，不要含糊其辞，讲到具体员工的工作安排时要注视对方，确认对方的反应，确保对方收到，理解到位。

（五）提出工作要求

根据上次的工作情况和当天的工作安排，督导应当明确提出对班组员工的具体要求和目标期望，包括工作时间要求、服务质量要求、协同配合要求、遵守纪律及人员联络的要求，等等。

（六）传达酒店信息

部门督导应根据不同阶段的实际情况，在必要的时候，向大家传递酒店的相关信息，使员工了解酒店发展大局，更好地理解和接受工作要求。酒店的相关信息包括市场和行业动态、客情变化、特殊要求、酒店经营情况和发展方向、正在和即将开展的管理活动、促销活动，等等，都是员工非常关心，经常议论的话题，部门督导及时通报，更有利于消除疑虑，正视是非，凝聚人气。

（七）补充特别事项

部门班组班前会结束之前，不要忘记问一句："请问大家还有没有其他事项？如果有，就请其说出来。"进行补充说明。这样做，可以避免该通知的没通知到、该提醒的没提醒到。如果大家都没有，即可宣布结束班前会。此时，要干脆利落，不要拖泥带水。

四、高效班前会的技巧

（一）明确主题选内容

班前会要说什么，如何说，作为主持班会的管理人员应心中有数，为此，可以将班前会需强调的内容做一些梳理，记在笔记本上，这样既避免遗忘而又显得井然有序。班前会要讲解的内容主要包括酒店经营动态、销售信息、质量管理、现场控制、安全状况、工作纪律、班组风气及其他事项。当然，并不是每天都要面面俱到，而是根据当天的实际情况，确定当天要讲的主要事项和培训内容。

（二）控制时间开短会

班前会的时间一般为10分钟左右，切记不可一开就是半小时，因为员工站立时间太长，会感觉很累，而且班会内容太多，员工也不容易记住，同时影响工作前的各项准备工作。班前会时间短、内容多，布置任务要条理清晰，下达任务要准确，要使全体员工理解到位，尽量采用要点化的表达方法，一条一条地讲清楚、讲明白。这样，讲的人容易讲完整，听的人容易听清楚。

（三）以身作则树榜样

为开好班前会，酒店督导人员应以正确的站姿，端庄的仪表，洁净的仪容，提前到场。面带微笑等候员工，切忌让员工列队等候，督导却在吧台或其他地方忙碌，这样既显得不礼貌，也容易滋生员工的反感情绪。

（四）整队点名做考勤

在会议开始前，需要点名、考勤，这也是班前会的一项重要功能。准时点名，无论任何原因，不能让准时参加班会的员工等候迟来的员工，等到齐后才一起开会，这样做无疑是对时间观念强的员工的一种不公平待遇。确认出勤，不仅可以准确地考核员工的出勤率，对于当班工作任务的安排也有重大意义。该点名时要点名，人少时可采用呼应式点名法，人多时应该由督导等骨干自行确认本组人员到会情况，骨干回应，督导确认，可大声说出员工出勤的确认结果。

（五）简明扼要抓重点

班前会主持人开会时声音要响亮，语气要轻松，带点幽默会更佳。对有过失的员工，切忌描述详细经过，只需简明扼要地告诉全体员工，今后遇到此类问题应该如何去处理即可。班前会要突出重点，抓住员工关心的热点；形式要多样化，富有新意，不能每天班前会都是板着面孔只讲问题，或者批评员工。督导需要讲问题，更需要为员工指出改进的方法，指明前进的方向；要批评，更要表扬；要服务质量、销售数量，更要关心、爱护和帮助员工。

（六）团队协作勤沟通

督导管理人员之间有事先沟通，形成默契配合的氛围，切忌在员工面前就某个问题进行争执，更不可以在班前会上重复强调酒店管理层不同观点的同一件事情，若缺乏事前沟通和周详考虑，督导不要在班会上宣布就某件事如有违反将如何处置的规定，因为如果督导层意见不一致，会出现尴尬的局面，加大了执行难度。酒店督导需要明白，在任何时候都要体现团队意识和管理规则的一致性。

（七）班会形式要多样

酒店部门班组的班前会，形式需要多样化，不断创新。例如，会议形式可以是工作小结、投诉案例、产品促销、技能培训、上情下达、天气冷暖、热点话题，等等。班前会也是当天任务布置会，力求内容新颖，形式活泼，给员工留下深刻的印象。

（八）营造氛围建规范

酒店部门班组的班前会主持者，应在开会期间注重观察员工表情，及时掌握员工对班会内容的反映，以及当天的工作状态。问候语要设计成大家容易回应的方式，逐步形成一种礼仪规范。如早上开班前会，督导出来讲话说（刚毅、中气足）："各位，早上好！"，全体员工（整齐有力，朝气蓬勃）："早—上—好！"讲话结束时，要说："谢谢！"

头脑风暴

分组讨论：酒店督导开好班前会还有哪些方式？请举例说明。

应用分析

随时关注顾客需求

2021年10月14早上6点多，宁波开元名都大酒店前台服务员黄倩正在整理休息区的沙发。看到有四位客人拉着行李箱走过来，她立即放下手上的抱枕，返回到前厅工作台。热情地欢迎这几位客人的到来，客人们一脸疲倦。

领头的客人小声地向她问道："现在可以办理入住吗？"

黄倩说："先生，你们有过预定吗？"

领头的客人回答说：我们已经预定了，不过预定的是14号到15号的，我看到网上有写正常办理入住时间是下午2点，但是公司只给我们报销一天的住宿费，你看现在可以为我们办理入住吗？"

黄倩立即查询了一下先生预订的房间，原来预定了14号到15号，一共四间大床房。但是由于这两天团队较多，又逢上周末，房间只剩下三间双床房，没有大床房。

这时前台值班经理李东走了过来，在了解了情况后，看到几位客人舟车劳顿，且对价格比较敏感，便向领头客人建议，三间双床房先为客人办理入住，免费做了一个升级，并且可以住到15号的中午12点之前只收取一天的房费。

领头的客人询问道："那另外一间的房费是正常收取还是可以不用付钱的？"

在得知不用再支付那间房间的费用，并且他们现在入住的房间只收取一天的房费时，几位客人很是开心，感激地说道："这样我们不但可以提前入住，还又节省了一个房间的费用，谢谢你们！"

（资料来源：根据宁波开元名都大酒店提供的相关案例整理。）

问题分析：

1. 请分析前台值班经理李东对客人房间的升级处理行为。
2. 督导在处理对客服务事件时需要考虑的因素有哪些？

> **实训项目**

[实训名称]

现场督导认知

[实训内容]

学生 3~6 人组成一个小组，并推举小组负责人。每个小组寻找一家在服务或管理等方面具有特色的酒店企业，探讨其现场督导的方式方法。

[实训步骤]

1. 每个小组到本地一家特色酒店的某个部门或几个部门，参观考察它们的现场督导方法。

2. 根据本章所学内容，分析该酒店企业现场督导方法的优缺点。

3. 每个小组制作汇报 PPT，在课堂上分享考察心得体会，并进行答辩。

[实训点评]

1. 每个小组提供某酒店现场督导方法利弊的分析报告。

2. 师生根据各小组的报告及表现给予评价打分，成绩纳入课程实训教学的考核之中。

第十章实训评分

> **拓展作业**

第十章导学测评

参考资料

陈顺，綦恩周.酒店督导管理实务 [M]. 长沙：湖南人民出版社，2014.

姜玲.酒店业督导技能 [M]. 北京：旅游教育出版社，2018.

李国茹，杨春梅.酒店督导管理 [M]. 北京：中国人民大学出版社，2014.

刘纯.酒店业督导原理 [M]. 天津：南开大学出版社，2005.

刘伟.酒店客户管理 [M]. 重庆：重庆大学出版社，2020.

刘长英.现代酒店督导 [M]. 北京：企业管理出版社，2020.

邵雪伟.酒店沟通技巧 [M]. 杭州：浙江大学出版社，2016.

王今朝.酒店督导管理 [M]. 北京：清华大学出版社，2018.

王凤生.做最成功的酒店职业经理人 [M]. 北京：中国旅游出版社，2017.

薛兵旺，周耀进.酒店督导管理 [M]. 武汉：华中科技大学出版社，2017.

叶萍.管理实务 [M]. 北京：高等教育出版社，2012.

张雪丽.饭店服务质量管理 [M]. 北京：清华大学出版社，2019.

绩效管理

> 本章导言

世上没有最好的管理制度，只有最合适的管理制度。酒店要打造纪律严明、行动高效的运营团队，应制定明确的奖惩制度，管理时绝不手软，奖励时也绝不含糊，让所有员工依照店纪店规做事，并始终处于一个积极向上的团队氛围中，这样酒店才能在激烈的市场竞争中达到预定经营目标。

绩效管理是酒店管理者运用一定的制度和方法，就绩效目标的确定和绩效目标实现所需的知识、技能和能力与企业员工达成一致，并通过培训、开发、激励等措施帮助员工取得较好的工作成果，从而实现酒店目标的管理过程。

> 学习目标

【知识目标】

1. 知晓纪律管理的内涵
2. 知晓纪律管理的步骤
3. 知晓绩效评估的内涵
4. 知晓绩效评估的作用与原则

【能力目标】

1. 学会利用网络媒体收集酒店绩效管理信息
2. 能够主动探究酒店绩效管理的技能
3. 能够讲述酒店绩效评估的方法和步骤
4. 能将理论学习与酒店现场管理实践相结合

【素养目标】

1. 树立遵规守纪的规则意识
2. 具有协作劳动与奋斗创新的精神
3. 培养忠诚敬业的职业素质

> **思维导图**

> **案例导引**

临时调整业绩指标

X 酒店是 M 酒店集团下属的酒店公司，A 集团是 M 酒店集团的大客户。X 酒店销售部的小汪是 A 集团市场部经理的亲戚。小汪平时上班比较散漫，销售业绩时好时坏，也总完不成任务。酒店去年进行绩效考评时，销售部经理采用目标管理法对销售人员进行考评，如果按之前设定的个人目标进行考核和评价，小汪很可能是最后一名，按照酒店的相关制度，末位的被考核者会面临被辞退的可能，但如果小汪被辞退，A 集团的这个大客户的业务就有可能存在变数。

经理考虑到这个因素，就把小汪的业绩指标进行了调整，重新进行了评估。这一波操作下来，小汪的业绩评估结果变好了，但是销售部其他员工觉得很不满，尤其是排在小汪后面的那些员工。心想："明显小汪的业绩不如我们，为什么他排在我们的前面？"该部门员工的积极性明显不如以前，而且被告知可能被辞退的其中一名员工曾找经理说理，有一次甚至发生了肢体冲突。

（资料来源：节选、整理自唐颖.酒店服务运营管理 [M].武汉：华中科技大学出版社，2021.）

问题思考：

你对 X 酒店销售部临时调整业绩指标的做法认可吗？请说明理由。

第一节　纪律管理

纪律是为维护集体利益并保证工作进行，而要求成员必须遵守的规章或条文。纪律管理目的是为树立和保持良好的酒店企业形象，进一步规范公司管理，形成良好的工作氛围，特制定的相关管理制度。

一、纪律管理概述

（一）纪律的内涵

1.什么是纪律

纪律是指员工在集体生活、工作和学习中，为维护集体利益并保证工作顺利进行而必须遵守的一种行为规则。

2.纪律的基本含义

根据纪律的定义，可以有3种基本的理解：一是具有惩罚性；二是需通过施加外来约束，达到纠正行为目的的手段；三是具有对自身行为起作用的内在约束力。

（二）纪律管理的内涵

1.纪律管理的定义

纪律管理是指管理者按照事先确定的行为规则，组织和监督在纪律约束范围内的人员规范行动，确保工作顺利进行的活动。

2.纪律管理的分类

（1）积极的纪律管理

积极的纪律管理是指酒店企业通过激活内部的动力，促进员工情感上的满足的管理。它能给员工提供更大的自由，同时在尽量不动用正式权威的情况下带来和谐和协作。该方式其实是组织训导过程的延伸。它将员工违规看作是需要解决的问题，而不是惩罚过失。它不伤害员工的自尊，相反，激励员工努力工作，主动参与解决问题。

（2）消极的纪律管理

消极的纪律管理是指依靠外部的力量或影响对员工的管理。它可以使一个人的外在表现发生变化，而非精神和情感上的改变。有时消极的纪律管理会导致恶意服从，即员工知道这个命令是错误的，也会按照要求去做。该管理不能过度使用，且要在积极的纪律管理失效时使用。

每位督导要选择适用的纪律管理类型，优秀的督导会根据员工情况的不同来选择不同的纪律管理类型。

（三）纪律管理阶段

纪律管理可根据发展水平分为以下3个阶段，如表11-1所示。

表11-1　酒店纪律管理发展阶段

分段	阶段	员工表现
第一阶段	人治阶段（初级阶段）	员工因不规范的行为而受到否定的处理,惩罚的目的并不是为了改变过去的行动,而是为了防止不规范的行为再次发生
第二阶段	法治阶段（中级阶段）	酒店依据自我管理目标和客观条件,为约束员工行为而制定完整的行为规则,是员工完成有序工作的必要保证
第三阶段	自治阶段（高级阶段）	纪律规定的行为规范已融入每位员工的内心,逐渐形成自觉的行为习惯,从而完成从法治到自治的飞跃,由行为习惯升华到思维习惯

（四）纪律管理的方式

纪律管理的方式不同酒店有不同的做法，各家酒店可根据实际情况因人因事来选择，具体如表11-2所示。

表11-2　酒店纪律管理的方式

管理方式	要求
合法性	对员工的处罚要符合国家、地方法律法规和相关政策的规定
价值观导向	以维护集团价值观和纪律为导向,遏制违反酒店价值准则、损害集团利益的行为发生
公平公正	处罚的评判和实施,对每一位员工都应公平,任何处罚均须公正对待,确保员工的合法权益
事实依据、制度准绳	处罚须以实际的行为、性质和后果等为依据,并以酒店制定的相关制度为衡量标准,杜绝无视事实、藐视规章制度、主观臆断或以个人好恶决定处罚的行为
以理为重、情理相融	在处理员工问题时,坚持原则第一,也要尊重和理解员工的感受
处罚与批评教育结合	在处罚过程中,要加强对员工的批评教育,帮助其认识错误,改正错误,起到惩前毖后的目的
行政与经济处罚结合	对员工的错误行为,采用行政和经济结合处罚的方式,也可分别独立使用

（五）纪律管理的原则

1. 明确性

实行纪律管理要有一个明确的警示，员工经过培训，事先应当知道可以做的和不可以做的行为，正确的做法会给酒店和自己带来哪些利益和好处，违纪行为会给自己和酒店带来哪些伤害和损失。

2. 时效性

酒店督导在发现违规行为时，应该立即按照有关规定进行处理，因为不及时处罚，员工会错误地认为自己瞒过了督导、督导执行力较弱或认为这项规定不重要，员工不必遵守。有些员工会变本加厉地违反其他规定，带来更坏的影响。

3. 一贯性

纪律处罚要一以贯之，对相同的情况应该进行同样的处罚。如果两个人同时犯下了同样的错误，那他们应该受到一样的惩罚，不能因人而异。

4.客观性

纪律的处罚要就事论事，体现对事不对人的原则，要尽量做到客观。此外，处罚完后，督导要与员工保持正常的关系，做到不抛弃不放弃。

二、处罚的正当程序

（一）建立规则

多数酒店会将管理规则印制在员工手册上，员工入店时会安排培训，使员工清楚明白。

（二）确定处罚

根据酒店的规则情况，处罚可分为口头警告、书面警告、暂停工作、予以辞退等。但是，对于不能容忍的过错，即使是第一次犯错，员工也会被辞退。处罚的实施步骤如下。

1.口头警告

口头警告依据违反纪律的严重程度，可以不写进员工档案，也可以写进员工档案。管理者友好地指出员工违反纪律的地方，与员工进行正式的谈话，告诉他违规的严重性，以及遵守规定的必要性。

2.书面警告

员工再次违纪，要严肃地指出员工再次违规的地方，督导要求员工做出以后遵守规定的书面保证，并签字。同时，管理者不能给违纪员工造成被放弃的感觉，应适时给予其思想上和情感上的帮助，使违纪员工有改进的信心。

3.暂停工作

如果员工违规现象严重，管理者可以按照既定的规章制度给予暂停工作的惩罚，通常是一天到数月的临时停职停工。如果违纪员工对违纪行为认知良好，并有决心改正，督导提出具体的改正要求，限时观察后给予评价。同时，还要提醒违纪员工，如果继续违反酒店的管理制度，可能被解雇。

4.予以辞退

如果员工出现严重违纪行为，性质恶劣，应给予解雇，并限时离岗。这意味着该员工在此酒店的服务终止，并且员工的资历也会被消除。

（三）申诉实施

酒店处罚员工必须建立在具体指控的基础上，并且在管理层采取处罚措施之前要通知员工和工会，还应听取员工意见、证言、抗辩。最后，如果处罚有失公平，则要付给员工相应的赔偿。

总之，恰当的处罚程序要求事实清楚，指控明确，通知员工本人和企业工会，要给员工提供抗辩或上诉的机会，使其心服口服。

三、纪律管理的步骤

（一）查找存在问题

对员工查找问题始于讨论实际工作表现。首先，要客观描述员工的工作表现与酒店要求的差距，使员工认识到存在问题；其次，向员工解释对问题的看法，帮助员工找到自身的问题，让员工意识到需要承担解决问题的责任。

（二）分析主要原因

问题找到之后，要分析引起问题的原因。首先，要求员工解释其行为，目的是双方对问题起因达成共识；其次，聆听并分析现象，看到本质，帮助员工全面分析主要原因和次要原因；第三，善用启发式提问，分析原因，了解情况及事实之后，与员工共同对问题进行分析。例如，导致发生问题的原因是什么？是否明晰员工手册的管理制度？是否明知故犯？是不是外在及家庭的原因而影响工作效果？等等。

（三）寻求共同方案

督导做完问题分析后，给员工机会，自己提出解决方案。首先，征求员工的解决方案；其次，提出管理者的建议；第三，与员工共同探讨，达成共识；第四，与员工共同制定改善工作的具体措施和期限。管理者要辅助员工解决问题，这样做能够对员工进行一对一的培训。同时，在沟通过程中还能了解员工的近况。

（四）明确纪律要求

明确酒店的纪律要求，并告之立即生效，阐明问题没有解决的纪律措施，本着治病救人的原则，以改正为主、处罚为辅。

（五）制订跟进计划

告知被处分员工，遇到问题时要随时保持联络，让员工消除误解，督促员工进步。按计划行事，不断观察，并及时予以辅导和帮助。

四、纪律管理的技巧

（一）让员工知晓店纪店规

酒店有了管理纪律规定以后，应当给员工以预先告知。当新员工进入酒店时，要先将酒店规章制度告诉员工，不管是表扬的条件，还是处罚的规定，都要提前告知。

（二）营造适宜的管理环境

不同的酒店环境对纪律管理的影响不同，如果酒店环境不适合，强制实行纪律管理，员工就会互相排挤、互相拆台、互相打斗，甚至与管理者发生矛盾。

（三）注意法律法规的要求

酒店在执行纪律时，督导必须依法依规管理，解决问题不留下后患。因此，树立法律意识，依法管理是督导必须注意的问题。

（四）处罚与违反程度相符

在实际执行中，如员工犯的是甲类过失，就给其甲类过失的处罚。不放大也不化小。不能越级处罚，不能不当处罚。同时，可以使用递进管理法，当同时触犯两个甲类过失，则可以按照乙类过失进行处理，这样，才能让众人心服口服。

五、批评、处分与解聘员工的步骤与策略

（一）批评员工

酒店经理在督察员工工作时，如果发现一些小毛病，只要随意对员工指出即可，不必小题大做；如果这些问题比较严重，有一定的代表性，则要对员工进行批评，批评错误的目的是鼓励其正确做事。

1. 批评前应考虑的问题

酒店督导批评员工之前需要考虑的问题及说明，如表11-3所示。

表11-3　批评员工之前需要考虑的问题及说明

需要考虑的问题	要求说明
员工是否知道正确的行为	如果员工不知道什么是正确的行为，应该培训员工
是否是员工的问题	有时并非该员工的原因 如设备问题或其他员工的问题
问题的严重程度	如果问题不严重，现场指导即可解决 如果问题严重，则需进行批评
该员工以前有这种行为吗	员工是初犯还是再犯 是否有员工本身以外的其他原因
确定批评员工的目的	确定要员工纠正什么 期望达到的标准和要求

2. 批评员工的步骤

酒店督导在思考并回答了上述问题之后，如果有必要对员工进行批评教育，则要按照步骤及其说明操作，如表11-4所示。

表11-4　批评员工的步骤及说明

批评员工的步骤	要求说明
私下友好谈话	不在公开场合批评员工 不当着其他员工的面批评员工 需要创建一种放松友好的氛围
提出改进意见	对事不对人，指出需要员工改进的具体问题 一次集中解决一个问题 语气要平缓、温和 说明后果，让员工知道自己的行为给其他员工带来的麻烦 给员工解释的机会

续表

批评员工的步骤	要求说明
征求行动方案	由员工提出解决问题的方法 与员工共同讨论这些方法 制定一个可行的行动方案和时间表
鼓励改正错误	让员工复述双方已达成的协议 确认双方理解正确 表示相信员工有能力改变缺点错误
持续跟进检查	持续跟进，找时间检查员工是否改正错误 表明自己对工作问题的重视 发现员工已改进时，要及时表扬 将谈话及结果做记录备案 非必要，不再提起此事

（二）处分员工

当员工违反店规店纪时，督导有必要根据酒店规定给员工以相应的处分，以预防员工出现更大问题，防止更坏情况的发生，这也是督导履行管理职责、对员工负责的表现。

1.处分员工前应考虑的问题

酒店督导处分员工之前应该考虑的问题及说明如表 11-5 所示。

表 11-5　处分员工前应该考虑的问题及说明

应该考虑的问题	要求说明
确定处分目的	把要说明的问题准确地写下来 例如，餐饮部员工张娜3次迟到，记过1次 记过的目的是杜绝迟到的现象
当面谈话沟通	选择一个不被打扰的地方 把谈话时间和地点提前通知员工 例如，餐饮部经理王娟通知员工张娜周三下午3点到她办公室谈话
收集相关资料	收集员工打卡记录 找出上次与员工张娜的谈话记录 例如，王娟找出上次与张娜的谈话记录，时隔不到一周
理解员工感受	理解员工对处分过程的感受 理解员工对处分的感受 避免让员工感到难堪、受罚 避免让员工感到是与经理的个人恩怨

2.处分员工谈话的步骤

督导与员工进行有关处分的谈话是比较困难的，员工可能会气愤不平，可能闷声不响，也可能马上认错，无论是哪种情况，要做到让员工心服口服是有难度的，对于处分员工谈话的步骤及其说明如表 11-6 所示。

表 11-6　处分员工谈话的步骤及其说明

序号	处分谈话步骤	要求说明
1	选择恰当时机	处分要及时，但也要选择时机 例如，餐饮部经理王娟告诉张娜周三下午3点在她的办公室讨论关于她3次迟到的事
2	有效开启话题	开门见山表明对员工及问题的关注 经理王娟请张娜坐下，并说道："张娜，关于您迟到3次的事，我想我们应该谈一谈了，我不想让事情变得更严重。"
3	交谈聚焦具体	只针对要处分的一件事，对事不对人 经理王娟说："在过去的两周时间里，您迟到了3次。"
4	说出自己感受	说出自己对员工违规行为的感受 经理王娟说："为此，我感到很失望，上次谈话时您曾保证过不再迟到的。"
5	给予机会解释	让员工有机会说出自己的意见 经理王娟说："我能理解您的实际情况，但迟到是不行的。"
6	确定解决办法	请员工提出解决方案 经理王娟说："您想怎样做才能避免再次迟到呢，有我能帮忙的地方吗？"
7	积极结束交谈	以今后为话题结束谈话 经理王娟说："我很高兴听到您对迟到问题的解决方案，让我们共同努力，让迟到的事情再也不要发生了。"

（三）解聘员工

当批评与处分都无法帮助员工达到最起码的工作标准要求时，或当员工违反员工手册规定达到解聘条例时，解聘事在必行。解聘员工简便的步骤与说明如表 11-7 所示。

表 11-7　解聘员工的步骤与说明

解聘谈话步骤	要求说明
保存书面记录	书面记录，说明解聘的必要性 工作事故报告 处分通知单 工作考评表 批评与处分记录等
请人力资源部参与	与人力资源部有关人员交换意见 例行解聘谈话 解聘谈话最好有人力资源部有关人员在场
说明解聘理由	说明解聘的具体原因 强调解聘是酒店的决定，不是经理个人的决定 强调员工违反店纪店规，经理只是照章办事 请员工到人力资源部办理相关解聘离职手续
员工解聘建议	解聘员工，要遵守酒店有关的解聘规定 仅凭自己的一时冲动解聘员工是不明智的，也是不合法的

头脑风暴

分组讨论：酒店人力资源部和督导怎样做职员的处分或解聘工作，才不留下后遗症？请举例说明。

第二节　绩效评估

绩效评估作为一种控制系统，对促进个人、部门和酒店的自我管理起着十分关键的作用。绩效评估把绩效考核、绩效反馈、沟通与所建立的工作目标相连，使员工自身目标、部门目标与企业目标统一结合，提升企业核心竞争力，赢得市场。因此，管理人员应善于运用绩效评估这一手段，有效地提升组织的绩效水平。

知识活页

什么是绩效

一、绩效评估的内涵

（一）绩效评估的含义

绩效评估又称人事评估。绩效评估是用来确定一个员工在多大程度上完成特定工作的过程。通常有价值评级、效率评级、服务评级、员工评估等术语内容。评估的目的是要检测员工的实际工作绩效与理想的情况或标准的接近程度。

绩效评估是酒店企业人力资源管理的核心。绩效评估是企业人力资源管理中一项十分棘手的问题，它涉及企业中长期人力资源规划、员工薪酬管理、维护员工关系及进行员工激励等许多方面的内容。通过绩效评估，可以找到员工之间工作时存在的差距，以便采取更好的纠正手段，以保证经营目标顺利实现。

（二）绩效评估的主体

绩效评估的主体即考评的评估者。酒店可以采用的绩效考评的主体有员工的直接上司、下属、同事、员工、顾客等。酒店一般采用多个绩效考评的主体对员工进行评价。而主要的绩效考评主体则是酒店的督导人员和顾客两个主体。

（三）绩效评估角色分工

绩效评估过程中涉及酒店的部门、层级和岗位较多，其中最主要的是人力资源部和酒店督导人员。

1. 人力资源部门

人力资源部门在绩效评估过程中，主要是协助各部门经理开展工作。其具体工作有：设计绩效考核管理的流程；为绩效考评者提供培训；及时追踪、接收评估报告；对已完成的评估报告进行复审，以确保一致性；参与规划员工的发展等内容。

2. 酒店督导人员

督导人员的主要职责是指导部门员工开展工作，经常性地向人力资源部提供与绩效相关的信息，并根据绩效目标的要求对员工进行考核。要身兼"教练员"和"裁判员"两职，既要帮助、鼓励、指导员工提高业绩，又要帮助员工找出绩效的不足之处，为酒店企业薪酬调整、人员调动等决策提供依据。

其具体工作有：设定绩效考核目标；评估员工的工作表现；填写正式的评估报表；进行绩效反馈面谈，与员工共同分析考评结果；帮助下属找出培训和开发需要，参与下属的职业生涯规划；提出改善绩效管理系统的意见等内容。

二、绩效评估的作用

（一）有助于管理层了解员工

通过绩效评估，酒店管理层能够获得员工个人能力、工作业绩、人际关系等大量信息，管理层会依据员工的工作表现，在员工薪资报酬、工作岗位、技能培训等方面的决策上，制订更加有针对性的计划，帮助提升员工能力。

（二）有助于激励与引导员工

绩效评估要奖优罚劣，调整改善员工的行为，激发其积极性，促使组织成员更加积极、主动、规范地去完成组织目标。同时，绩效评估标准是组织对成员行为的期望，是员工努力的方向，有什么样的考核标准就有什么样的行为方式。

（三）有助于减少员工的误解

通过绩效评估，督导经常性地向员工提供工作业绩的反馈意见。通过客观的绩效评估，能帮助员工识别自己的优点，知晓需要改进的方面，对员工以后的工作会起到很好的指导作用。同时，能够预防员工的误解，否则，员工常会认为"我的工作一定很出色"或"我肯定做得不好"。

（四）有助于改善与员工的关系

在绩效评估过程中，督导有义务督查员工工作是否达到相关标准，员工也有机会理解督导工作，并认识到督导有义务就员工的工作提供反馈，并制订行动计划来帮助员工改进工作。督导与员工增进了解，防止了相互之间的猜疑，营造公正合理的上下级关系。

（五）有助于制订培训计划

绩效评估中得到的员工专业信息，有助于督导安排酒店或部门的培训工作，或重新评估之前制订的培训计划的可行性。如果工作评估表明员工在技能、服务质量等方面有所欠缺，酒店可以重新调整培训计划，做好针对性的专项培训。

（六）有助于员工的职业发展

通过绩效评估，督导能够识别员工个人对班组工作任务的努力程度，认可对其他专业发展做出的贡献，听取员工良好的建议。对员工工作表现进行客观公正的评估，有助于督导全面认识员工，鼓励员工考虑长期的发展计划，并提供有益的建议。在这种情况下，评估能帮助员工制定具体的职业发展规划。

分组讨论：绩效评估还有哪些重要意义？请举例说明。

三、绩效评估的过程

绩效评估的程序如图 11-1 所示：员工的个人素质，如资质、能力、态度、兴趣、知识、动力、技能和价值等，决定了其工作的行为、举动等，工作行为又决定了工作绩效，如成就、产出和生产率等，从而影响到管理者的评估。评估结果则会影响人事的变动，为员工的奖励、加薪、晋升、培训、工作调动等提供依据。

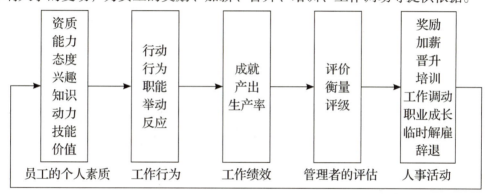

图 11-1 绩效评估的过程

资料来源：陈顺，綦恩周.酒店督导管理实务[M].长沙：湖南人民出版社，2014.

四、绩效评估的原则

（一）客观公正

在绩效评估中坚持客观公正原则，能以统一的尺度、客观的评价标准，真实地衡量员工的工作状况，使评价的结果客观公正，有较强的说服力，减少因员工认为考评不公正而引发的矛盾，维护酒店企业内部团结，增强员工的士气和凝聚力。

哲理故事

老鼠偷油

（二）依据明确

模棱两可、含糊抽象的字眼是绩效评估的大忌。因此，在酒店部门绩效评估中，可以量化的指标，必须量化，以此规范员工什么样的事应该努力去做，做出成效；什么样的事应该明令禁止，不越雷池。没有严格的考核标准、明确的量化指标，绩效考核也达不到应有的效果。

（三）过程公开

在绩效评估之初，首先，组建评估小组，要将评估的目标、标准和方法公开地传达给每一位被评估的员工；其次，要公开评估过程，在绩效评估的每一个环节，都应接受来自人力资源部门以外的人员的参与和监督，防止暗箱操作；最后，要公开评估结果，在绩效评估结束之后，人力资源管理部门应把评价的结果，通报给每一位被评估的员工，使他们清楚自己和同事的评估成绩。

（四）反馈修正

绩效评估并不是为评估而评估，而是要将评价结果及时反馈给被评估者本人。在反馈评价结果的同时，如有必要，应当向被评估者就评估组的评语进行解释说明，肯定优点、获得的成绩和进步方面；同时，指出不足之处，提供今后努力的参考意见等。使员工客观认清自我，更好地扬长避短，促进职业发展。

（五）持续评估

酒店是全天候进行生产经营活动的企业，员工也是持续不断地工作，因此，酒店绩效评估工作也必须是一项经常化、制度化的工作，这样才能最大限度地发挥绩效评估的功能，调动员工的积极性，激发员工改进工作，提高服务质量。

（六）综合评估

因为酒店员工在不同时间、不同场合下，会有不同的行为表现，因此在进行绩效评估时，应多方面收集信息，建立起多层次、多渠道、全方位的立体评估体系，将上级评估、同级评定、下级评议、专家鉴定、员工自评等几个方面结合起来，综合分析。只有充分听取和考察各方面的意见，才能保证评估工作的全面、客观和公正性。

五、绩效评估的内容与指标

（一）员工绩效评估的内容

1.工作态度

工作态度是指员工对工作持有的评价和行为倾向，包括工作的认真态度、责任意识、努力程度，以及对待其他成员的友好程度等方面，这些因素较为抽象，通常只能通过主观性评价来考评。

2.工作能力

员工的工作能力与工作业绩呈密切的正相关关系。业绩是外在的，能力是内在的。员工的工作能力包括基础能力、业务能力和心理素质等3个方面。其中前两种能力属于能力评价范围，心理素质主要通过适应性考察来评价，对不同职位，其能力的要求也各有侧重，进行评价时，应该加以区别对待。

3.工作业绩

工作业绩是指员工在一定条件下和一定时间内表现的程度和效果，即员工在酒店企业工作中所做出的成绩和贡献。工作业绩一般包括3个方面：一是工作效率，包括员工在工作中体现的组织效率、管理效率；二是工作任务，包括工作数量和工作质量；三是工作效益，包括经济效益、社会效益和时间效益。

（二）员工绩效评估的指标

绩效评估就是对"绩""效"的考评，"绩"就是员工的业绩，"效"就是员工的工作效果。酒店因其业务的特殊性，员工绩效考核内容有其独特性。酒店主要从员工特征、员工行为和工作结果 3 个方面对员工的绩效进行考核。员工考核评估的具体指标与指标描述如表 11-8 所示。

表 11-8　酒店员工绩效评估指标

内容	具体指标	指标描述
员工特征	合作意识	是否有愿意与其他人员进行团队合作的意识
	健康状况	是否达到岗位健康状况要求
	岗位知识	是否拥有达到工作职责标准所需的知识、技能和态度
	计划能力	是否有预测力，能否高效地计划本职工作
	组织能力	能否高效地组织本职工作
	判断能力	是否具备准确的判断力
	应变能力	是否具备灵活的应变性，具备有效面对挑战的适应能力
	沟通能力	是否具有与上级、平级及顾客沟通、协调的能力
	外语知识	是否具有良好的外语听、说、读、写的能力
	忠诚敬业	是否忠于职守、爱岗敬业
	创新能力	是否有创造性思维，是否有新思想、新点子
员工行为	工作质量	工作是否符合规范要求，是否能够给顾客提供超值服务
	工作效率	能否完成与岗位工作要求一致的合理工作量
	工作态度	对日常工作、上司及同事的态度如何，是否主动接受新工作、努力获得更多的工作知识，对酒店政策和目标的支持程度如何
	团队精神	工作是否态度认真、踏实肯干、责任心强，并有很强的团队合作精神与合作能力
	完成任务	能否按时、按要求完成任务
	职业着装	着装是否整洁、符合规范要求
	按时出勤	是否准时到岗，是否能按时出勤
	仪容仪表	仪容及总体形象是否符合酒店要求
	遵守规则	能否遵守酒店的规章制度
	服从命令	能否服从上级命令
	及时汇报	能否及时报告问题、处理紧急事件
	提交建议	是否能够并愿意提出合理化建议
	维护记录	能否对仪器、设备定期保养、维护，并做好记录

续表

内容	具体指标	指标描述
工作结果	工作效率	能否按量或超额完成工作任务（工作量）
	销售额	能否够完成或超额完成销售任务
	利润额	给酒店创造的利润额如何
	客户数量	服务客户数量、顾客维持率如何
	服务质量	服务质量如何
	顾客评价	顾客满意程度等级
	顾客投诉	顾客投诉数量、处理数量及满意程度
	事故情况	事故数量、事故率
	采纳建议	被采纳的建议数量与质量

资料来源：整理自王今朝.酒店督导管理[M].北京：清华大学出版社,2018.

行业来风

管理人员绩效
考核表

酒店员工绩效考核的指标是依岗位属性、岗位特征及岗位任职资格要求设计的，不同岗位有其特定的任职资格要求，督导要协助人力资源管理部门做好岗位任职资格说明书和岗位素质胜任模型，以便科学、有效地制定不同岗位员工的绩效考核标准。

六、绩效评估的方法

绩效评估的方式有很多种，大部分评估是通过员工自我评估、员工评估上级、同级相互评估、督导评估下属等渠道来完成的，在酒店企业中，也可请顾客对员工进行评估。目前酒店企业采用的绩效评估方法各不相同，它们各有优缺点，应该根据酒店自身的实际情况，选择适合于本企业的评估方法。

（一）目标管理法

目标管理法是一个管理过程，通过主管和下属共同参与追求双方都认可的目标，从而使组织的目的得到确定和满足。目标是详细的、可测量的，并受时间控制，而且整合在一个行动计划中。这种方法易于观察、适合反馈，也便于辅导。但是，目标管理法不能在不同部门、不同员工之间设立统一的目标，难以横向比较。

（二）行为定位法

行为定位法也称行为锚定等级评价法，是一种将同一职务工作可能发生的各种典型行为进行评分度量，建立一个锚定评分表，以此为依据，对员工工作中的实际行为进行测评评分的考评办法。该评价法优点是为员工的绩效改进建立了一个明确的行为标准；其缺点是行为锚定评分量表的设计比较麻烦，与其他的行为量表法相比，需要花费更多的时间。

（三）相对标准法

1.排序法

排序法也称排列法，是绩效考评中比较简单易行的一种综合比较的方法。通常由上级主管根据员工工作的整体表现，按照优劣顺序依次排列。

2.成对比较法

成对比较法也叫两两比较法。其基本顺序是根据某考评要素将参加考评的人员逐一比较，按照从最好到最差的顺序对被考评者进行排序，再根据下一个考评要素进行两两比较，得出被考评者在本要素中的排列次序。依此类推，经过汇总整理，最后求出被考评者所有考评要素的平均排序数值，得到最终考评的排序结果。

3.强制分布法

强制分布法也称硬性分布法。假设员工的工作行为和工作绩效整体呈正态分布，表现分为好、中、差的一定比例关系。在中间的员工应该最多，好的和差的应该是少数。它按照一定的比例，把员工强制分布在各个类别中，一般分5类。优点是避免过宽或者过严，克服了平均主义。缺点是难以具体比较员工的差别，诊断问题时不能提供可靠信息。

（四）绝对标准法

1.关键事件法

关键事件法是指按观察记录下来的有关工作成败的"关键"行为事实，对职工进行考核评价及评价后的"反馈"。优点是提供了客观事实依据，可以全面了解下属是如何消除不良绩效、改进和提高绩效的。缺点是记录费时费力，能做定性分析，但不能做定量分析，不能在员工之间进行比较。

2.打分检查法

打分检查法也叫行为观察量表评价法。它是在关键事件法的基础上发展而来的。它要求评定者根据某一工作行为发生的频率或次数对被评定者打分。

3.直接指标法

直接指标法与目标管理法基本接近，采用直接的工作绩效衡量指标，通常适用于非管理岗位员工。

（五）成绩记录法

成绩记录法主要适合于从事科研、教学工作的人员，如培训教师、工程技术人员等。他们每天的工作内容不尽相同，无法用完全固化的指标来考量。评价的时候需要请外部的专家参与，人力、物力耗费很高，整个考核过程持续的时间较长。

（六）KPI关键绩效指标法

关键绩效指标，英文为KPI（key performance indicator），是对酒店经营过程中关键成功要素的提炼与归纳，是一系列计算、分析、衡量流程绩效的目标式的量化管理指标，是将酒店经营战略目标分解成为各个工作岗位可操作、可运作目标的工具。

知识活页

KPI绩效考核

（七）360度反馈评价法

行业来风

管理人员360度
绩效考核表

360度反馈评价法也称多维度评价反馈法。在评价过程中，评价者可以是被评价者的主管上级，也可以是其他与之密切接触的同事、下属、客户等，也包括管理者的自评。它可以从不同层面的群体中收集评价信息，使评估更加客观全面，并及时把评价结果反馈给被评价者。

七、绩效评估的步骤

一般来讲，员工绩效评估要经历收集资料、设计考核的指标体系和业绩的综合评价3个步骤，如图11-2所示。

收集资料	设计考核指标体系	业绩的综合评价
工作表现纪律： 1.工作定额 2.产品质量 3.按实完工 4.安全情况 5.旷工情况 6.顾客或同事抱怨的次数	员工特征： 与目前或未来工作、组织发展相适应的特质 工作行为： 1.工作态度 2.工作范围 3.服务意识	方法的选择： 1.目标管理法 2.行为定位法 3.相对标准法 4.绝对标准法 5.成绩记录法 6.360度反馈评价法
与被评估者交往的人的评价： 主管、同事、顾客等	工作效果： 1.工作效率 2.工作质量 3.经济效益	权重的设计 实际成果和标准间的差距
关键事件的记录： 1.职工表现特别优秀 2.职工恶劣事件记录	4.社会效益 5.组织效益 6.员工绩效	综合评价结果存档

图11-2 绩效考核步骤

八、绩效评估常见错误及改进方法

（一）绩效评估过程中的常见错误

1.考核标准的问题

（1）考核标准不严谨。考核标准没有根据员工工作的职务标准和职能标准设定。考核标准大而笼统，没有具体的评价指标，使员工难以信服。

（2）与工作职能偏差较大。这使考核者打分存在一定的随意性，人为操纵的可能性大，考核结果的争议性大，很难令员工信服，结果使考核流于形式。

（3）考核内容不够完整。尤其是不能涵盖主要的工作内容，或以偏概全，关键绩效指标有缺失等，无法正确评价员工的真实工作绩效。

2.与评估者的问题

（1）晕轮效应

晕轮效应是指在考察员工业绩时，由于一些特别的或突出的特征，掩盖了被考核人其他方面的表现和品质。在考核中将被考核者的优点或缺点扩大化，以偏概全，通常表现为一好百好，或一无是处，要么全面肯定，要么全面否定，因此影响考核结果。

（2）宽严倾向

宽严倾向包括宽松和严格两个方面。宽松倾向是指考核中所做出的评价过高，严格倾向是指考核中所做出的评价过低。出现这两种倾向主要是缺乏明确、严格、一致的判断标准，考核者根据自己的价值观和经验进行判断，主观性太强。

（3）平均倾向

平均倾向也称调和倾向，是指大多数员工的考核得分在"平均水平"的同一档次，并且多数是中等或良好水平。平均倾向也是考核结果具有统计意义上的集中倾向的体现。

（4）近因效应

近因效应是考核者只看到考核期末一小段时间内的情况，对整个考核期间的工作表现缺乏全面了解，以"近"代"全"，只是对最后一阶段的考核。

（5）偏见效应

偏见效应也称定型作用，是指考核者因个人经验、教育、背景、世界观及人际关系等因素而形成的固定思维，对考核评价结果的刻板化印象。凭个人好恶判断是非，是绝大多数人的一种本能。

（二）员工绩效考核的改善方法

员工绩效考核的改善方法主要有以下几种，如表11-9所示。

表11-9　员工绩效考核的改善方法

项目	内容
心理障碍	克服对绩效考评的先天性心理恐惧障碍
考评标准	根据具体的考评目标和工作内容,拟订考评标准
时间安排	依据不同的工作岗位和业务性质,确定各部门、各类人员的考证时间安排
实施程序	设定绩效考评适用且切实可行的实施程序
人员训练	对考评执行人员进行考评目的、工作内容、技术方法等方面的专业训练
建立制度	建立正规公开的反馈制度,让员工了解考评的程序和方法,知道考评结果
自我评估	请员工进行自我评估,以减少摩擦

💡 **头脑风暴**

分组讨论：酒店员工绩效考核还可能有哪些误区？请举例说明。

> **应用分析**

年终绩效考评

某酒店年终的绩效考评结束了，小李的绩效考评分数低于他的同事小张。小李和小张是同时应聘进入这家酒店的，做着同样的工作。这是她们进入酒店后接受的第一次绩效考评，而且这一次的绩效考评结果，可能会影响下一年度谁能够被提升的问题。

从进入这家酒店开始，小李一直勤勤恳恳地工作，并希望自己的付出能够得到上司的认可。并且，无论从学历还是从工作能力上来讲，小李都自认为优于小张，但这次考评结果令小李产生了困惑。

这时，邻座的电话响了，电话铃声不由得使她想起了一件事情。刚刚进入这家酒店后不久的一个周末，她和小张都在加班，因为有事情需要请示领导，所以小张拨通了上司家里的电话。刚开始接电话的可能是上司家 5 岁的儿子，上司接了电话后，小张并没有直接谈工作，而是先问："刚才接电话的是亮亮吗？真可爱，让他再和阿姨说几句话？贝贝在叫啊，是不是着急让你带它出去？"小李觉得奇怪，她怎么会知道上司儿子的名字？贝贝又是谁？事后她才知道贝贝原来是上司家的一条宠物狗。小李当时的感觉是这件事情很无聊，也很浪费时间，如果是她打电话，一定会直接和上司谈工作，别人的儿子和狗与工作又有什么关系？

现在小李明白了，自己恐怕是在人际关系方面出了问题。因为自己过于关注工作，忽视了与同事之间的沟通，并且在工作中过于认真的态度也可能会令同事感觉紧张，会给人不够随和的感觉。但是，人际关系和工作质量有什么关系呢？小李自认为自己的工作质量和业绩是无可挑剔的，为什么最后的考评分数仍然很低呢？毕竟人际关系也只是考核内容中的一方面而已呀！那么，小李究竟应该适应酒店的这种方式，改变自己的个性，还是应该考虑重新找工作呢？

对绩效考评结果产生困惑的不止小李一个人。广告部的员工对金融部员工的考评分数普遍高于自己部门而感到不满，而酒店里有些年纪较大的员工也认为他们的成绩低于年轻人是因为上司认为自己年纪大，绩效就一定低。

绩效考评结束了，该酒店却开始变得不平静了。员工的这些抱怨传到了老总的耳朵里。他在思考：究竟问题出在哪里？

（资料来源：节选、整理自魏洁文，姜国华.酒店人力资源管理实务 [M].北京：人民大学出版社，2021.）

🔍 问题分析：

1. 该酒店的绩效考评问题出在哪里?
2. 小李和小张谁做得更好呢?

▶ 实训项目

[实训名称]

绩效评估认知

[实训内容]

学生 3~6 人组成一个小组，并推举小组负责人。每个小组寻找一家在服务或管理等方面具有特色的酒店企业，探讨其绩效评估的方式方法。

[实训步骤]

1. 每个小组到本地一家特色酒店，参观考察它们的绩效评估的方法。
2. 根据本章所学内容，分析该酒店企业绩效评估方法的优缺点。
3. 每个小组制作汇报 PPT，在课堂上分享考察心得体会，并进行答辩。

[实训点评]

1. 每个小组提供某酒店绩效评估方法利弊的分析报告。
2. 师生根据各小组的报告及表现给予评价打分，成绩纳入课程实训教学的考核之中。

第十一章实训评分

▶ 拓展作业

第十一章导学测评

参考资料

陈顺，綦恩周.酒店督导管理实务 [M].长沙：湖南人民出版社，2014.
姜玲.酒店业督导技能 [M].北京：旅游教育出版社，2018.
刘纯.酒店业督导原理 [M].天津：南开大学出版社，2005.
刘长英.现代酒店督导 [M].北京：企业管理出版社，2020.
李国茹，杨春梅.酒店督导管理 [M].北京：中国人民大学出版社，2014.
邵雪伟.酒店沟通技巧 [M].杭州：浙江大学出版社，2016.
唐颖.酒店服务运营管理 [M].武汉：华中科技大学出版社，2021.
王今朝.酒店督导管理 [M].北京：清华大学出版社，2018.
王凤生.做最成功的酒店职业经理人 [M].北京：中国旅游出版社，2017.
魏洁文，姜国华.酒店人力资源管理实务 [M].北京：中国人民大学出版社，2021.
薛兵旺，周耀进.酒店督导管理 [M].武汉：华中科技大学出版社，2017.
叶萍.管理实务 [M].北京：高等教育出版社，2012.
游富相.酒店人力资源管理 [M].杭州：浙江大学出版社，2018.